Rainer Kassing

Mikrocomputer
Struktur und Arbeitsweise

Mit 149 Abbildungen und zahlreichen

Beispielen

Friedr. Vieweg & Sohn   Braunschweig / Wiesbaden

Umschlaggestaltung: Hanswerner Klein, Leverkusen
Satz: Vieweg, Braunschweig

ISBN-13: 978-3-528-04217-2   e-ISBN-13: 978-3-322-85956-3
DOI: 10.1007/978-3-322-85956-3

Meiner Frau Angelika

Reihe Informationstechnik

Herausgegeben von Dr. Harald Schumny

Die Fachbuchreihe *Informationstechnik* richtet sich an Studierende und Lehrende der Fachschulen Technik und Fachhochschulen.

Die Bände dieser Reihe sind formal, inhaltlich und in ihrem didaktischen Aufbau aufeinander abgestimmt und verzahnt. Sie sollen das *Lernen in einem Lernsystem* ermöglichen. Der Leser kann diese Reihe entsprechend seinem Bildungsstand und Bildungsziel nutzen, indem er

— Einzelbände der Reihe auswählt, da mit jedem Buch unabhängig von anderen Büchern der Reihe gearbeitet werden kann,

— die Bücher parallel oder aufeinanderfolgend einsetzt, da die Bücher gekennzeichnet sind durch gleichen Aufbau, gleiche Bezeichnungsweise und Kapitelverweise auf andere Bände der Reihe.

Besonderer Wert wird auf eine umfassende Vermittlung des jeweiligen Grundlagenwissens gelegt. Entsprechend dem Unterricht an Fachschulen und den Ausbildungszielen für Ingenieurstudenten wird der Stoff anschaulich und anwendungsnah dargestellt. Jedes Lehrbuch enthält zahlreiche Bilder, Zeichnungen, Tabellen und viele Beispiele aus der Praxis. Kurze Zufammenfassungen der einzelnen Abschnitte, Hervorhebung wichtiger Merksätze, Literaturverweise und Aufgaben unterstützen den Studierenden wirkungsvoll beim Durcharbeiten des Lehrstoffes.

Bereits erschienen sind folgende Bände:

Datenverarbeitung	**Programmierung**	**Mikrocomputer**
Harald Schumny Digitale Datenverarbeitung für das technische Studium	*Wolfgang Schneider* FORTRAN Einführung für Techniker	*Jörg Zschocke* Mikrocomputer Aufbau und Anwendungen
Übertragungstechnik *Harald Schumny* Signalübertragung Lehrbuch für Nachrichtentechnik und Datenfernverarbeitung	*Wolfgang Schneider* BASIC Einführung für Techniker	*Rainer Kassing* Mikrocomputer Struktur und Arbeitsweise
	Wolfgang Schneider PASCAL Einführung für Techniker	
	Ekbert Hering Software Engineering	

Vorwort

Die moderne Digitalelektronik hat in den letzten Jahren einen ungeahnten Aufschwung genommen. Die hoch- und höchstintegrierten Schaltkreise dringen in nahezu alle Bereiche des täglichen Lebens ein, von der Konsumelektronik, den komplexen Steuerungen im Bereich der Wissenschaft und Technik bis zum größten Computer. Sie haben schon jetzt ganze Berufszweige entscheidend verändert, und ihre Bedeutung in der Arbeitswelt ist selbst von Experten noch nicht abzusehen. Auch in die Bereiche von Bildung und Ausbildung dringen sie in Form der programmierbaren Taschenrechner, der Personalcomputer und der Meßgerätesteuerungen unaufhaltsam ein. Die Ursache dieser „elektronischen Revolution" ist der Mikroprozessor, die auf einem kleinen Siliziumkristall realisierte Zentraleinheit (CPU) eines Computers. Der Mikroprozessor ist also nicht nur ein einzelnes Bauelement fest vorgegebener (verdrahteter) Funktion, sondern er ermöglicht zusammen mit seiner Peripherie die Lösung einer großen Anzahl von Problemen. Denn Schaltungsänderungen, die z. B. durch Änderung der Problemstellungen notwendig werden, können im Gegensatz zu herkömmlichen Schaltungen in Mikroprozessorschaltungen allein durch Programmänderungen vorgenommen werden — Hardware wird durch Software ersetzt —.

Man trifft häufig auf die Meinung, daß der innere Aufbau eines gegebenen Mikroprozessors nicht bekannt zu sein braucht, wenn nur sein Befehlssatz und seine Anschlußbelegung bekannt sind. Im Gegensatz zu dieser Einstellung soll im folgenden anhand eines aus Digitalbausteinen aufgebauten Modellprozessors versucht werden, den Mikroprozessor „durchsichtig" zu machen. Durch den Aufbau eines Modellmikrocomputers soll der Blick nur auf das Wesentliche, die prinzipielle, die bleibende Struktur von kommerziellen Mikrocomputern gelenkt werden, um dem raschen Typenwechsel des Marktes nicht unterworfen zu sein.

Für den Umgang mit kommerziellen Mikroprozessoren (MC 6800, 6502, TMS 9900) seien die beiden anderen Bücher dieser Mikrocomputer-Reihe empfohlen.

Angeregt zu diesem Experiment wurde ich durch das große Interesse, das Lehrer auf Fortbildungsveranstaltungen sowie Studenten während der Vorlesungen und in Praktika meiner Darstellungsweise entgegenbrachten.

Entsprechend werden im ersten Teil dieses Buches, gleichsam als Einführung in die Digitalelektronik, die Zusammenhänge und die Bauelemente besprochen, die für das Verständnis des Modell-Mikrocomputers grundlegend sind. Anschließend wird der prinzipielle Aufbau des Mikrocomputers, ausgehend von der einfachsten seriellen Logikeinheit bis zum vollständigen System, beschrieben.

In einem weiteren Abschnitt werden diese Einheiten dann aus Bausteinen der bekannten (*Transistor-Transistor-Logik*-) TTL-Schaltkreisfamilie realisiert.

Auf diese Weise soll dem Leser der Einstieg in dieses Gebiet erleichtert und vor allem die Scheu vor den komplexen Mikrocomputersystemen genommen werden, indem er erkennt, daß der Mikroprozessor „lediglich" eine komplexere Anordnung von den ihm bekannten Digitalbausteinen ist.

In einem letzten Abschnitt wird die Wechselwirkung des Modell-Mikrocomputers mit peripheren Geräten am Beispiel von Modell-Analog-Digitalwandlern beschrieben.

Der Prototyp des Modell-Mikrocomputers wurde von den Herren *Günter Möller* und *Siegfried Reimann*, sein Zusammenwirken mit den Modell-Analog-Digitalwandlern von Herrn *Manfred Bertuch* im Rahmen von Arbeiten für das Lehramt für die Sekundarstufe II realisiert.

Das Buch richtet sich an alle diejenigen, die sich mit den Grundlagen des Mikrocomputers vertraut machen wollen oder vertraut machen müssen. Nach Ansicht des Autors sind dazu praktisch keine besonderen Vorkenntnisse nötig, da die notwendigen Voraussetzungen in diesem Buch bereitgestellt werden. Eine Ausnahme bilden vielleicht einige Seiten des Kapitels über die Boolesche Algebra. Jedoch ist diese mehr formale Seite der Booleschen Algebra für das Verständnis des Folgenden nicht unbedingt Voraussetzung, da diese Zusammenhänge auch noch einmal anschaulich dargestellt werden.

Für die kritische Durchsicht und hilfreichen Hinweise bin ich den Herren Dipl.-Phys. *Peter van Staa* und *Ekkehard Egberts* zu Dank verpflichtet.

Münster 1983   Rainer Kassing

Inhaltsverzeichnis

Historischer Überblick

Die moderne Halbleiterelektronik ist noch sehr jung. Sie nahm ihren Anfang mit der Erfindung des bipolaren Transistors im Jahre 1948, für die *Brittain, Bardeen* und *Shokley* 1956 den Nobelpreis zuerkannt bekamen. Schon 1951 waren die ersten Transistoren auf dem Markt erhältlich, 1955 schon in großer Stückzahl, und im gleichen Jahr erschien der erste transistorisierte Rechner in den USA, der TRADIC von der Bell-Telephone Corp., für die US Air Force gebaut, mit ca. 800 Transistoren und ca. 11000 Dioden. 1959 wurde in England der erste europäische Transistorrechner vorgestellt.

Nur 10 Jahre nach Erfindung des bipolaren Transistors wurden aufgrund des Druckes von Raumfahrt und Militär die ersten integrierten Schaltungen, die sog. IC's, 1960/61 hergestellt. Hier wurden zunächst in der *Small Scale Integration* (SSI) nur wenige (einige 10) Bauelemente auf einem kleinen Stückchen von einigen mm^2 Fläche (Chip) eines Siliziumeinkristalles angeordnet. In der *Large Scale Integration* (LSI) gelang es dann, bis zu mehreren 1000 Transistoren und in der *Very Large Scale Integration* (VLSI) gelingt es heute sogar, bis zu einigen 100 000 Transistoren auf einem Chip unterzubringen.

Allerdings schien die Möglichkeit, immer mehr Bauelemente auf einem Siliziumkristall unterzubringen, d.h. immer höherintegrierte immer komplexere Schaltungen herzustellen, in eine Sackgasse zu führen. Denn diese Schaltungen waren kundenspezifische Schaltungen, d. h. sie waren nur zur Lösung der Probleme eines bestimmten Anwenderkreises entwickelt worden. Mit wachsender Komplexität der Schaltungen wurden

a) die Schaltungen teurer und
b) der potentielle Anwenderkreis kleiner.

Es entstand also die Aufgabe, eine Schaltung zu entwickeln, die die Komplexität der VLSI nutzte, deren Hersteller jedoch nicht zu wissen brauchte, wofür der Anwender sie einsetzen wollte. Die Lösung dieses Problems ist der Mikroprozessor, dessen Funktion vom Anwender mittels eines Programms festgelegt wird. Mit dem Mikroprozessor gelang der Digitalelektronik ein ungeahnter Durchbruch. Da es schon Mikroprozessoren gibt, bei denen ein Analog-Digitalwandler auf dem Chip mitintegriert wird und deren Ausgänge direkt Leistungstransistoren oder Thyristoren ansteuern können, sind heute schon große Teile der den Analogschaltungen vorbehalten scheinenden Bereiche der Elektronik von den Digitalschaltungen erobert worden. Und ein Ende dieser Entwicklung ist vorläufig noch gar nicht abzusehen.

Zahldarstellungen

Die Digitalelektronik hat gegenüber den Analogschaltungen große Vorteile, u. a. die leichte hohe Integrierbarkeit, eine hohe Genauigkeit, Störunanfälligkeit und Zuverlässigkeit, sowie den geringen Preis.

Betrachtet man ein analoges Meßgerät für Strom oder Spannung, dann hat dieses Gerät eine bestimmte Genauigkeit. Strom und Spannung können z. B. auf 10^{-3} bis 10^{-5} gemessen werden, d. h. es gilt

$$I = I_0 \pm \Delta I \quad \text{oder} \quad U = U_0 \pm \Delta U \quad \text{mit}$$

$$\frac{\Delta I}{I_0} = 10^{-3} \text{ bis } 10^{-5} \quad \text{oder} \quad \frac{\Delta U}{U_0} = 10^{-3} \text{ bis } 10^{-5}.$$

Würde man nun ein Gerät konzipieren, das nur in quantisierten Schritten mit einer Schrittweite von $\frac{\Delta I}{I_0}$ oder $\frac{\Delta U}{U_0}$ des analogen Gerätes mißt, dann wären beide Geräte in der Genauigkeit gleichwertig. Der Meßbereich müßte also in etwa 10^3 bis 10^5 Schritte aufgeteilt werden, das entspräche einer Genauigkeit von etwa 10 bit (2^{10} = 1024) bis 17 bit (2^{17} = 131072). Dabei bedeutet „Bit" die Abkürzung für binary digit (binäre Ziffer, binäre Zahl). Wenn dies digital verwirklicht werden könnte, dazu noch in hoch- bzw. höchstintegrierter Technik, dann hätte ein solches digital arbeitendes Gerät die oben erwähnten Vorteile gegenüber einem analog arbeitenden. Wie lassen sich solche Zahlen, d. h. die nötige Schrittweite, in einem digital arbeitenden Gerät geeignet darstellen?

In historischer Zeit wurden verschiedene Systeme verwendet, z. B. das Quinärsystem (orientiert an den 5 Fingern einer Hand) oder Denärsystem (orientiert an den 10 Fingern beider Hände) oder das römische Zahlensystem mit I, V, X, L, C, D, M, ein System ohne Stellenwert (ein Semi-Quinar-, Denärsystem). Heute hat sich das Dezimalsystem nach Einführung der arabischen Ziffern allgemein durchgesetzt.

Man stellt Zahlen in folgender Form dar:

$$Z = C_{n-1} B^{n-1} + \ldots + C_0 B^0 + C_{-1} B^{-1} + \ldots + C_{-n} B^{-n} + \ldots$$

mit B = Basis und C = Koeffizienten.

Dabei ist immer $C_n \leqq B-1$. Für das Zehnersystem z. B. ist B = 10 und $C_n = 0 \ldots 9$, $C_{max} = 9 = B-1$.

Man hat dann verabredet, die Basis, wenn sie einmal festgelegt ist, nicht mehr mitzuschreiben, sondern B^i durch die Stellung der Koeffizienten zu kennzeichnen.

Überlegt man sich, welche Basis den geringsten Bezeichnungsaufwand aufweist, kommt man jedoch statt zum Dezimalsystem zu einem anderen System. Im Zehner-System benötigt man zur Darstellung z. B. der Zahlen bis 1000 die Ziffern 0, 1, ..., 9, also 10 verschiedene Symbole und 4 Stellen (bei der Zahl 1000). Man definiert als Bezeichnungsaufwand das Produkt aus Stellenzahl und Anzahl der Symbole, also 4 · 10 im vorliegenden Falle. In einem System mit z. B. der Basis 1000 würde man zur Darstellung der Zahlen bis einschließlich 1000 nur eine Stelle, aber 1000 verschiedene Symbole benötigen, der Bezeichnungsaufwand wäre also ungleich größer als im Zehnersystem. Verwendet man nur 2 Symbole, etwa 0 und 1, also das *Dualsystem*, benötigt man nur 10 Stellen und 2 Symbole, der Bezeichnungsaufwand ist also sehr gering.

Fragt man nach der Basis, die den geringsten Bezeichnungsaufwand zur Folge hat, so gelangt man zu der Zahl e = 2,71828.

Da man in digitalen Systemen jedoch nur ganze Zahlen als Basis verwenden kann, hat man zwischen B = 3 (am nächsten an der Zahl e) bzw. B = 2 zu entscheiden.

Da Binär-Systeme, d. h. Systeme mit nur zwei logischen Zuständen 0, 1 oder L, H (*Low, High*) technologisch am einfachsten herzustellen sind, entschied man sich für das Dualsystem, also eine Zahldarstellung mit B = 2.

So schreibt sich z. B. die Dezimalzahl 185_{10} im Dualsystem wie folgt:

$$185_{10} = 1\ 0\ 1\ 1\ 1\ 0\ 0\ 1_2$$

$$1 \cdot 2^7 + 0 \cdot 2^6 + 1 \cdot 2^5 + 1 \cdot 2^4 + 1 \cdot 2^3 + 0 \cdot 2^2 + 0 \cdot 2^1 + 1 \cdot 2^0 =$$

$$128 \quad + \quad 32 + 16 + 8 \quad + \quad 1 \quad = 185_{10}.$$

Man benötigt zur Darstellung von 185_{10} also 8 Bit. Eine Folge von 8 Bit nennt man ein *Byte*.

Die ausführliche Schreibweise macht auch gleichzeitig die Vorgehensweise bei der Umwandlung von Dezimal- in Dualzahlen und umgekehrt deutlich. Die Dezimalzahl wird nach Potenzen von 2 zerlegt.

Da die Darstellung größerer Zahlenwerte im Dualsystem große Stellenzahlen erfordert und schnell unübersichtlich werden kann, verwendet man besonders bei Anzeigeneinheiten und beim Programmieren in Maschinensprache auch andere Zahlensysteme.

Hier sind das Zahlensystem mit der Basis 16, das sog. Sedezimal- oder Hexadezimal-Zahlensystem und der sog. BCD-Code von besonderer Bedeutung. In einigen wenigen Fällen wird auch das Zahlensystem mit der Basis 8, das sogenannte Oktalsystem, verwendet.

Die Abkürzung BCD steht dabei für Binär Codierte Dezimalzahl.

Im *Hexadezimalsystem* benötigt man 16 verschiedene Symbole. Da im Zehnersystem nur 10 verschiedene Symbole zur Verfügung stehen, verwendet man für die benötigten restlichen 6 Symbole die ersten Großbuchstaben des Alphabets. Es gilt daher

Zehnersystem	Hexadezimalsystem
0	0
1	1
2	2
3	3
4	4
5	5
6	6
7	7
8	8
9	9
10	A
11	B
12	C
13	D
14	E
15	F

Für die Dezimalzahl 2749_{10} z. B. erhält man die folgende Darstellung:

$$2749_{10} = 1\,0\,1\,0\,1\,0\,1\,1\,1\,1\,0\,1_2 = ABD_{16}.$$

Vergleicht man die Dualzahl mit der Hexadezimalzahl, so stellt man fest, daß die Umwandlung vom Dual- in den Hexadezimalcode einfach dadurch geschehen kann, daß immer 4 bit zu einer *Tetrade* zusammengefaßt werden und dafür die entsprechende Hexadezimalziffer hingeschrieben wird. Ein Beispiel möge dies noch einmal deutlich machen. Gegeben sei die 20-stellige Dualzahl.

$$1000\;0001\;1111\;1110\;0011 = 532451_{10}.$$
$$81FE3$$

Die Aufteilung in Tetraden ergibt dann die entsprechende Hexadezimalzahl $81FE3_{16}$. Für die Umwandlung dieser Hexadezimalzahl in eine Dezimalzahl hat man zu rechnen:

$$8 \cdot 16^4 + 1 \cdot 16^3 + 15 \cdot 16^2 + 14 \cdot 16^1 + 3 \cdot 16^0.$$

Ganz analog kann man bei der Umwandlung von Dualzahlen in das *Oktalsystem* verfahren, hier werden immer je 3 Bit zusammengefaßt. Ein Beispiel soll auch dies erläutern. Gegeben sei die Dualzahl

$$101\;001\;111\;010 = 2682_{10}.$$
$$5172$$

Die Aufteilung in Gruppen zu je 3 Bit ergibt dann die Oktalzahl 51742_8.

Im BCD-Code werden Dezimalzahlen binär dargestellt, indem jede einzelne Ziffer durch die entsprechende Dualzahl dargestellt wird. So erhält man z. B. für

$$7 \quad 1 \quad 2 \quad 3_{10}$$
$$1110 \quad 0001 \quad 0010 \quad 0011_{BCD}.$$

Man erkennt, daß die Stellenzahl sehr groß wird und die *Redundanz* ebenfalls sehr groß ist. Denn mit 4 Bit kann man die Zahlen von 0 bis 15 darstellen, während nur die Ziffern von 0 bis 9 benötigt werden.

Da die Ziffern innerhalb jeder Tetrade das Gewicht $2^3; 2^2; 2^1; 2^0$ also 8; 4; 2; 1 besitzen, nennt man diesen auch den 8421-BCD- oder den natürlichen BCD-Code, meist nur kurz BCD-Code.

1 Boolesche Algebra

Das Dualsystem ist also bestimmend für die Digitalelektronik. Die mathematische Grundlage dieses Systems bildet die *Boolesche Algebra* oder der *Boolesche Verband.*

Dabei handelt es sich um einen *komplementär distributiven Verband* mit den zwei Verknüpfungen, die in diesem Buch mit "∨" und "∧" bezeichnet werden. Man findet auch häufig "+" und "·", dann entsprechen sich "+" und "∨" sowie " " und "∧".

Man nennt eine Algebraische Struktur einen komplementär distributiven Verband oder Booleschen Verband, wenn für alle Elemente einer nicht leeren Menge für die beiden Verknüpfungen die folgenden Axiome Gültigkeit besitzen:

1. das Kommutativ-Gesetz $\quad$ $a \wedge b = b \wedge a,\ a \vee b = b \vee a$
   (Reihenfolge ist beliebig)

2. das Assoziativ-Gesetz $\quad$ $(a \wedge b) \wedge c = a \wedge (b \wedge c);\ (a \vee b) \vee c = a \vee (b \vee c)$
   (Klammerung ist beliebig)

3. das Verschmelzungs-Gesetz $\quad$ $a \wedge (a \vee b) = a;\ a \vee (a \wedge b) = a$

4. das Distributiv-Gesetz $\quad$ $a \wedge (b \vee c) = (a \wedge b) \vee (a \wedge c)$
   $$a \vee (b \wedge c) = (a \vee b) \wedge (a \vee c)$$

und wenn

5. für jede der Verknüpfungen ein neutrales Element (Einselement und Nullelement) existiert $a \wedge e = a;\ a \vee n = a$,

6. für jede der Verknüpfungen ein komplementäres Element existiert $a \wedge \bar{a} = n;\ a \vee \bar{a} = e$.

Der kleinste nichttriviale Boolesche Verband mit den Elementen $\{0, 1\}$ ist zugleich auch derjenige mit der größten Bedeutung, denn er bildet die Grundlage für die *Schaltalgebra.* Bekannte Isomorphismen sind die *Aussagenlogik* und die *Mengenalgebra.*

1.1 Boolesche Funktionen

Eine Boolesche Funktion über der Menge $\{0, 1\}$ von n Variablen $f(x_1, x_2, ..., x_n)$ mit $x_1, ..., x_n \in \{0, 1\}$ ist eine Abbildung in $\{0, 1\}$. Auf diese Weise läßt sich im Rahmen der Booleschen Algebra eine Schaltung beschreiben, die n Eingangsleitungen besitzt, die alle die Zustände 0, 1 annehmen können. In der Schaltung findet eine Verknüpfung der Eingangszustände statt, und das Ergebnis erscheint am Ausgang wieder als 0 oder 1.

Die wichtigste Boolesche Funktion *einer* Variablen ist die Negation, die $x \rightarrow \bar{x}$ überführt. Ist $x = 0$, so ist $\bar{x} = 1$, ist $x = 1$, so ist $\bar{x} = 0$, als Schaltsymbol wird

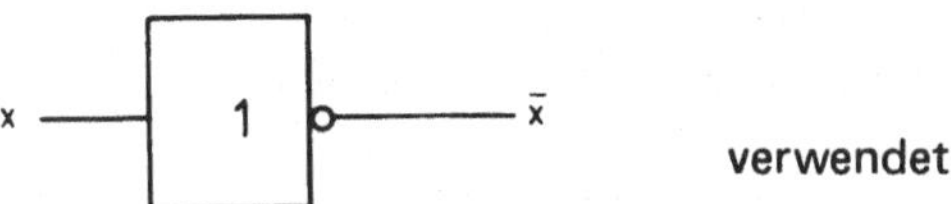

verwendet.

Nur mit den beiden Variablen 0 und 1 an Stelle von a, b, c, d lesen sich die beiden Axiome 5 und 6 wie folgt:

5a) $\quad a = 0; 1$ $\qquad\qquad$ $a = 0; 1$
$\quad\quad\ e = 1$ $\qquad\qquad\qquad$ $n = 0$
$\quad\quad\ 0 \wedge 1 = 0$ $\qquad\qquad$ $0 \vee 0 = 0$
$\quad\quad\ 1 \wedge 1 = 1$ $\qquad\qquad$ $1 \vee 0 = 1$

6a) $a = 0; 1$ $a = 0; 1$
      $\overline{a} = 1; 0$ $\overline{a} = 1; 0$
      $n = 0$ $e = 1$
      $0 \wedge 1 = 0$ $0 \vee 1 = 1$
      $1 \wedge 0 = 0$ $1 \vee 0 = 1$

Es gilt also immer $x \vee \overline{x} = 1$, $x \wedge \overline{x} = 0$!

Die wichtigsten Funktionen zweier Variablen x_1, x_2 zeigt die folgende Wahrheitstafel:

x_1	x_2	$x_1 \wedge x_2$	$\overline{x_1 \wedge x_2}$	$x_1 \vee x_2$	$\overline{x_1 \vee x_2}$
0	0	0	1	0	1
0	1	0	1	1	0
1	0	0	1	1	0
1	1	1	0	1	0

Man bezeichnet diejenigen Booleschen Funktionen, die die gleiche Wahrheitstafel aufweisen wie a) $f(x_1, x_2) = x_1 \wedge x_2$, als *UND-Funktion* und führt folgendes Schaltsymbol
dafür ein:

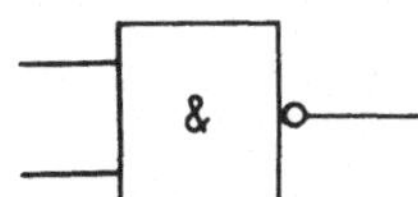

(Der Ausgang führt 1, wenn *alle* Eingänge 1 führen).

(Es wird die neue Form vom Juli 1976 DIN 40700 verwendet. Am Ende des Buches findet sich eine Vergleichstabelle der bekanntesten Schaltsymbole in neuer und alter Form.)

b) $f(x_1, x_2) = \overline{x_1 \wedge x_2}$ als UND-NICHT = *NAND-Funktion* mit dem Schaltsymbol

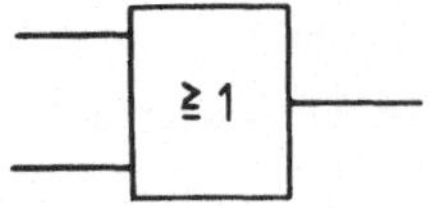

(Der Ausgang führt 0, wenn *alle* Eingänge
1 führen).

c) $f(x_1, x_2) = x_1 \vee x_2$ als *ODER-Funktion* mit dem Schaltsymbol

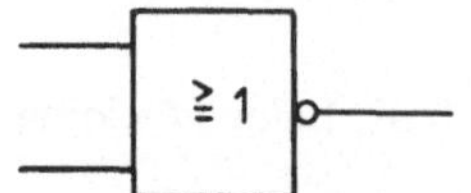

(Der Ausgang führt 1, wenn mindestens
ein Eingang eine 1 führt.)

d) $f(x_1, x_2) = \overline{x_1 \vee x_2}$ als ODER-NICHT=*NOR-Funktion* mit dem Schaltsymbol

(Der Ausgang führt 0, wenn mindestens
ein Eingang eine 1 führt).

Es läßt sich zeigen, daß sich alle logischen Schaltungen durch UND-, ODER- und NICHT-
Glieder realisieren lassen. Man kann ferner zeigen, daß schon die NAND-Funktion allein

oder die NOR-Funktion allein genügt, alle Booleschen Funktionen über der Menge $\{0, 1\}$ darzustellen:

1. $\overline{x_1} = \overline{x_1 \wedge x_1}$ (Negation durch NAND-Funktion dargestellt)

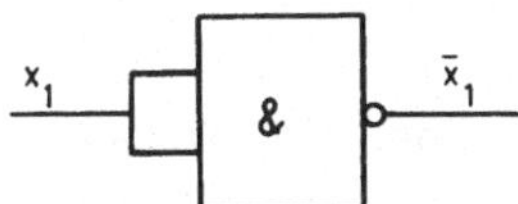

2. $x_1 \wedge x_2 = \overline{\overline{x_1 \wedge x_2}}$ (UND- durch NAND-Funktion dargestellt)

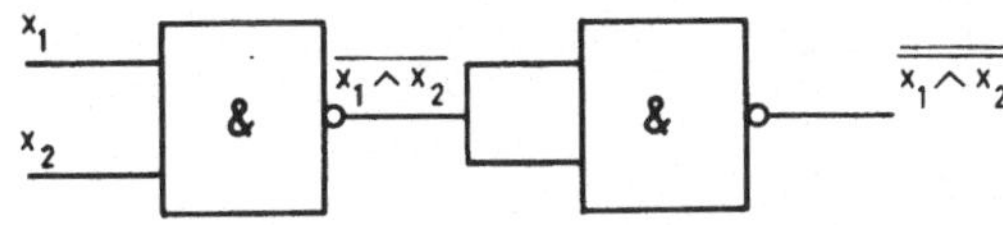

3. $x_1 \vee x_2 = \overline{\overline{x_1 \wedge x_1} \wedge \overline{x_2 \wedge x_2}}$ (ODER- durch NAND-Funktion dargestellt)

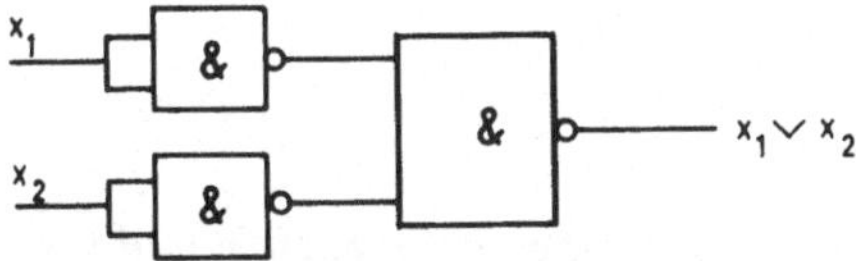

Dabei wurde die De Morgansche Regel benutzt, die unmittelbar aus den Wahrheitstafeln ablesbar ist, wenn man x_1, x_2 durch $\overline{x_1}$, $\overline{x_2}$ ersetzt:

$$\overline{x_1 \wedge x_2} = \overline{x_1} \vee \overline{x_2}$$

$$\overline{x_1 \vee x_2} = \overline{x_1} \wedge \overline{x_2}.$$

und

Bei Berücksichtigung von "$\wedge$" = "$\cdot$" und "$\vee$" = "$+$" kann man sich als Faustformel merken, daß das Invertieren von „Produkt" oder „Summe" dadurch geschehen kann, daß die einzelnen „Faktoren" oder „Summanden" invertiert werden und gleichzeitig die duale Verknüpfung gewählt wird.

1a) $\overline{x_1} = \overline{x_1 \vee x_1} = \overline{x_1} \wedge \overline{x_1} = \overline{x_1}$ (Negation durch NOR-Funktion ersetzt)

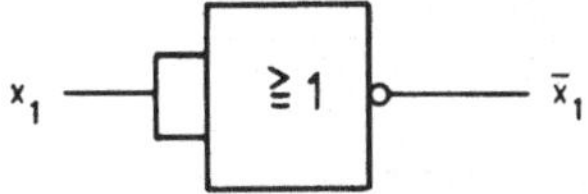

2a) $x_1 \wedge x_2 = \overline{\overline{x_1 \vee x_1} \vee \overline{x_2 \vee x_2}}$ (UND- durch NOR-Funktion ersetzt)

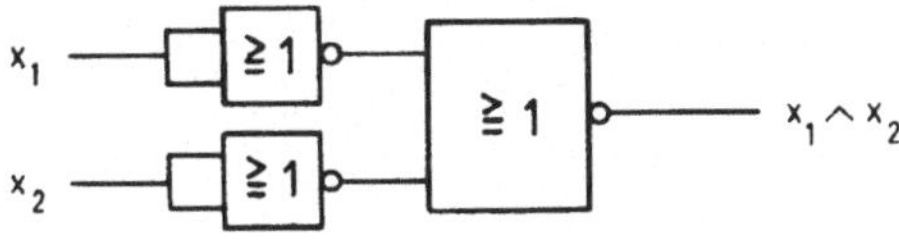

3a) $x_1 \vee x_2 = \overline{\overline{x_1 \vee x_2}}$ (ODER- durch NOR-Funktion ersetzt)

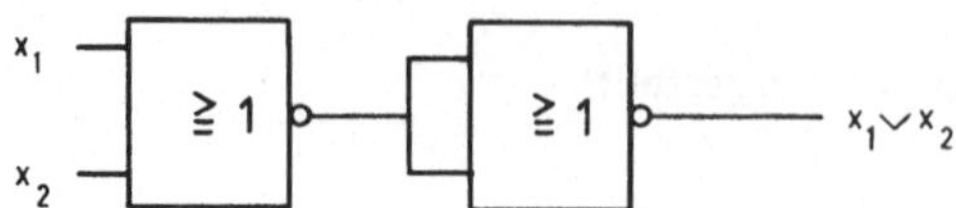

Ferner soll an dieser Stelle noch die ausschließliche Oder-Funktion, die sogenannte *EXOR-Funktion* angegeben werden, die die folgende Wahrheitstabelle und das folgende Schaltsymbol aufweist:

x_1	x_2	$x_1 \enspace \textcircled{\scriptsize V} \enspace x_2$
0	0	0
0	1	1
1	0	1
1	1	0

EXOR

Am Ausgang der EXOR-Schaltung tritt also nur dann eine 1 auf, wenn *nur einer* der Eingänge eine 1 führt.

Die zugehörige Boolesche Funktion lautet

$$f_{EXOR} = \overline{x_1} \wedge x_2 \vee x_1 \wedge \overline{x_2}.$$

Man kann also das EXOR durch UND-, ODER-, NICHT-Glieder oder auch nur durch NAND- oder nur durch NOR-Glieder realisieren. Anwendung der Regel von De Morgan führt auch zu

$$f_{EXOR} = \overline{\overline{x_1 \vee \overline{x_2}} \vee \overline{\overline{x_1} \vee x_2}} = \overline{(x_1 \vee \overline{x_2})} \wedge \overline{(\overline{x_1} \vee x_2)}$$
$$= x_1 \wedge \overline{x_2} \vee \overline{x_1} \wedge \overline{x_2}.$$

Soll z. B. das EXOR-Glied nur durch NANDs aufgebaut werden, so läßt sich dies durch folgende Umformung realisieren:

$$f = (x_1 \wedge \overline{x_2}) \vee (\overline{x_1} \wedge x_2) = (x_1 \wedge \overline{x_2}) \vee (x_1 \wedge \overline{x_1}) \vee (\overline{x_1} \wedge x_2) \vee (x_2 \wedge \overline{x_2}) =$$

$$= x_1 \wedge (\overline{x_1} \vee \overline{x_2}) \vee x_2 \wedge (\overline{x_1} \vee \overline{x_2}) = x_1 \wedge (\overline{x_1 \wedge x_2}) \vee x_2 (\overline{x_1 \wedge x_2}) =$$

$$= x_1 \wedge \overline{x_1 \wedge x_2} \vee x_2 \wedge \overline{x_1 \wedge x_2} = \overline{x_1 \wedge \overline{x_1 \wedge x_2} \wedge x_2 \wedge \overline{x_1 \wedge x_2}}.$$

Damit kommt man zu folgenden schaltungstechnischen Varianten:

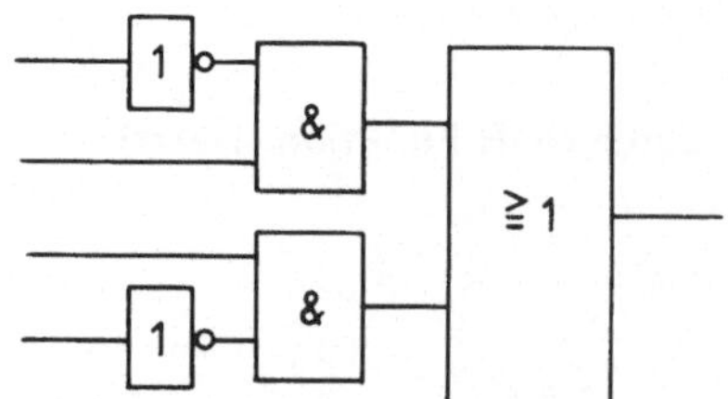

EXOR durch UND-, ODER-, NICHT-GLIEDER

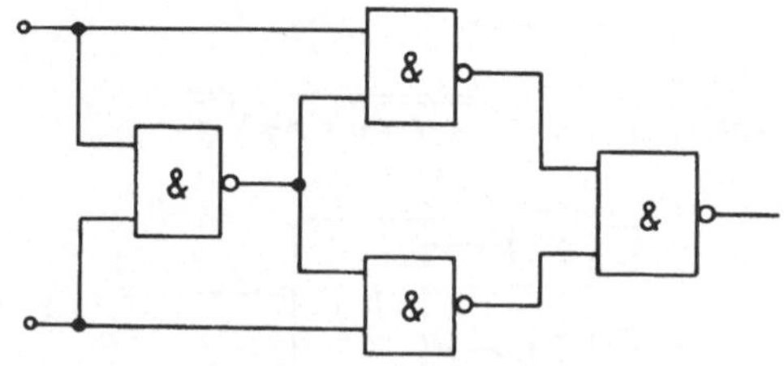

EXOR nur durch NANDs realisiert

Man erkennt, man kommt zum Ziel, wenn alle Ausgänge negiert und alle Verknüpfungen durch die dualen ersetzt werden.

1.2 Normalformen und Termumformungen

Man entnimmt diesen Ausführungen schon, daß die Darstellung durch Boolesche Funktionen nicht ein-eindeutig, sondern auf mehrere Arten möglich ist. Daraus resultiert eine der wesentlichsten Aufgaben in der Schaltalgebra: die Schaltungsvereinfachungen mittels Termumformungen. Darunter versteht man die Umformung von Ausdrücken u. U. solange, bis sich die schaltungstechnisch einfachste Lösung ergibt.

Von den vielen möglichen Darstellungen durch Boolesche Funktionen sind zwei von besonderer Bedeutung

1. die *disjunktive* Normalform
2. die *konjunktive* Normalform   und

Diese beiden Normalformen sind von ausschlaggebender Bedeutung, wenn es darum geht, aus einer Wahrheitstabelle die Booleschen Gleichungen abzulesen und anschließend durch Umformungen die einfachste, bzw. gewünschte Schaltung zu konzipieren.

Dies soll an einem Beispiel verdeutlicht werden:

Gegeben seien die Wahrheitstabellen für drei Variable x_1, x_2, x_3 und zwei Funktionen f_1 (x_1, x_2, x_3) und f_2 (x_1, x_2, x_3)

x_1	x_2	x_3	f_1	f_2
0	0	0	0	1
0	0	1	0	0
0	1	0	0	0
0	1	1	0	1
1	0	0	1	1
1	0	1	1	1
1	1	0	0	0
1	1	1	0	1

Man erkennt, f_1 liefert nur bei zwei Kombinationen der Variablen x_1, x_2, x_3 eine 1, nämlich wenn

$x_1 = 1, x_2 = 0, x_3 = 0$ oder
$x_1 = 1, x_2 = 0, x_3 = 1$ ist.

In diesem Falle ist der Schreibaufwand am geringsten, wenn man die disjunktive Normalform wählt. Denn die disjunktive Normalform ist eine Funktion von n-Variablen, die durch "$\wedge$" verknüpfte n-Tupel gegeben ist, die wiederum durch Disjunktionen "$\vee$" verknüpft sind. Diese disjunktive Normalform bildet auf 1 ab.

Die Darstellung durch Normalformen ist eindeutig. Dabei ist es gleichgültig, welche der beiden Normalformen man wählt, denn jede der beiden stellt die Boolesche Funktion in eindeutiger Weise dar. Man kann zur Darstellung der Booleschen Funktion daher diejenige Normalform wählen, die den geringsten Schreibaufwand erfordert. Für f_1 (x_1, x_2, x_3) bedeutet dies, daß f_1 durch die folgende disjunktive Normalform in eindeutiger (nicht ein-eindeutiger) Weise dargestellt werden kann:

$$f_1 (x_1, x_2, x_3) = \underbrace{x_1 \wedge \overline{x_2} \wedge \overline{x_3}}_{\text{n-Tupel}} \vee \underbrace{x_1 \wedge \overline{x_2} \wedge x_3}_{\text{n-Tupel}}$$

Man erkennt ferner, daß man diese Terme noch umformen kann:

$$f_1 (x_1, x_2, x_3) = x_1 \wedge \overline{x_2} \wedge (\overline{x_3} \vee x_3) = x_1 \wedge \overline{x_2}.$$

Dabei stellt jedoch $f_1 (x_1, x_2, x_3) = x_1 \wedge \overline{x_2}$ keine Normalform mehr dar, da nicht mehr alle Variablen vorkommen.

Man entnimmt der Wahrheitstabelle, daß f_2 mehr 1 als 0 enthält, so daß hier der Schreibaufwand geringer ist, wenn man alle Terme hinschreibt, die auf 0 abgebildet werden. In diesem Fall hat man die konjunktive Normalform zu wählen. Denn die konjunktive Normalform ist eine Funktion von n-Variablen, die durch "V" verknüpfte n-Tupel gegeben ist, die wiederum durch "∧" verknüpft sind. Diese Normalform bildet auf 0 ab. Die Darstellung ist eindeutig (nicht ein-eindeutig).

Für $f_2 (x_1, x_2, x_3)$ bedeutet dies, daß f_2 durch die folgende konjunktive Normalform in eindeutiger Weise dargestellt werden kann:

$$f_2 (x_1, x_2, x_3) = (x_1 \vee x_2 \vee \overline{x_3}) \wedge (x_1 \vee \overline{x_2} \vee x_3) \wedge (\overline{x_1} \vee \overline{x_2} \vee x_3).$$

Auch diese Gleichung kann man noch umformen.

Berücksichtigt man $x \wedge \overline{x} = 0$, $x \vee \overline{x} = 1$ und $x_2 \wedge x_3 \vee \overline{x_1} \wedge x_2 \wedge x_3 = x_2 \wedge x_3$, erhält man:

$$f_2 (x_1, x_2, x_3) = x_1 \wedge \overline{x_2} \vee x_1 \wedge x_3 \vee x_2 \wedge x_3 \vee \overline{x_1} \wedge \overline{x_2} \wedge \overline{x_3}.$$

Diese Funktion ist keine Normalform mehr. Die zugehörige Schaltung ist auch nicht einfacher.

An einem Beispiel soll gezeigt werden, daß es gleich ist, welche der beiden Normalformen man wählt, daß man jedoch gut daran tut, diejenige mit dem geringsten Schreibaufwand zu wählen.

In disjunktiver Normalform ergab sich

$$f_1 (x_1, x_2, x_3) = x_1 \wedge \overline{x_2}.$$

Wird f_1 in konjunktiver Normalform dargestellt, erhält man:

$$f_1 = (x_1 \vee x_2 \vee x_3) \wedge (x_1 \vee x_2 \vee \overline{x_3}) \wedge (x_1 \vee \overline{x_2} \vee x_3) \wedge (x_1 \vee \overline{x_2} \vee \overline{x_3}) \wedge$$
$$\wedge (\overline{x_1} \vee \overline{x_2} \vee x_3) \wedge (\overline{x_1} \vee \overline{x_2} \vee \overline{x_3}).$$

Durch Ausklammern kommt man hier nun am einfachsten zum Ziel; man gelangt jedoch auch zum gewünschten Ergebnis, wenn man die Regel von De Morgan anwendet:

$$f_1 = \overline{\overline{(x_1 \vee x_2 \vee x_3) \wedge (x_1 \vee x_2 \vee \overline{x_3}) \wedge (x_1 \vee \overline{x_2} \vee x_3) \wedge (x_1 \vee \overline{x_2} \vee \overline{x_3}) \wedge}}$$
$$\overline{\overline{\wedge (\overline{x_1} \vee \overline{x_2} \vee x_3) \wedge (\overline{x_1} \vee \overline{x_2} \vee \overline{x_3})}}$$
$$= \overline{x_1} \wedge \overline{x_2} \wedge \overline{x_3} \vee \overline{x_1} \wedge \overline{x_2} \wedge x_3 \vee \overline{x_1} \wedge x_2 \wedge \overline{x_3} \vee \overline{x_1} \wedge x_2 \wedge x_3 \vee x_1 \wedge x_2 \wedge$$
$$\wedge \overline{x_3} \vee x_1 \wedge x_2 \wedge x_3$$
$$= \overline{\overline{x_1} \wedge \overline{x_2} \vee \overline{x_1} \wedge x_2 \vee x_1 \wedge x_2} = \overline{\overline{x_1} \vee x_1 \wedge x_2} = x_1 \wedge (\overline{x_1} \vee \overline{x_2}) =$$
$$= x_1 \wedge \overline{x_2}.$$

Die Normalformen gestatten also, eine Wahrheitstabelle eindeutig in eine Boolesche Funktion umzusetzen und anschließend durch Umformungen die schaltungstechnisch einfachste bzw. die gewünschte Lösung zu konzipieren.

Im folgenden sollen die wesentlichen Typen der Termumformungen zusammengestellt werden.

1. $(a \wedge b \vee c) \wedge (a \wedge b \vee d) = a \wedge b \vee \underbrace{a \wedge b \wedge d \vee a \wedge b \wedge c} \vee c \wedge d = a \wedge b \vee c \wedge d$
   (Anwendung des Distributivgesetzes)

2. $(a \wedge b \vee c) \wedge (a \wedge b \vee d) = a \wedge b \vee c \wedge d = (a \vee c) \wedge (a \vee d) \wedge (b \vee c) \wedge (b \vee d)$
   (Anwendung des Distributivgesetzes)

3. $a \wedge b \vee b \wedge c \vee c \wedge a = b \wedge (a \vee c) \vee a \wedge c = \{b \wedge (a \vee c) \vee a\} \wedge \{b \wedge (a \vee c) \vee c\}$
   $= (b \vee a) \wedge (a \vee c) \wedge (b \vee c) = (a \vee b) \wedge (b \vee c) \wedge (a \vee c)$

4. $a \wedge b \wedge c \vee \overline{a} \vee \overline{b} \vee \overline{c} = a \wedge b \wedge c \vee \overline{a \wedge b \wedge c} = 1$ (Regel von De Morgan)

5. $\overline{a \wedge b} \vee \overline{a \wedge \overline{b}} \vee \overline{a} \wedge \overline{b} = \overline{a \wedge (b \vee \overline{b})} \vee \overline{a} \wedge \overline{b} = \overline{a} \vee \overline{a} \wedge \overline{b} = (\overline{a} \vee \overline{a}) \wedge (\overline{a} \vee \overline{b}) = \overline{a} \vee \overline{b} = \overline{a \wedge b}$

1.3 Das Karnaugh-Diagramm

Ein systematisches Verfahren zur Schaltungsvereinfachung ist das *Karnaugh-Diagramm*. Es ist eine andere Darstellung der Wahrheitstabelle, der man Vereinfachungen sofort ansieht. Dabei wird vom Distributivgesetz Gebrauch gemacht:

$$a \wedge b \wedge c \vee a \wedge b \wedge \overline{c} = a \wedge b \wedge (c \vee \overline{c}) = a \wedge b.$$

Wenn sich in 2 Termen der disjunktiven Normalform mindestens eine Größe ändert, dann kann man vereinfachen, und diese Größe fällt heraus. In ein Diagramm werden die Werte der Variablen so eingetragen, daß man diese Änderungen und damit die Vereinfachungen sofort erkennt.

Für 2 Variable a, b sieht dies folgendermaßen aus:

	a	$\overline{a}$
b	$a \wedge b$	$\overline{a} \wedge b$
$\overline{b}$	$a \wedge \overline{b}$	$\overline{a} \wedge \overline{b}$

Liegt dann z. B. eine Wahrheitstabelle vor

a	b	$f = \overline{a} \wedge b \vee \overline{a} \wedge \overline{b}$
0	0	1
0	1	1
1	0	0
1	1	0

so ergibt sich das Karnaugh-Diagramm:

	a	$\overline{a}$
b	0	1
$\overline{b}$	0	1

Man erkennt, es stehen zwei "1" untereinander, d. h. es ändert sich in der 2. Spalte $\bar{a}$ die Größe b zu $\bar{b}$, daher fällt sie heraus, und $f = \bar{a} \wedge b \vee \bar{a} \wedge \bar{b}$ läßt sich vereinfachen zu $f = \bar{a}$.

Bei einer solchen einfachen Funktion $f = \bar{a} \wedge b \vee \bar{a} \wedge \bar{b}$ lohnt es sich natürlich nicht, ein Karnaugh-Diagramm aufzustellen, denn die Vereinfachung sieht man der Funktion unmittelbar an:

$$f = \bar{a} \wedge b \vee \bar{a} \wedge \bar{b} = \bar{a} \wedge (b \vee \bar{b}) = \bar{a}.$$

Ein Beispiel soll jedoch verdeutlichen, daß selbst im Falle von zwei Variablen die Aufstellung eines Karnaugh-Diagramms von Vorteil sein kann, obgleich es seine Bedeutung erst bei Funktionen mit einer größeren Anzahl von Variablen erhält.

Es sei $f = \bar{a} \wedge b \vee a \wedge \bar{b} \vee \bar{a} \wedge \bar{b}$. Ist man sehr geübt im Umformen solcher Terme, erkennt man sofort, daß man am einfachsten zum Ergebnis kommt, wenn man in f den Term $\bar{a} \wedge \bar{b}$ noch einmal ergänzt (dies ändert f nicht, da $a \wedge a = a$ gilt):

$$f = \bar{a} \wedge b \vee \bar{a} \wedge \bar{b} \vee \bar{b} \wedge a \vee \bar{a} \wedge \bar{b} = \bar{a} \wedge (b \vee \bar{b}) \vee \bar{b} \wedge (\bar{a} \vee a) = \bar{a} \vee \bar{b} = \overline{a \wedge b}.$$

Ist man jedoch weniger geübt, so wird man versucht sein, f wie folgt umzuformen:

$$f = \bar{a} \wedge b \vee \bar{b} \wedge a \vee \bar{a} \wedge \bar{b} = \bar{a} \wedge b \vee \bar{b} \wedge (a \vee \bar{a}) = (\bar{a} \wedge b) \vee \bar{b}.$$

Nun sieht man jedoch die mögliche weitere Vereinfachung nicht mehr so schnell und hört an dieser Stelle auf oder formt f gar auf folgende umständliche Weise um:

$$f = \bar{a} \wedge b \vee \bar{b} = \overline{\overline{\bar{a} \wedge b \vee \bar{b}}} = \overline{\overline{\bar{a} \wedge b} \wedge b} = \overline{a \vee \bar{b} \wedge b} = \overline{a \wedge b \vee b \wedge \bar{b}} = \overline{a \wedge b} = \bar{a} \vee \bar{b}.$$

Eine geschickte Anwendung des Distributivgesetzes hätte hier natürlich schneller zum Ziel geführt:

$$f = \bar{a} \wedge b \vee \bar{b} = \bar{a} \vee \bar{b} \wedge (b \vee \bar{b}) = \bar{a} \vee \bar{b} = \overline{a \wedge b}.$$

Mit Hilfe des Karnaugh-Diagramms kann man die einfachste Form für f jedoch zuverlässig erkennen:

	a	$\bar{a}$
b	0	1
$\bar{b}$	1	1

$$f = \bar{a} \vee \bar{b}.$$

Für drei und vier Variable erhält das Karnaugh-Diagramm folgende Gestalt:

	a	a	$\bar{a}$	$\bar{a}$
b	$a \wedge b \wedge \bar{c}$	$a \wedge b \wedge c$	$\bar{a} \wedge b \wedge c$	$\bar{a} \wedge b \wedge \bar{c}$
$\bar{b}$	$a \wedge \bar{b} \wedge \bar{c}$	$a \wedge \bar{b} \wedge c$	$\bar{a} \wedge \bar{b} \wedge c$	$\bar{a} \wedge \bar{b} \wedge \bar{c}$
	$\bar{c}$	c	c	$\bar{c}$

	a	a	$\bar{a}$	$\bar{a}$	
b	$a \wedge b \wedge \bar{c} \wedge \bar{d}$	$a \wedge b \wedge c \wedge \bar{d}$	$\bar{a} \wedge b \wedge c \wedge \bar{d}$	$\bar{a} \wedge b \wedge \bar{c} \wedge \bar{d}$	$\bar{d}$
b	$a \wedge b \wedge \bar{c} \wedge d$	$a \wedge b \wedge c \wedge d$	$\bar{a} \wedge b \wedge c \wedge d$	$\bar{a} \wedge b \wedge \bar{c} \wedge d$	d
$\bar{b}$	$a \wedge \bar{b} \wedge \bar{c} \wedge d$	$a \wedge \bar{b} \wedge c \wedge d$	$\bar{a} \wedge \bar{b} \wedge c \wedge d$	$\bar{a} \wedge \bar{b} \wedge \bar{c} \wedge d$	d
$\bar{b}$	$a \wedge \bar{b} \wedge \bar{c} \wedge \bar{d}$	$a \wedge \bar{b} \wedge c \wedge \bar{d}$	$\bar{a} \wedge \bar{b} \wedge c \wedge \bar{d}$	$\bar{a} \wedge \bar{b} \wedge \bar{c} \wedge \bar{d}$	$\bar{d}$
	$\bar{c}$	c	c	$\bar{c}$	

An diesen Beispielen läßt sich unschwer der Aufbau erkennen, die Anordnung wird so gewählt, daß sich von einem Feld zum anderen nur genau eine Variable ändert.

Bei Karnaugh-Diagrammen mit mehr als zwei Variablen muß jedoch beachtet werden, daß "1" an den Rändern und Ecken ebenfalls zu Vereinfachungen führen.

Die folgenden Beispiele lassen dies erkennen:

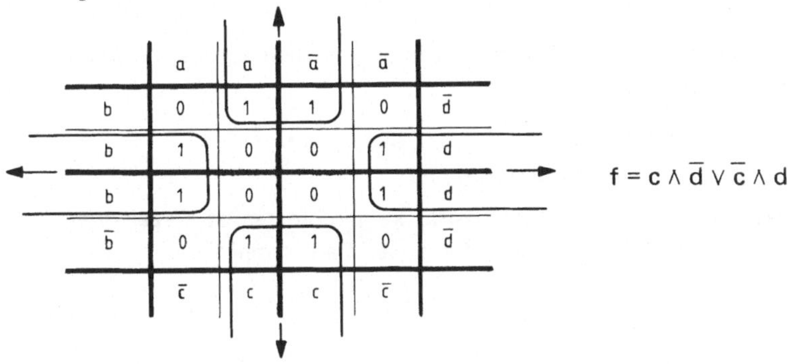

Man entnimmt diesem Diagramm $f = a \wedge \overline{c} \vee \overline{c} \wedge d$, denn die vier "1" in der senkrechten Spalte stehen unter a und $\overline{c}$, liefern also den Term $a \wedge \overline{c}$. Die durch die Pfeile und Kreise angedeutete Kombination von vier "1" steht unter d und $\overline{c}$, liefert daher den Term $\overline{c} \wedge d$.

Analog erhält man:

$$f = c \wedge \overline{d} \vee \overline{c} \wedge d$$

und

$$f = \overline{c} \wedge \overline{d}$$

Man kann sich beim Karnaugh-Diagramm mit 4 Variablen vorstellen, daß der untere mit dem oberen Rand und der rechte mit dem linken Rand des Diagramms verbunden ist. Man erhält gewissermaßen einen „Doppelzylinder".

Bei mehr als 4 Variablen empfiehlt es sich, diese in Unterdiagramme zu zerlegen.

1.4 Veranschaulichung der Schaltalgebra

Im folgenden soll für diejenigen Leser, die bisher noch keinen Kontakt mit dieser Materie gehabt haben, ein Teil der bisherigen Überlegungen noch einmal an sehr anschaulichen Beispielen verdeutlicht werden. Für die UND-, ODER-Schaltungen z. B. wurden bisher immer nur die Symbole verwendet, aber ihre schaltungstechnische Realisierung wurde bisher außer acht gelassen. Es ist ja auch gerade ein großer Vorteil der Digitalelektronik, daß für die einzelnen Gatter nicht genau bekannt zu sein braucht, wie sie intern aufgebaut sind, wenn sie sich nur gemäß der angegebenen Wahrheitstabelle verhalten.

Gegeben sei ein Stromkreis mit zwei Schaltern x_1, x_2 und einem Strommeßgerät:

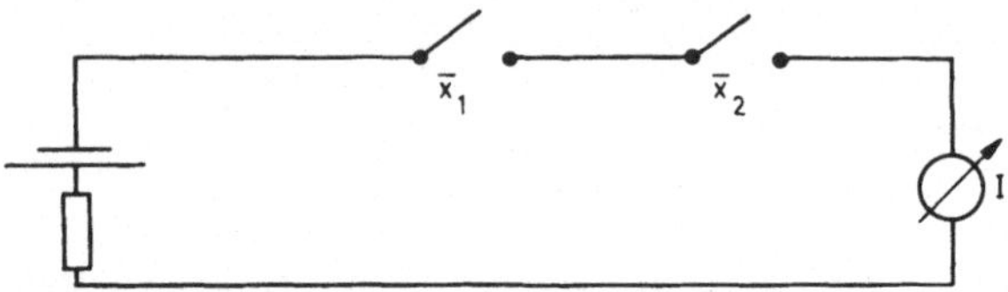

Ein geöffneter Schalter x werde mit $\overline{x}$ und ein geschlossener mit x bezeichnet. Dann fließt in dem Stromkreis ein Strom I, wenn x_1 *und* x_2 geschlossen sind. Man kann also schreiben:

$$I = x_1 \wedge x_2.$$

(Das Gleichheitszeichen darf hier natürlich nicht im streng mathematischen Sinne aufgefaßt werden, sondern nur in dem Sinne:

... es fließt (k)ein Strom, wenn ...).

Die Schaltung verhält sich also wie ein UND-Gatter.

Es fließt *kein* Strom, wenn Schalter x_1 *oder* Schalter x_2 geschlossen ist. Bezeichnet man das Nichtfließen des Stromes mit $\overline{I}$, so kann man für diesen Fall schreiben:

$$\overline{I} = \overline{x_1} \vee \overline{x_2}.$$

Invertiert man eine der Gleichungen, z. B. die erste

$$\overline{I} = \overline{x_1 \wedge x_2},$$

so ergibt sich unmittelbar die eine der De Morganschen Regeln

$$\overline{x_1 \wedge x_2} = \overline{x_1} \vee \overline{x_2}.$$

Ändert man nun den oben angegebenen Stromkreis, indem man die Schalter parallel legt, so erhält man:

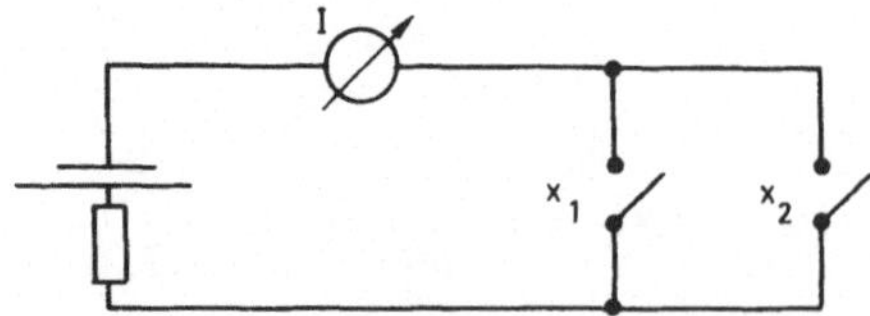

In diesem Fall fließt ein Strom I, wenn der Schalter x_1 *oder* der Schalter x_2 geschlossen wird, es gilt dann:

$$I = x_1 \vee x_2.$$

Es handelt sich hier um das einschließliche ODER und nicht um das ausschließliche ODER, das EXOR, denn es können ja auch beide Schalter geschlossen sein, damit ein Strom fließt.

Es fließt *kein* Strom, wenn der Schalter x_1 *und* der Schalter x_2 geöffnet werden, es gilt für diesen Fall:

$$\overline{I} = \overline{x_1} \wedge \overline{x_2}.$$

Durch Invertieren einer der „Gleichungen" erhält man dann die andere der De Morganschen Regeln:

$$\overline{x_1 \vee x_2} = \overline{x_1} \wedge \overline{x_2}.$$

In diesen einfachen Betrachtungen wurde davon Gebrauch gemacht, daß die Boolesche Algebra und die sog. Schaltalgebra die gleiche mathematische Struktur aufweisen, man sagt, daß sie *isomorph* sind.

Durch Ausnutzen des Isomorphismus zur Mengenalgebra lassen sich auch die Beziehungen

$$x \vee \overline{x} = 1$$
$$x \wedge \overline{x} = 0$$

sowie die Ergebnisse der Termumformungen sehr gut veranschaulichen. Gegeben sei eine Menge von Elementen, z. B. die Menge aller Bauelemente. Diese Menge wird die Grundmenge   genannt. Diese Grundmenge besitzt Teilmengen, z. B. ist die Menge aller NOR-Glieder eine Unter- oder Teilmenge der Menge aller Bauelemente, wie es die Skizze darstellt:

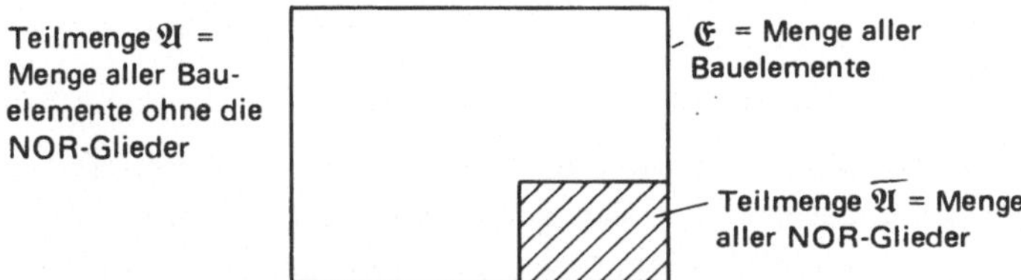

Bezeichnet man eine Teilmenge der Grundmenge mit $\mathfrak{A}$ und die Menge aller derjenigen Elemente der Grundmenge, die *nicht* zur Menge $\mathfrak{A}$ gehören mit $\overline{\mathfrak{A}}$, so ergibt die *Vereinigung* beider Mengen wieder die Grundmenge $\mathfrak{C}$. Führt man für die Vereinigung von Mengen das folgende Verknüpfungszeichen "$\cup$" ein, so kann man den angegebenen Sachverhalt wie folgt beschreiben:

$$\mathfrak{A} \cup \overline{\mathfrak{A}} = \mathfrak{C}.$$

Der Vergleich mit den weiter oben durchgeführten Betrachtungen zeigt, daß die Verknüpfung "$\cup$" in der Mengenalgebra der ODER-Verknüpfung in der Schaltalgebra entspricht.

Interessiert man sich in der Mengenlehre dafür, ob zwei Mengen gemeinsame Elemente oder Teilmengen besitzen, so bildet man den *Durchschnitt* zweier Mengen. Für den Durchschnitt führt man das folgende Zeichen "$\cap$" ein. In dem Durchschnitt zweier

Mengen liegen alle diejenigen Elemente, die sowohl zur einen als auch zur anderen Menge gehören. Ein Beispiel möge dies erläutern:

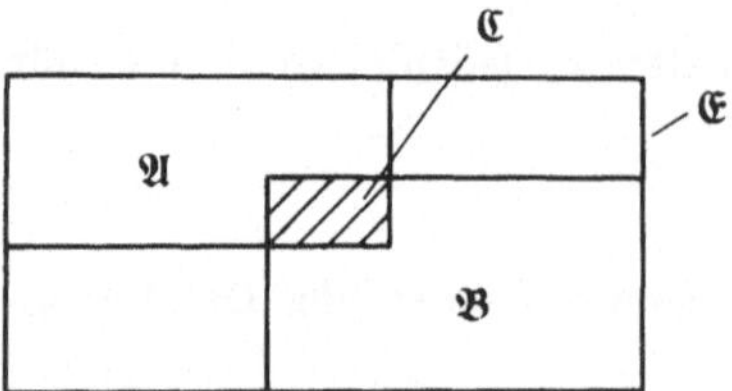

Man entnimmt der Skizze, $\mathfrak{A} \cap \mathfrak{B} = \mathfrak{C}$.

Haben zwei Mengen kein Element gemeinsam, so ist ihr Durchschnitt leer, man sagt, sie haben nur die *leere Menge* Φ gemeinsam. Die leere Menge nimmt also in der Mengenlehre die gleiche Stellung ein wie die 0 in der Booleschen Algebra.

Da definitionsgemäß $\mathfrak{A}$ und $\overline{\mathfrak{A}}$ kein gemeinsames Element besitzen, gilt

$$\mathfrak{A} \cap \overline{\mathfrak{A}} = \Phi,$$

und man erkennt, die Durchschnittbildung "$\cap$" entspricht der UND-Verknüpfung der Schaltalgebra.

Man kommt damit zu folgenden Analogien zwischen der Mengenalgebra und der Schaltalgebra:

der Grundmenge $\mathfrak{C}$ entspricht   die "1" der Schaltalgebra,
der leeren Menge Φ "   die "0" der   "

$$\mathfrak{A} \cup \overline{\mathfrak{A}} = \mathfrak{C} \qquad " \qquad a \vee \overline{a} = 1$$
$$\mathfrak{A} \cap \overline{\mathfrak{A}} = \Phi \qquad " \qquad a \wedge \overline{a} = 0.$$

Es gelten natürlich auch das Kommutativ-, Assoziativ-, Distributiv- und das Verschmelzungsgesetz. In der Mengenalgebra besitzen die sich aus diesen Gesetzen ergebenden Termumformungen jedoch eine viel unmittelbarere, anschaulichere Bedeutung. So schreiben sich

$$a \vee a = a \qquad \text{und} \qquad a \vee a \wedge b = a$$
$$a \wedge a = a \qquad \text{und} \qquad a \wedge a \vee b = a$$

in der Mengenlehre wie folgt:

$$\mathfrak{A} \cup \mathfrak{A} = \mathfrak{A} \quad \text{und} \quad \mathfrak{A} \cup (\mathfrak{A} \cap \mathfrak{B}) = \mathfrak{A}$$
$$\mathfrak{A} \cap \mathfrak{A} = \mathfrak{A} \quad \text{und} \quad \mathfrak{A} \cap (\mathfrak{A} \cup \mathfrak{B}) = \mathfrak{A}$$

und werden unmittelbar verständlich.

Der Leser möge zur Veranschaulichung und zur Übung einige der angegebenen Termumformungen in der Schreibweise der Mengenalgebra vornehmen.

2 Flipflops

Im folgenden sollen die im vorhergehenden Kapitel gewonnenen Erkenntnisse angewendet und gleichzeitig die notwendigen Voraussetzungen für das Verständnis des in den nächsten Kapiteln dargestellten Mikroprozessors geschaffen werden.

2.1 Ungetaktete Flipflops

2.1.1 Ungetaktete RS-Flipflops

Verbindet man zwei NOR-Bausteine in der angegebenen Weise, so erhält man ein RS-Flipflop (mit R = Rücksetzen und S = Setzen). Die Ausgänge bezeichnet man mit Q und $\overline{Q}$, s. Bild 2.1.

Man entnimmt der Schaltung die Booleschen Gleichungen

$$Q = \overline{R \vee \overline{Q}}$$
$$\overline{Q} = \overline{S \vee Q}.$$

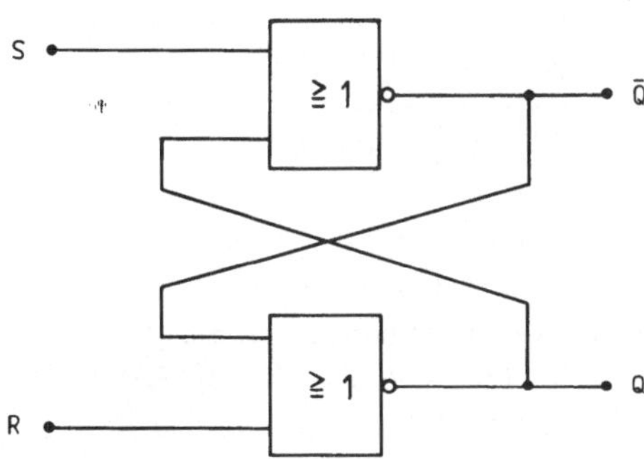

Bild 2.1
Ungetaktetes RS-Flipflop aus NOR-Gattern

Da ein NOR-Gatter am Ausgang eine logische 0 führt, wenn mindestens einer der Eingänge eine logische 1 führt, so erhält man

$Q = \overline{Q} = 0,$ wenn R = S = 1 gilt.

Dies ist ein „verbotener" Zustand, da per Def. $Q \neq \overline{Q}$ ist.

Sind R = S = 0, so bleiben die vorhergehenden Zustände Q, $\overline{Q}$ erhalten, sie ändern sich nicht.

Ist R ≠ S, so führt der Ausgang des NOR-Gatters, dessen Eingang eine 1 enthält, eine 0, da sich in ODER- und NOR-Gattern die 1 „durchsetzt". Man erhält daher die folgende Wahrheitstabelle für das RS- (NOR-) Flipflop:

$\overline{R}$	$\overline{S}$	Q	$\overline{Q}$
1	1	\multicolumn{2}{c}{wie vorher}
1	0	1	0
0	1	0	1
0	0	\multicolumn{2}{c}{„verboten"}

Man erkennt, es ist immer S = Q, R = $\overline{Q}$ für R ≠ S.

Für das aus NANDs aufgebaute RS-Flipflop erhält man Bild 2.2. Dabei wird von der Regel
von De Morgan Gebrauch gemacht:

$$\overline{\overline{R} \vee \overline{S}} = R \wedge S,$$

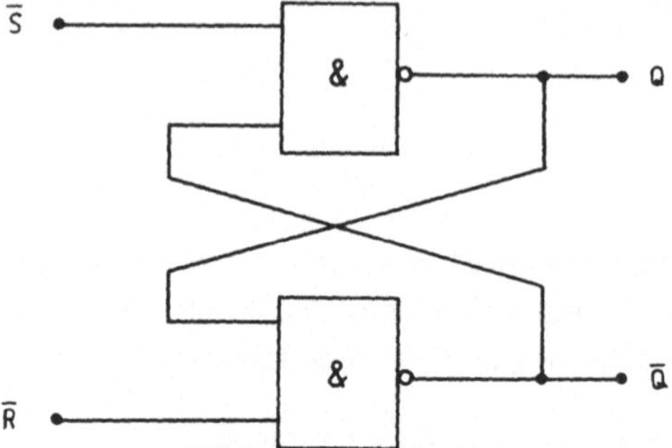

Bild 2.2

Ungetaktetes RS-Flipflop aus NAND-Gattern

die für diesen Fall besagt, daß man von der Schaltung aus NOR-Gattern zu derjenigen aus
NAND-Gattern kommt, indem man die Ein- und Ausgänge negiert.

Damit erhält man sofort die folgenden Booleschen Gleichungen und die zugehörige Wahrheitstabelle

$$Q = \overline{\overline{R} \wedge \overline{Q}}$$
$$\overline{Q} = \overline{\overline{S} \wedge Q}$$

$\overline{R}$	$\overline{S}$	Q	$\overline{Q}$
1	1	„wie vorher"	
1	0	1	0
0	1	0	1
0	0	„verboten"	

Man erkennt, es ergibt sich die gleiche Wahrheitstabelle wie für das RS-Flipflop aus NOR-
Gattern. In der AND-, NAND-Schaltung „setzt sich die 0 durch", und $\overline{R} = \overline{S} = 0$ ist der
„verbotene" Zustand. Es gilt also wieder

$$\overline{S} = \overline{Q}$$
$$\overline{R} = Q.$$

Als neue Schaltsymbole für diese ungetakteten statischen RS-Flipflops wurden nach DIN
40 700, Teil 14, Ausgabe 7.76 eingeführt:

Bild 2.3

Schaltsymbole für ungetaktete
RS-Flipflops

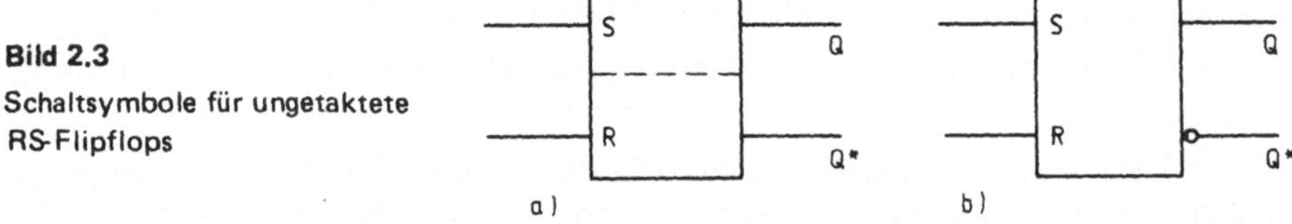

Ein rechteckiger Kasten wird durch eine gestrichelte Linie in zwei Hälften geteilt, s. Bild
2.3a. Diese Linie gibt die Richtung des Informationsflusses wieder. Auf der linken Seite
des Rechteckes werden alle Eingänge, auf der rechten Seite alle Ausgänge dargestellt. Die
gestrichelte Linie kann auch weggelassen werden, dann muß jedoch ein Ausgang mit dem
Negationssymbol versehen sein, s. Bild 2.3b. Soll in einem Flipflop eine bestimmte Grundstellung angegeben werden, also z. B. daß Q^* im Grundzustand immer eine 1 führt, so
kann dies durch ein ausgefülltes Rechteck angedeutet werden, s. Bild 2.4.

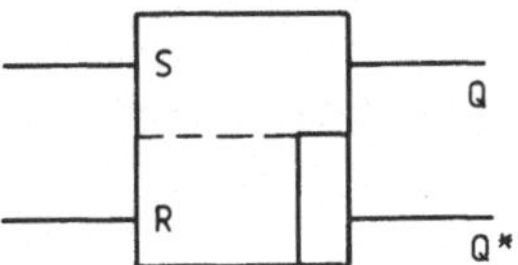

Bild 2.4

Schaltsymbol für ungetaktete RS-Flipflops mit Grundstellung

Den Grundzustand, bei dem sich die Ausgangsgrößen nicht ändern ($\overline{R} = \overline{S} = 1$ bei NAND- und $R = S = 0$ bei NOR-Gattern), nennt man den Speicherzustand.

Die Eingänge werden mit S (Setzen) und R (Rücksetzen) bezeichnet. In dem Zustand Setzen, d. h. $S = 1$, $R = 0$ ist der Ausgang $Q = 1$ und $Q^* = 0$. In dem Zustand Rücksetzen, $R = 1$, $S = 0$, gilt $Q = 0$ und $Q^* = 1$. Aus diesem Grunde werden in den Schaltsymbolen der S- Eingang und der Q- Ausgang gegenüberliegend gezeichnet.

Allgemein werden in dem entsprechenden Schaltsymbol die Eingänge immer dem Ausgang gegenüber angeordnet, an dem sie im gesetzten Zustand eine 1 hervorrufen.

Werden beide Eingänge in den Zustand versetzt, in dem sie eine 1 an den entsprechenden Ausgängen erzeugen, also $S = R = 1$ in Bild 2.1 bzw. Bild 2.5a und $\overline{S} = \overline{R} = 1$ in Bild 2.2 bzw. Bild 2.5b, so gehen die Flipflops in den verbotenen Zustand über. Werden nun beide Eingänge „gleichzeitig" in den Zustand zurückgesetzt, in dem sie die Ausgänge nicht setzen, also $S = R = 0$ bzw. $\overline{S} = \overline{R} = 1$, so wird der verbotene Zustand aufgehoben; es ist jedoch nicht definiert, in welchen Ausgangszustand das Flipflop übergeht, $Q = 0$, $Q^* = 1$ oder $Q = 1$, $Q^* = 0$, es sei denn, es werden Flipflops verwandt, wie in Bild 2.4 dargestellt.

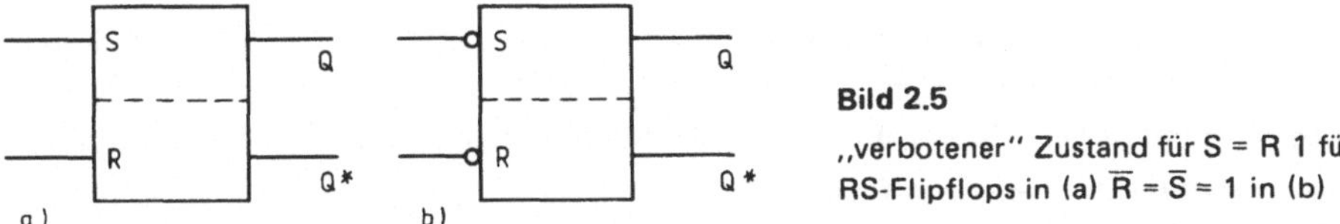

Bild 2.5

„verbotener" Zustand für $S = R$ 1 für RS-Flipflops in (a) $\overline{R} = \overline{S} = 1$ in (b)

Diese RS-Flipflops weisen jedoch noch zwei wesentliche Nachteile auf:

1. ändert sich die Ausgangsinformation „sofort", d. h. nur eine Gatterlaufzeit (einige ns) später, wenn sich für $R \neq S$ die Eingangsinformation ändert, und
2. existiert ein Zustand mit $Q = \overline{Q}$, ein sogenannter „verbotener" Zustand.

2.1.2 Getaktete statische Flipflops

Der Nachteil des ungetakteten RS-Flipflops, daß die Eingangsinformation sofort in den Ausgang übernommen wird, läßt sich vermeiden, wenn man einen Taktvorsatz verwendet. Durch einen Taktimpuls kann dann der Übernahmezeitpunkt für die Eingangsinformation in den Ausgang bestimmt werden. Ist die Übernahme der Eingangsinformation an den Ausgang praktisch während der gesamten Dauer des Taktimpulses möglich, so spricht man von *zustandsgesteuerten Flipflops*. Ist die Übernahme an den Ausgang schon „sofort" nach dem Übergang des Taktimpulses von 0 auf 1 möglich, so nennt man diese Flipflops *ein*zustandsgesteuert. Wird die Eingangsinformation zunächst in einen Zwischenspeicher und erst am Ende des Taktsignals in den Hauptspeicher übernommen, nennt man sie *zwei*zustandsgesteuert.

2.1.2.1 Einzustandsgesteuerte RS-Flipflops

Mit einem Taktvorsatz aus NAND-Gattern erhält man z. B. die folgende Anordnung:

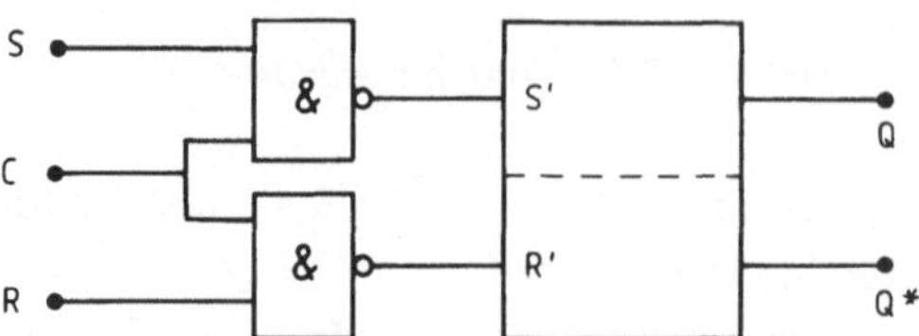

Bild 2.6

RS-Flipflop mit Taktvorsatz, Einzustandsgesteuertes RS-Flipflop

Ein solches Flipflop wird (statisches getaktetes) einzustandsgesteuertes RS-Flipflop
genannt.

Man nennt die Eingänge S und R auch häufig Vorbereitungseingänge oder Informationseingänge. Der Takteingang wird nach dem angelsächsischen *clock* mit C bezeichnet.

Es gilt:

$$S' = \overline{C \wedge S}$$
$$R' = \overline{C \wedge R}.$$

Damit erhält man:

$$S' = \overline{S} \quad \text{für} \quad C = 1$$
$$S' = 1 \quad \text{für} \quad C = 0$$
$$R' = \overline{R} \quad \text{für} \quad C = 1$$
$$R' = 1 \quad \text{für} \quad C = 0.$$

Solange also C = 0 ist (die 0 „setzt sich in AND-, NAND-Schaltungen durch''), gilt
$S' = R' = 1$, und das Flipflop ist in seinem „verbotenen'' Zustand. Geht C von 0 auf 1
über, so verhält sich das Flipflop mit Taktvorsatz wie das ungetaktete RS-Flipflop.

Als Schaltsymbol für das getaktete RS-Flipflop wird benutzt:

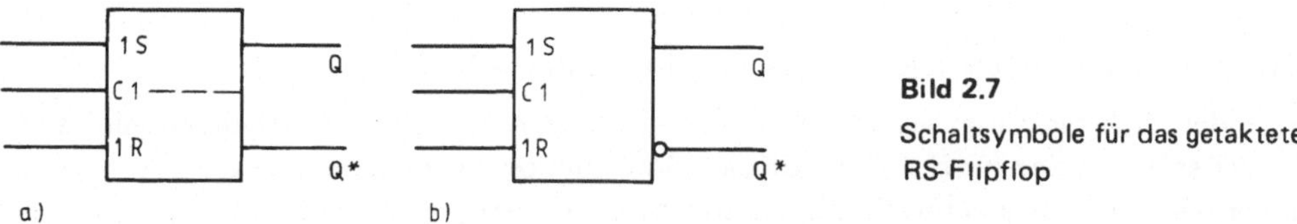

Bild 2.7

Schaltsymbole für das getaktete
RS-Flipflop

Die Zahlen an den Buchstaben haben die folgende Bedeutung:

Die Steuerabhängigkeit zwischen mehreren Eingängen wird im Schaltsymbol durch die
Kennzeichnung des *steuernden* Takteinganges mit C und einer nachgestellten Zählnummer
angegeben. Die über diesen Takteingang *gesteuerten* Eingänge erhalten die Buchstaben
S und R und die gleiche Zahl wie der Takteingang, jedoch vorangestellt.

Der Bezeichnung in Bild 2.7 kann man also entnehmen, daß die Eingänge 1S und 1R vom
Takteingang C1 gesteuert werden.

Es gilt also,

     eine 1 an 1S *und* eine 1 an C1 bewirkt Q = 1, $Q^* = 0$

     eine 1 an 1R *und* eine 1 an C1 bewirkt Q = 0, $Q^* = 1$.

2.1.2.2 Einzustandsgesteuerte D-Flipflops

In dem getakteten RS-Flipflop trat der „verbotene" Zustand auf. Man kann diesen auf verschiedene Weise vermeiden. Eine Möglichkeit ist, die beiden Informationseingänge über einen Inverter zu verbinden, dadurch ist gewährleistet, daß immer $R \neq S$ ist.

Man erhält dann eine Anordnung, wie sie Bild 2.8 zeigt:

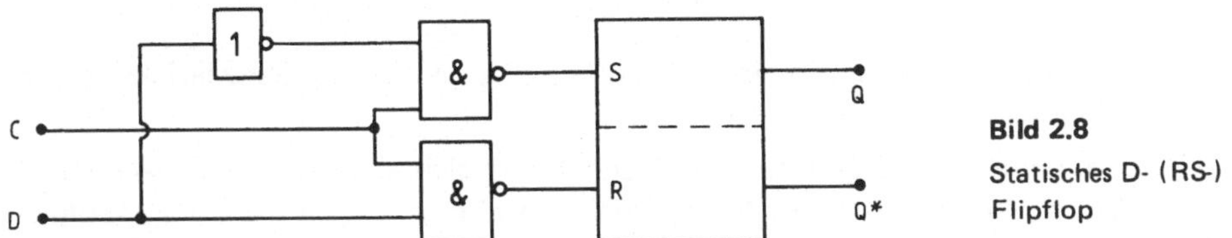

Bild 2.8

Statisches D- (RS-) Flipflop

Ein solches Flipflop wird statisches D-(RS-)Flipflop genannt, und man verwendet dafür folgendes Schaltsymbol:

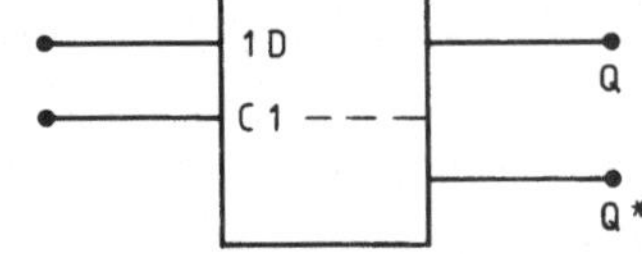

Bild 2.9

Schaltsymbol für das statische D- (RS-) Flipflop

Es gelten die folgenden Booleschen Gleichungen:

$$S = \overline{C \wedge \overline{D}}$$
$$R = \overline{C \wedge D}.$$

Für $C = 0$ gilt $S = R = 1$, und das RS-Flipflop ist in seinem Speicherzustand.

Für $C = 1$ ist $S = D$ und $R = \overline{D}$.

Die Gleichung für S läßt sich noch umformen:

$$S = \overline{C \wedge \overline{D}} = \overline{C \wedge \overline{D}} \vee \overline{C \wedge \overline{C}} = \overline{C \wedge (\overline{D} \vee \overline{C})} = \overline{C \wedge (\overline{D \wedge C})} = \overline{C \wedge R},$$

und man erhält

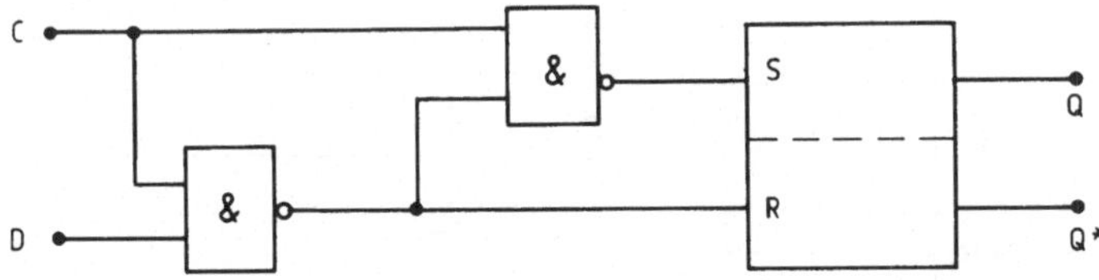

Bild 2.10 Durch Termumformungen vereinfachte Schaltung des statischen D- (RS-) Flipflops

Dadurch kann also ein NAND-Gatter eingespart werden. Der Nachteil des D-Flipflops ist jedoch, daß man nur noch einen Eingang besitzt.

2.1.2.3 Zweizustandsgesteuerte Master-Slave-Flipflops

Als eine andere Möglichkeit, den „verbotenen" Zustand zu vermeiden, liegt es nahe, die Ausgänge Q, Q* über UND-Gatter auf die Eingänge zurückzukoppeln, denn da $Q \neq Q^*$ gilt, kann nie $S = R$ werden.

Man erhält dann Bild 2.11.

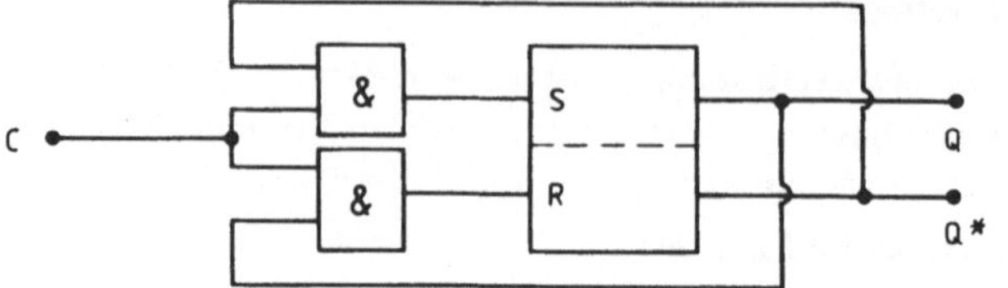

Bild 2.11

RS-Flipflop mit Taktvorsatz und auf den Eingang rückgekoppelten Ausgängen

Für statische Takteingänge führt diese Rückkopplung jedoch zu Schwierigkeiten, es können undefinierte Zustände auftreten.

Für $C = 0$ ist immer $S = R = 0$, und das Flipflop befindet sich in seinem Speicherzustand, z. B. $Q = 0$, $Q^* = 1$. Geht nun C von 0 auf 1 über, so nimmt, wegen der Rückkopplung, der Ausgang des S-UND-Gatters jetzt eine 1 an, während $R = 0$ erhalten bleibt. Liegt nun C weiterhin auf 1, so wird dieser neue Zustand an den Ausgang übernommen, und es wird $Q = 1$, $Q^* = 0$. Wegen der Rückkopplung und C weiterhin gleich 1, hat dies $S = 0$, $R = 1$ und damit $Q = 0$, $Q^* = 1$ zur Folge. Die Ausgänge kippen also hin und her, solange $C = 1$ erhalten bleibt.

Wegen immer bestehender Unsymmetrien bei der Herstellung der Flipflops nimmt das Flipflop schließlich einen bevorzugten Zustand an. Dennoch ist die Rückkopplung auf diese direkte Weise bei Flipflops ohne dynamischen Takteingang bzw. ohne andere Maßnahmen nicht sinnvoll.

Man kann diesen Nachteil vermeiden, indem man entweder die Dauer des Taktsignals so kurz macht (etwa eine Gatterlaufzeit lang), daß die Änderung des Ausgangszustandes am Eingang nicht mehr wirksam werden kann, da durch $C = 0$ der Eingang schon wieder verriegelt ist, dies führt zu den dynamischen Flipflops, oder indem man zweizustandsgesteuerte Flipflops verwendet.

Bild 2.12 zeigt zwei hintereinander geschaltete RS-Flipflops mit je einem Taktvorsatz, deren Eingänge über einen Inverter gekoppelt sind.

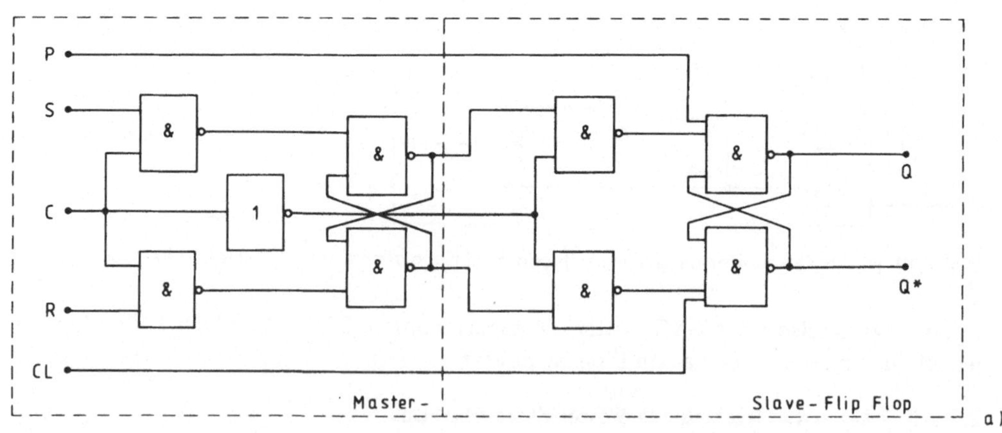

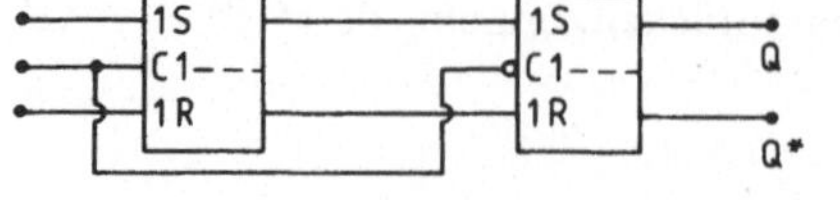

Bild 2.12

Master-Slave-Flipflop mit P(reset)- und Cl(ear)-Eingängen

Ferner sind noch taktunabhängige Eingänge (häufig mit P von *Preset* und CL von *Clear* bezeichnet) miteingezeichnet, die direkt auf das Ausgangs-Flipflop einwirken. Man nennt eine solche Anordnung RS-Master-Slave-Flipflop, da die Information zunächst von dem ersten, dem Master-Flipflop, übernommen und dann an das 2. Flipflop, das Slave-Flipflop, übergeben wird.

Für C = 0 ist der Eingang des Master-Flipflops verriegelt, und Änderungen an den Informationseingängen S, R werden nicht wirksam. Geht nun C von 0 auf 1 über, so übernimmt das Master-Flipflop die Information an den Vorbereitungseingängen S und R, über den Inverter in der Taktleitung des Slave-Flipflops ist dieser jedoch gesperrt, so daß die Information vom Master nicht an den Slave übergehen kann. Geht das Taktsignal nun von 1 auf 0 zurück, so wird das Master-Flipflop gesperrt und über den Inverter der Eingang des Slave-Flipflops freigegeben, so daß dieses jetzt die Information vom Master übernehmen kann.

Man erkennt, die Informationsübernahme läuft in zwei Phasen ab. Diese sind in Bild 2.13 noch einmal dargestellt.

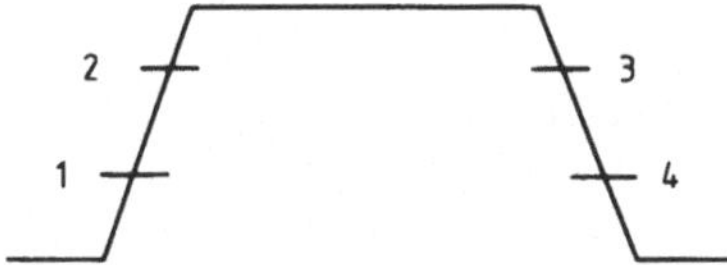

1: Inverter verriegelt Slave

2: Master übernimmt die Information

3: Master wird verriegelt

4: Slave übernimmt die Information vom Master

Bild 2.13 Ablauf der Informationsübernahme beim Master-Slave-Flipflop

In der ersten Phase wird zum Zeitpunkt 1 der Slave verriegelt, und der Master übernimmt ab Zeitpunkt 2 die Information. Diese Information kann sich, wie beim R, S-Flipflop, noch so lange ändern, wie C = 1 führt. Dies ist ein Nachteil, der erst bei den dynamischen, den flankengesteuerten Flipflops nicht mehr auftritt.

In der zweiten Phase wird zum Zeitpunkt 3 der Master verriegelt und zum Zeitpunkt 4 seine Information an das Slave-Flipflop übergeben. Da die Information erst auf der abfallenden Flanke des Taktsignals in den Ausgang übernommen wird, nennt man diese *retardierte* (verzögerte) *Ausgänge.* Da für die Informationsübernahme zwei Zustände des Taktsignals notwendig sind, nennt man diese Master-Slave-Flipflops auch *zweizustandsgesteuert.* Als Symbol wird verwendet:

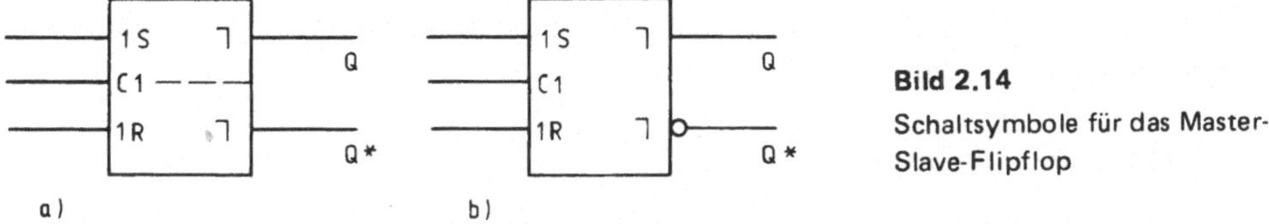

Bild 2.14

Schaltsymbole für das Master-Slave-Flipflop

Die „⌐" weisen dabei auf die retardierten Ausgänge hin.

In dieser Form hat das Master-Slave-Flipflop jedoch noch die schon erwähnten Nachteile, daß a) der verbotene Zustand auftreten kann und b) eine Änderung an den Vorbereitungseingängen noch so lange wirksam werden kann, wie das Taktsignal anliegt. Dieser letzte Nachteil wird erst bei den flankengesteuerten Flipflops vermieden, s.w.u..

D-Master-Slave-Flipflops

Das Auftreten des verbotenen Zustandes läßt sich verhindern, indem man 1S und 1R über einen Inverter verbindet. Man erhält dann ein D-Master-Slave-Flipflop mit dem Schaltsymbol

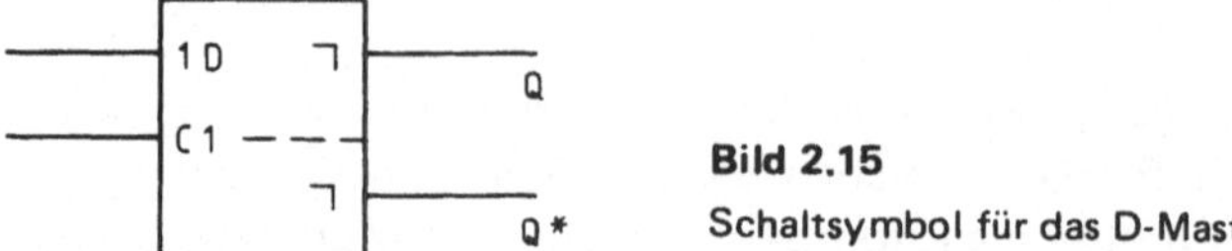

Bild 2.15

Schaltsymbol für das D-Master-Slave-Flipflop

J K-Master-Slave-Flipflops

Der „verbotene" Zustand läßt sich jedoch auch vermeiden, indem man den Ausgang auf den Eingang über Gatter zurückkoppelt. Man erhält dann:

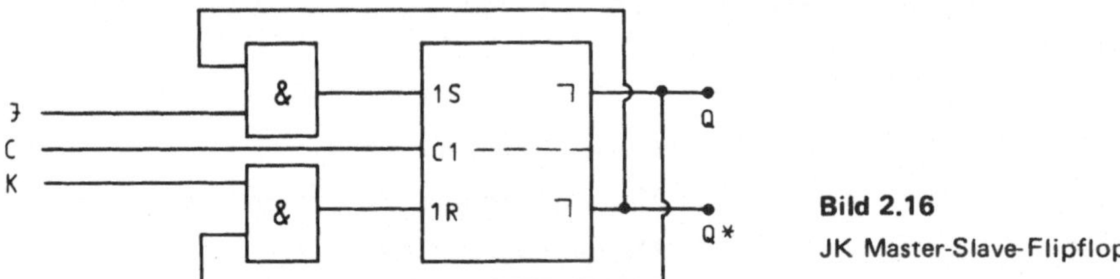

Bild 2.16

JK Master-Slave-Flipflop

Diese Rückkopplung war beim einzustandsgesteuerten RS-Flipflop wegen der undefinierten Zustände nicht möglich. Beim RS-Master-Slave-Flipflop kann dieser Effekt jedoch nicht auftreten, da der Eingang des Master-Flipflops schon wieder verriegelt ist, wenn die Information am Ausgang erscheint und über die Rückkopplung auf den Eingang rückwirkt.

Man erhält dann ein zweizustandsgesteuertes JK-Master-Slave-Flipflop. Meist besitzen Master-Slave-Flipflops noch die in Bild 2.12a miteingezeichneten, dort mit Preset und Clear bezeichneten, nicht vom Takt gesteuerten, direkten Eingänge. Man erhält dann das Schaltsymbol:

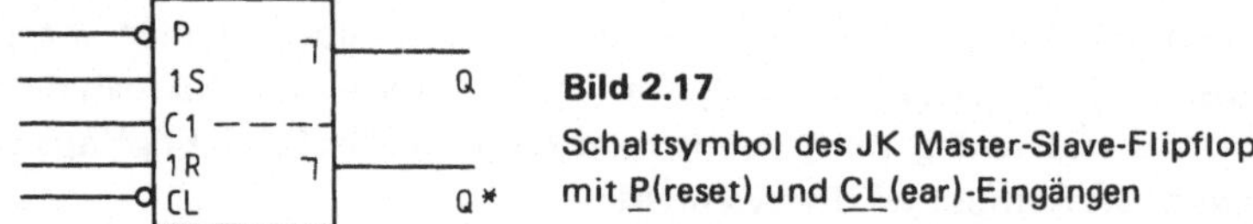

Bild 2.17

Schaltsymbol des JK Master-Slave-Flipflops mit P(reset) und CL(ear)-Eingängen

Die direkten Eingänge werden nicht mit einer Zählnummer versehen, da sie nicht vom Taktsignal gesteuert werden.

2.2 Dynamische Flipflops

Wie bereits oben angegeben, haben die bisher beschriebenen Flipflops noch den Nachteil, daß Änderungen der Information an den Eingängen solange wirksam sind, wie das Taktsignal anliegt. Ferner war es bei den *ein*zustandsgesteuerten Flipflops nicht möglich, die Ausgänge auf die Eingänge über Gatter zurückzukoppeln.

Diese Nachteile vermeiden erst die Flipflops mit dynamischem Takteingang. Diese gibt es als *ein-* und als *zwei*flankengesteuerte Flipflops.

2.2.1 Einflankengesteuerte Flipflops

Wird dafür gesorgt, daß das Taktsignal nur für eine Dauer wirksam ist, die kürzer ist als eine Gatterlaufzeit, dann bestimmt die während dieser kurzen Taktzeit an den Vorbereitungseingängen anliegende Information den Ausgangszustand des Flipflops.

Man kann diesen Effekt z. B. durch ein RC-Differenzierglied in der Takteingangsschaltung oder durch Ausnutzung von Laufzeiteffekten erzielen, s. Bild 2.18.

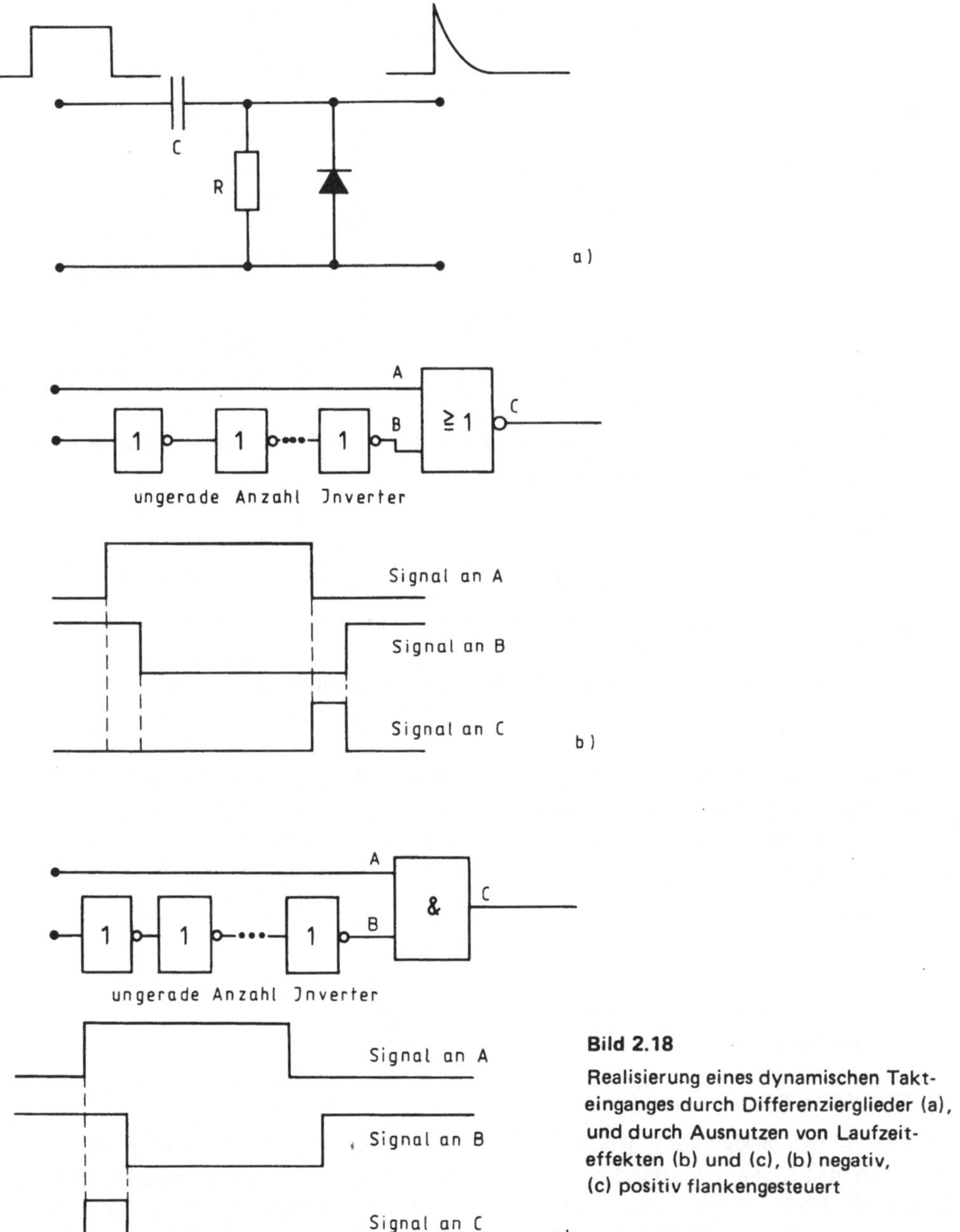

Bild 2.18

Realisierung eines dynamischen Takteinganges durch Differenzierglieder (a), und durch Ausnutzen von Laufzeiteffekten (b) und (c), (b) negativ, (c) positiv flankengesteuert

Man erkennt, auf diese Weise kann man erreichen, daß die Information entweder nur auf der positiven oder nur auf der negativen Flanke des Taktsignals übernommen wird.

Man nennt solche Flipflops *einflanken*gesteuert. Bild 2.19 gibt die verwendeten Schaltsymbole wieder:

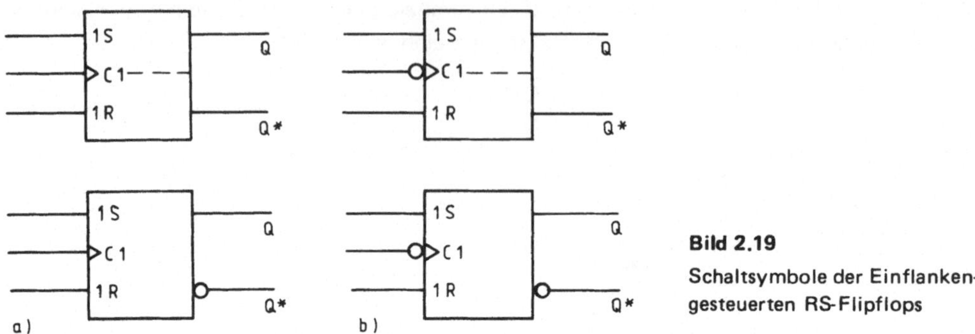

Bild 2.19

Schaltsymbole der Einflanken-gesteuerten RS-Flipflops

Das Zeichen „ ▷" steht für ein positiv-, das Zeichen „◁▷" für ein negativ-flankengesteuertes Flipflop. Es kann jedoch immer noch ein „verbotener" Zustand auftreten.

Einflankengesteuerte D-Flipflops

Verbindet man den 1S mit dem 1R Eingang über einen Inverter, dann erhält man ein einflankengesteuertes D-Flipflop mit dem Schaltsymbol:

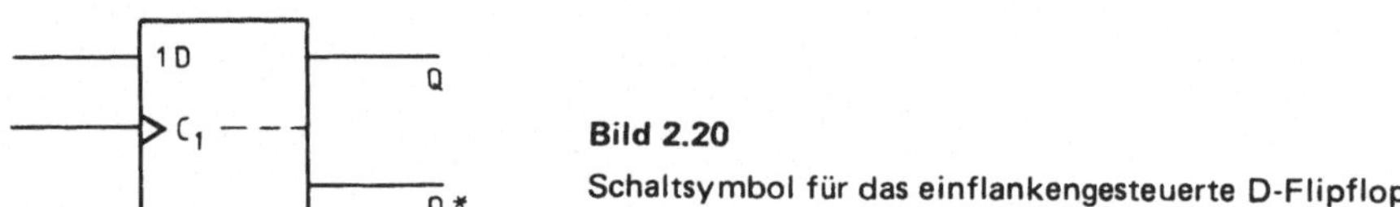

Bild 2.20

Schaltsymbol für das einflankengesteuerte D-Flipflop

Auf diese Weise kann der „verbotene" Zustand vermieden werden.

T-Flipflops

Wegen des dynamischen Takteinganges kann man jetzt jedoch die Ausgänge Q, Q^* direkt mit den Vorbereitungseingängen verknüpfen, was beim statischen RS-Flipflop nicht möglich war, und erhält dann ein sog. T- (*T*oggle-) Flipflop, welches bei jedem Taktimpuls kippt. Als Schaltsymbol wird verwendet:

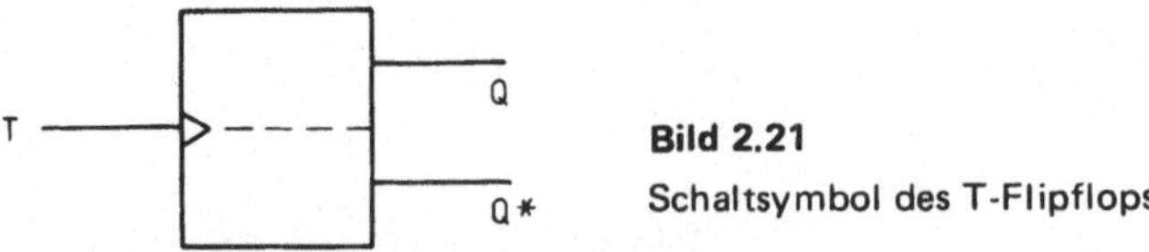

Bild 2.21

Schaltsymbol des T-Flipflops

Einflankengesteuerte JK-Flipflops

Der Nachteil der beiden vorgenannten Flipflops ist, daß nur noch ein oder gar kein Vorbereitungseingang mehr vorhanden ist. Führt man daher die Rückkopplung nicht direkt auf die 1S, 1R-Eingänge, sondern über ein UND-Gatter zurück, so erhält man das *einflankengesteuerte JK-* (RS-)Flipflop, s. Bild 2.22.

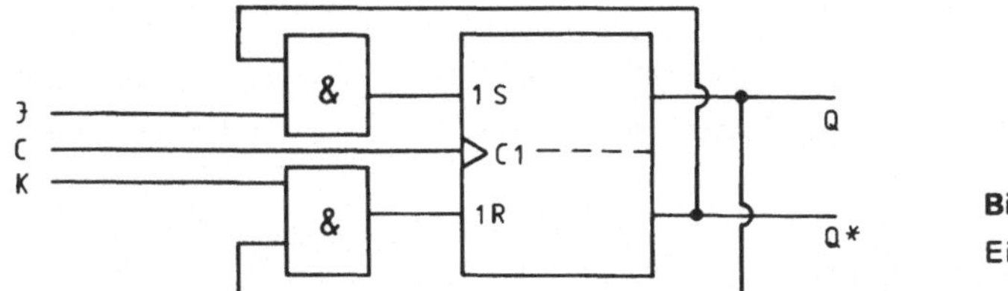

Bild 2.22

Einflankengesteuertes JK-Flipflop

Man erkennt, auf diese Weise sind wieder zwei Vorbereitungseingänge J und K vorhanden, und ein „verbotener" Zustand kann wegen der Rückkopplung nicht mehr auftreten.

Die Wahrheitstabelle entspricht bis auf den verbotenen Zustand der des RS-Flipflops:

t_n		t_{n+1}	
J	K	Q	Q^*
0	0	wie vorher	
0	1	0	1
1	0	1	0
1	1	ändert sich bei	
		jedem Taktimpuls	

Für J = K = 1 kann wegen der Rückkopplung immer nur *ein* UND-Gatter eine 1 an seinem Ausgang liefern. Welches UND-Gatter eine 1 annimmt, hängt vom vorhergehenden Zustand Q, Q^* ab. War z. B. Q = 0, Q^* = 1 bei J = 0 und K = 1, und geht beim nächsten Taktimpuls J von 0 auf 1 über, so wird das J- UND-Gatter an seinem Ausgang eine 1 liefern, das K- UND-Gatter eine 0, und dieser Zustand wird an den Ausgang übernommen, es wird also nun Q = 1 und Q^* = 0. Über die Rückkopplung liegt dieser Zustand wieder an den Vorbereitungseingängen an, und es wird nun der Ausgang des J- UND-Gatters eine 0 und der des K- UND-Gatters eine 1 führen. Beim nächsten Taktimpuls wird dieser neue Zustand in den Ausgang übernommen. So ändert sich bei jedem Taktimpuls für J = K = 1 der Ausgangszustand, das Flipflop verhält sich also wie ein T-Flipflop.

Für das einflankengesteuerte JK- (RS-)Flipflop wird folgendes Schaltsymbol verwendet:

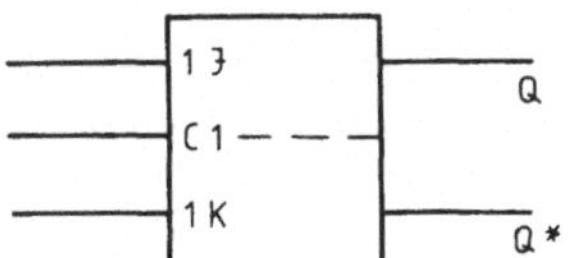

Bild 2.23

Schaltsymbol des einflankengesteuerten JK-Flipflops

Besitzen die J, K- UND-Gatter mehrere Eingänge, oder werden die einfachen J, K- Eingänge in Bild 2.23 durch UND-Gatter mit mehreren Eingängen erweitert, so kann man dies wie folgt im Schaltsymbol berücksichtigen, Bild 2.24b:

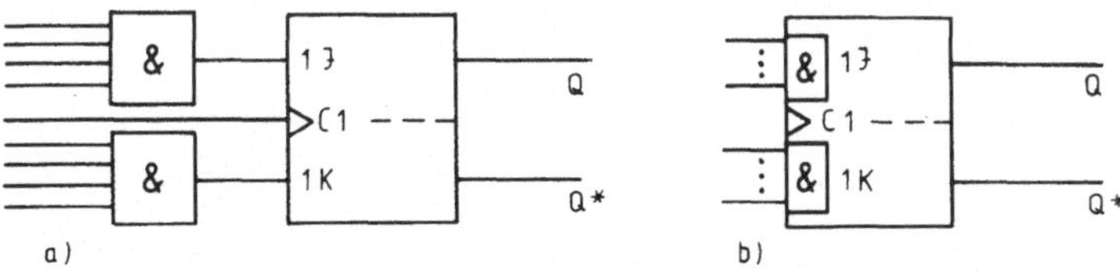

Bild 2.24 Einflankengesteuertes JK-Flipflop mit Erweiterungseingängen (a), und zugehörigem Schaltsymbol (b)

Einflankengesteuerte D- JK-Flipflops

Durch Verknüpfen des 1J- mit dem 1K-Eingang über einen Inverter kann man wieder aus dem JK- ein D-Flipflop realisieren, welches dann natürlich nur noch einen Informationseingang besitzt.

2.3 Zweiflankengesteuerte Flipflops

In den zu besprechenden Mikroprozessorsystemen und auch sonst in der Digitalelektronik tritt häufig der Fall auf, daß eine Information auf der positiven Flanke eines Taktsignals in ein und auf der negativen Flanke des gleichen Taktsignals in ein anderes Register (Speicherplatz) übernommen werden soll. Dies kann man dann dadurch verwirklichen, daß man für die Übernahme auf der positiven Flanke ein positiv- und für die Übernahme auf der negativen Flanke ein negativ-flankengesteuertes Flipflop wählt. Für die negativ-flankengesteuerten Flipflops werden jedoch meist zweiflankengesteuerte JK-Master-Slave-Flipflops verwendet. Diese werden dadurch realisiert, daß man in dem JK-Master-Slave-Flipflop einflankengesteuerte RS-Flipflops verwendet, s. Bild 2.25.

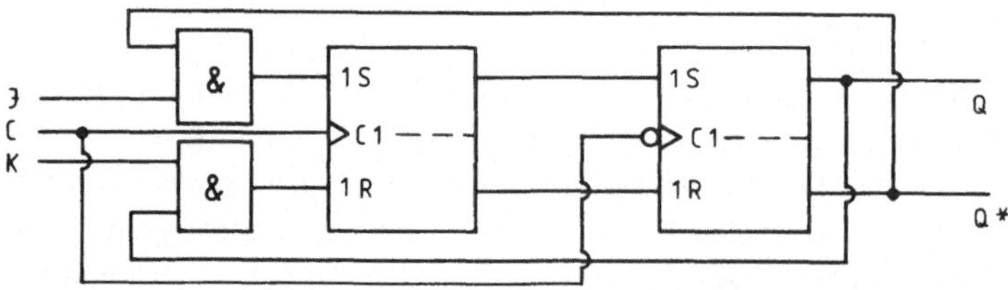

Bild 2.25 Zweiflankengesteuertes JK-Master-Slave-Flipflop

Durch die Rückkopplung und die dynamischen Takteingänge kann der „verbotene'' Zustand nicht mehr auftreten, und es wird vermieden, daß Änderungen an den Informationseingängen, während der Taktimpuls noch anliegt, in den Master und auf der negativen Flanke dann in den Slave übernommen werden.

Da die Informationen nur auf der positiven Flanke in den Master und auf der negativen Flanke in den Slave gelangen können, nennt man diese Flipflops *zweiflankengesteuerte JK-Master-Slave-Flipflops*. Als Schaltsymbol gilt:

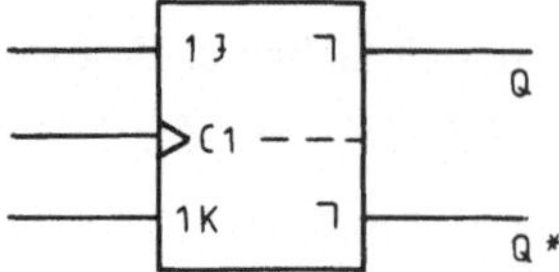

Bild 2.26

Schaltsymbol des zweiflankengesteuerten JK-Maser-Slave-Flipflops

Zweiflankengesteuerte D- (JK-) Master-Slave-Flipflops

Verbindet man den 1J- wieder mit dem 1K-Eingang über einen Inverter, erhält man ein zweiflankengesteuertes D- (JK-) Master-Slave-Flipflop mit dem Schaltsymbol:

Bild 2.27

Schaltsymbol des zweiflankengesteuerten D- (JK-) Master-Slave-Flipflops

Die „⌐" markieren wieder die retardierten Ausgänge.

2.4 Systematik der Flipflop-Typen

Im letzten Abschnitt wurden die wesentlichsten Flipflop-Typen beschrieben. Sie wurden nach ungetakteten und getakteten und letztere wieder nach statischen und dynamischen Flipflops eingeteilt; die statischen und die dynamischen lassen sich dabei noch einmal nach ein- und zwei-zustandsgesteuerten bzw. ein- und zwei-flankengesteuerten Flipflops unterteilen. Man kann sie jedoch auch nach RS-, D-, T- und JK-Flipflops einteilen. In Bild 2.28 ist dies noch einmal in Form eines Stammbaumes dargestellt, und in Bild 2.29 sind die Schaltsymbole dieser Flipflops zusammengestellt.

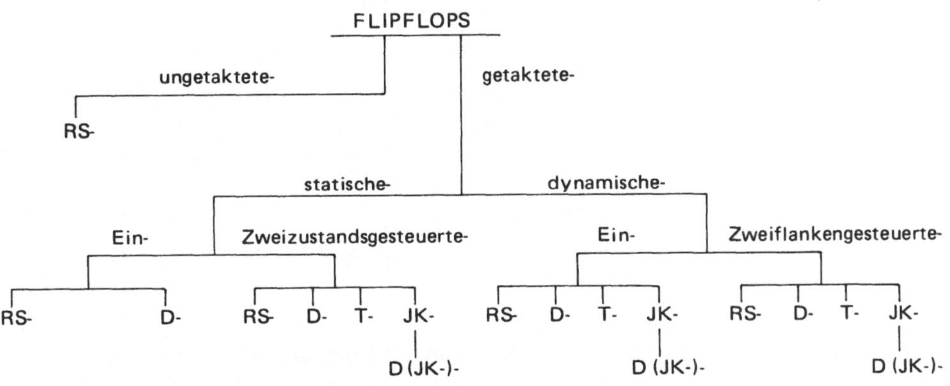

Bild 2.28 Stammbaum der verschiedenen Flipflop-Typen

2.5 Realisierung von dynamischen Eingängen in integrierten Flipflops

Um die logische Entwicklung, ausgehend vom einfachen ungetakteten RS-Flipflop bis hin zum getakteten zweiflankengesteuerten JK-Flipflop nicht zu unterbrechen, wurde bisher nicht angegeben, wie die dynamischen Eingänge in den Flipflops realisiert werden. Es wurde an der entsprechenden Stelle nur darauf hingewiesen, daß man sie durch RC-Differenzierglieder oder Laufzeitglieder realisieren kann. Da RC-Glieder jedoch für integrierte Schaltungen ungeeignet sind, wird in kommerziellen integrierten flankengesteuerten Flipflops ein anderes Verfahren angewendet. Da dieses in sehr geschickter Weise von den verbotenen Zuständen von RS-Flipflops Gebrauch macht, soll dies hier dargestellt werden.

FLIP-FLOPS

	ungetaktet	getaktet			
		statisch		dynamisch	
		Einzustands-gesteuert	Zweizustands-gesteuert	Einflanken-gesteuert	Zweiflanken-gesteuert
RS-	74 279	7473	74 L71 (TI)		
D-		7475		7474	
T-					
JK-			7476	74 LS 73 A (TI)	74110 / 74 LS 76 A

Bild 2.29 Schaltsymbole und Systematik der besprochenen Flipflop-Typen (mitangegeben sind die gebräuchlichen Typen der TTL-Schaltkreisfamilie)

Bild 2.30 gibt den Schaltungsaufbau wieder. Man erkennt, die Schaltung besteht aus 6 Gattern, die 4 RS-Flipflops bilden. Ein Haupt-Flipflop mit den Ausgängen Q, Q* und zwei Hilfs-Flipflops, bestehend aus den Gattern 1 und 2 mit den Ausgängen Q_1, Q_2, sowie den Gattern 3 und 4 mit den Ausgängen Q_3 und Q_4. Ferner bilden auch die Gatter 2 und 3 zusammen ein weiteres Flipflop mit den Ausgängen Q_2, Q_3, den Zwischenspeicher. Man entnimmt Bild 2.30 die folgenden Booleschen Gleichungen:

$$Q_1 = \overline{R \wedge Q_2}$$
$$Q_2 = \overline{C \wedge Q_3 \wedge Q_1}$$
$$Q_3 = \overline{C \wedge Q_2 \wedge Q_4}$$
$$Q_4 = \overline{S \wedge Q_3} \quad .$$

Für den Grundzustand C = 0 erhält man dann:

$$Q_2 = 1$$
$$Q_3 = 1.$$

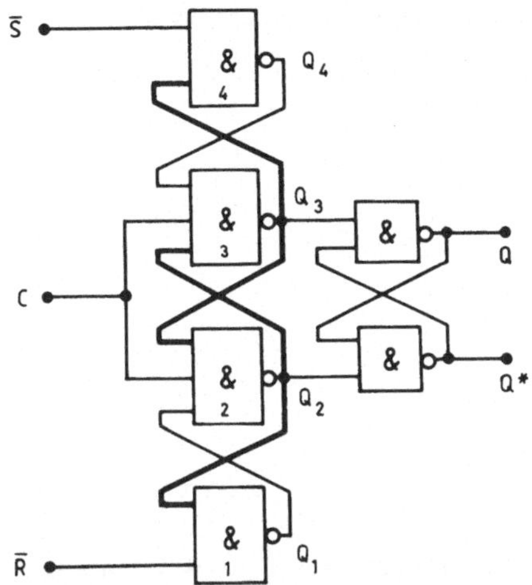
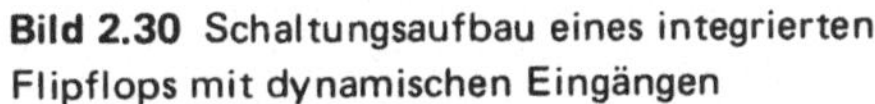

Bild 2.30 Schaltungsaufbau eines integrierten
Flipflops mit dynamischen Eingängen

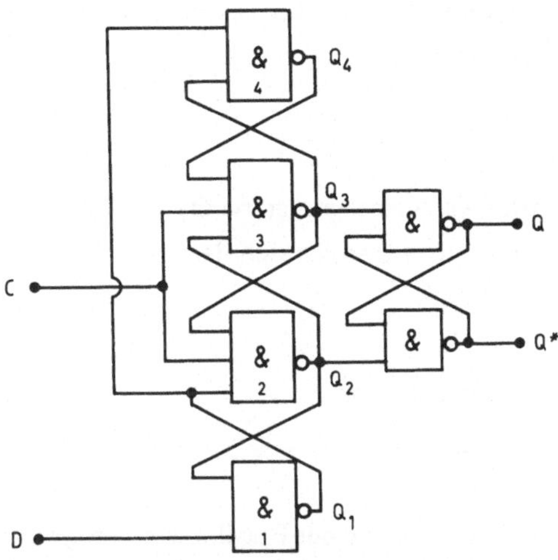

Bild 2.31 Schaltungsaufbau eines integrierten
D-Flipflops mit dynamischen Eingängen

Das Haupt-Flipflop ist damit in seinem Speicherzustand, während der Zwischenspeicher (Gatter 2 und 3) sich im „verbotenen" Zustand befindet. Änderungen der Zustände an $\overline{R}$, $\overline{S}$ haben auf den Ausgang des Haupt-Flipflops keinen Einfluß.

Die Zustände an den Ausgängen Q_1 und Q_4 hängen von $\overline{R}$ und $\overline{S}$ ab.

$\overline{S} = \overline{R} = 0$ hat zur Folge, daß auch die Ausgänge Q_1, Q_4 in den Zustand

$$Q_1 = 1$$
$$Q_4 = 1$$

übergehen, so daß sich auch die Hilfs-Flipflops im „verbotenen" Zustand befinden.

$\overline{S} = \overline{R} = 1$ hat zur Folge, daß

$$Q_1 = 0$$
$$Q_4 = 0$$

gilt und somit nur noch der Zwischenspeicher im „verbotenen" Zustand ist.

Für $\overline{S} = 1$, $\overline{R} = 0$ erhält man

$$Q_1 = 1$$
$$Q_4 = 0,$$

und das Hilfs-Flipflop aus den Gattern 1 und 2 befindet sich im „verbotenen" Zustand, während $\overline{R} = 1$, $\overline{S} = 0$ zu

$$Q_1 = 0$$
$$Q_4 = 1$$

führt, so daß sich jetzt das Hilfs-Flipflop aus den Gattern 3 und 4 im „verbotenen" Zustand befindet.

Man erkennt also, daß im Falle $\overline{R} \neq \overline{S}$ die Hilfs-Flipflops für die Informationsübergabe an das Haupt-Flipflop vorbereitet sind.

Für den Übergang des Taktsignals von 0 auf 1 erhält man daher die Gleichungen:

C von 0 auf 1:

$$Q_1 = \overline{\overline{R} \wedge Q_2} \qquad\qquad Q_3 = \overline{\overline{Q_2} \wedge \overline{Q_4}}$$
$$Q_2 = \overline{Q_3 \wedge Q_1} \qquad\qquad Q_4 = \overline{\overline{S} \wedge Q_3},$$

mit dem Ausgangszustand $Q_2 = Q_3 = 1$.

Für $\overline{S} = \overline{R} = 0$ ergibt sich daraus:

$$Q_1 = 1$$
$$Q_4 = 1.$$

Dadurch wird nun:

$$Q_2 = 0$$
$$Q_3 = 0,$$

so daß das Ausgangs-Flipflop sich im „verbotenen" Zustand befindet. $\overline{S} = \overline{R} = 1$ führt zu

$$Q_1 = 0$$
$$Q_4 = 0$$

und somit zu

$$Q_2 = 1$$
$$Q_3 = 1,$$

so daß der vorherige Zustand erhalten bleibt. Dieser Zustand $\overline{S} = \overline{R} = 1$ hat jedoch noch eine Besonderheit, die weiter unten genauer diskutiert wird.

Für $\overline{S} = 1, \overline{R} = 0$ erhält man

$$Q_1 = 1$$
$$Q_4 = 0$$

und somit

$$Q_2 = 0$$
$$Q_3 = 1,$$

während $\overline{R} = 1, \overline{S} = 0$ zur Folge hat

$$Q_1 = 0$$
$$Q_4 = 1,$$

und somit

$$Q_2 = 1$$
$$Q_3 = 0$$

wird.

Dadurch, daß für $C = 1$ und $\overline{R} \neq \overline{S}$ das Zwischenspeicher-Flipflop aus seinem verbotenen Zustand herausgeht und entweder $Q_2 = 0$, $Q_3 = 1$ oder $Q_2 = 1$, $Q_3 = 0$ annimmt, werden über die in Bild 2.30 dick gezeichneten Rückkopplungen entweder die Gatter 1 und 3 oder die Gatter 2 und 4 verriegelt, denn eine 0 an einem AND- oder NAND-Gatter „setzt sich durch", und Änderungen an den Informationseingängen $\overline{S}$, $\overline{R}$ ändern den Ausgangszustand des Haupt-Flipflops auch für $C = 1$ nicht mehr.

Die Flankensteuerung bei $\overline{R} \neq \overline{S}$ geschieht also dadurch, daß schon eine Gatterlaufzeit nachdem C von 0 auf 1 übergegangen ist, durch entweder $Q_2 = 0$ für $\overline{R} = 0, \overline{S} = 1$ oder durch $Q_3 = 0$ für $\overline{R} = 1, \overline{S} = 0$ die Eingänge wieder verriegelt werden.

Daraus ergibt sich auch, daß die Dauer des Taktimpulses mindestens so groß sein muß wie eine Gatterlaufzeit und daß die Signale an den Informationseingängen $\overline{S}$, $\overline{R}$ mindestens so lange anliegen müssen, bis der Zwischenspeicher gesetzt ist, so daß die Verriegelung wirksam werden kann.

Die Schaltung hat jedoch noch die bereits oben angedeutete wesentliche Schwäche. Die Verriegelung der Eingänge und damit eine wirksame Flankensteuerung kann nur dann wirksam werden, wenn beim Übergang des Taktsignals von 0 auf 1 entweder Q_2 oder Q_3 von 1 auf 0 übergehen. Geht man jedoch von einem Grundzustand $C = 0$ und $\overline{R} = \overline{S} = 1$ aus, so liegen Q_2 und Q_3 auf 1 und Q_1 und Q_4 auf 0. Ändert sich nun C von 0 auf 1, so bleibt dieser Zustand erhalten, s. o..Dadurch, daß keiner der beiden Ausgänge Q_2, Q_3 von 1 auf 0 übergeht, kann die Verriegelung der Eingänge nicht wirksam werden.

Daher wird eine Änderung von $\overline{R}$, $\overline{S}$ auch noch in den Zwischenspeicher und damit an den Ausgang übernommen, nachdem C schon von 0 auf 1 übergegangen ist, solange $C = 1$ gilt. Die Verriegelung tritt erst dann ein, wenn einer der Vorbereitungseingänge $\overline{S}$, $\overline{R}$ von 1 auf 0 übergeht. In diesem Fall wird die Verriegelung also nicht von der Taktflanke, sondern von den Vorbereitungseingängen bestimmt.

Soll dieser Effekt vermieden werden, so kann man eine Kopplung des $\overline{S}$-Einganges mit Q_1, dem Ausgang des Gatters 1, vornehmen, da dann immer $\overline{S} \neq D$ ist. Aus dem einflankengesteuerten RS-Flipflop wird dann ein einflankengesteuertes D-Flipflop, s. Bild 2.31.

Das bisher beschriebene Flipflop ist ein positiv flankengesteuertes; soll auf die gleiche Weise ein negativ flankengesteuertes Flipflop realisiert werden, müssen statt der NAND-NOR-Gatter verwendet werden.

Aus dem einflankengesteuerten RS-Flipflop nach Bild 2.30 kann man durch Rückkopplung von den Ausgängen Q, Q* über AND- und OR-Gatter natürlich wieder JK-Flipflops herstellen. Diese weisen dann den gleichen oben angegebenen Nachteil auf wie die einflankengesteuerten RS-Flipflops.

Geht man jedoch von dem D-Flipflop wie in Bild 2.31 aus, so hat man diesen Nachteil nicht. Man erhält dann z. B. die folgende Schaltung, s. Bild 2.32:

Verwendet man ein solches D-Flipflop als Eingang in einem Master-Slave-Flipflop, so läßt sich auf diese Weise auch das *zweiflanken*gesteuerte JK-Master-Slave-Flipflop verwirklichen. Dies sind die wohl am häufigsten verwendeten JK-Flipflops.

In Bild 2.29 sind die Typen der gängigsten käuflichen Flipflops aus der 74-TTL-Reihe mitangegeben.

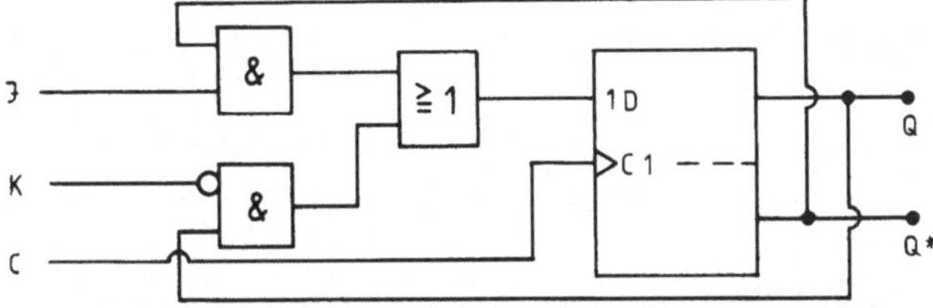

Bild 2.32 Aufbau eines JK-Flipflops mit dynamischen Eingängen, zweiflankengesteuertes JK-Flipflop

3 Zähler

Da Gatter und Flipflops die wohl am häufigsten verwendeten Bausteine in der Digitalelektronik sind, wurden diese relativ ausführlich behandelt. Sie sind u. a. die Grundbau-
steine für Zähler, Register und kleinere Speicher.

3.1 Asynchron-Zähler

Legt man beim JK-Master-Slave-Flipflop den J- und den K-Eingang auf 1, so verhält es
sich wie ein T-Flipflop, der Ausgangszustand ändert sich mit jedem Taktimpuls, da wegen
der Rückkopplung vom Ausgang auf den Eingang, s. Bild 2.16, sich auch der Eingangszustand bei jedem Taktimpuls ändert.

Schaltet man nun mehrere solcher Flipflops hintereinander, wie in Bild 3.1 für 4 Flipflops dargestellt, so erhält man einen 4-Bit asynchronen Dualzähler (z. B. SN 7493). Dabei liegen, wie oben angegeben, J und K auf 1.

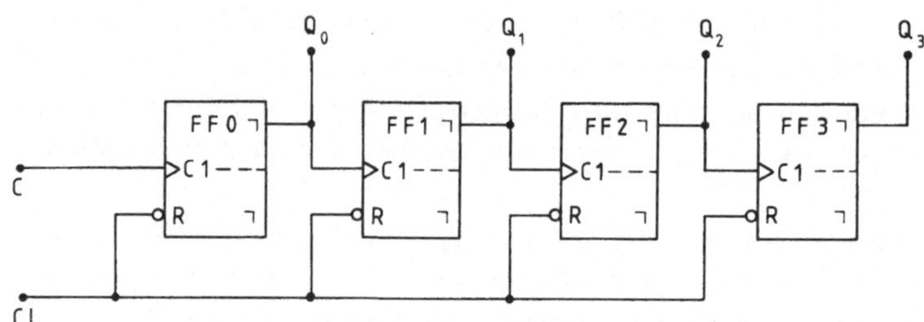

Bild 3.1 Asynchroner 4 bit Dualzähler aus JK-Master-Slave-Flipflops mit J = K = 1

Mit der Leitung, die alle Rücksetzeingänge R miteinander verbindet, häufig mit CL von
CLEAR bezeichnet, kann der Zähler auf 0 gesetzt werden. Asynchron nennt man den
Zähler deshalb, weil der Taktimpuls nur auf den Takteingang des 1. Flipflops gegeben
wird. Bei Eintreffen der negativen Flanke des ersten Taktimpulses ändert sich nach einer
Laufzeit von typisch einigen ns der Ausgangszustand Q_0 des 1. Flipflops von 0 auf 1.

Bei Eintreffen der negativen Flanke des 2. Taktimpulses ändert sich eine Laufzeit später
Q_0 von 1 auf 0. Dies ist gleichzeitig eine negative Flanke für das 2. Flipflop, dessen Ausgangszustand sich nach einer weiteren Laufzeit von 0 auf 1 ändert usw., s. Bild 3.2.

Nach der negativen Flanke des 7. Taktimpulses befinden sich Q_0, Q_1 und Q_2 im Zustand 1. Nach Eintreffen des 8. Taktimpulses werden Q_0 bis Q_2 zurück- und Q_3 auf 1
gesetzt, s. Bild 3.2.

Q_3 ändert sich jedoch erst, wenn sich vorher Q_0 bis Q_2 geändert haben. Es vergeht in
diesem Fall also die maximale Zahl von 4 Laufzeiten, ehe Q_3 seinen Zustand ändert, das

	Q_3	Q_2	Q_1	Q_0
	2^3	2^2	2^1	2^0
0	0	0	0	0
1	0	0	0	1
2	0	0	1	0
3	0	0	1	1
4	0	1	0	0
5	0	1	0	1
6	0	1	1	0
7	0	1	1	1
8	1	0	0	0
9	1	0	0	1
10	1	0	1	0
11	1	0	1	1
12	1	1	0	0
13	1	1	0	1
14	1	1	1	0
15	1	1	1	1
16	(1) 0	0	0	0

a)

Bild 3.2

Zustandstabelle (a) und zeitlicher Verlauf (b) der Ausgangszustände eines 4-Bit-Dualzählers

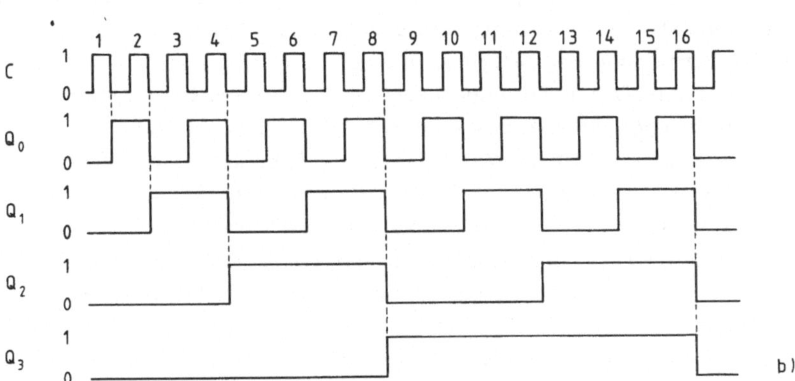

b)

Zählresultat zur Verfügung steht. Schaltet man sehr viel mehr Flipflops hintereinander, um bis zu größeren Zahlen zählen zu können, mit n Flipflops von 0 bis $2^n - 1$, kommt man für viele Fälle zu untragbaren Verzögerungszeiten. Man muß nämlich so viele Laufzeiten wie Flipflops vorhanden sind warten, bis das Zählresultat zur Verfügung steht.

Bei den asynchronen Zählern, bei denen das Taktsignal nur an den Takteingang des 1. Flipflops gegeben wird, läuft also die Information die gesamte Flipflop-Kette hindurch. Der Zählzyklus ist also erst abgeschlossen, wenn nach dem letzten Zählimpuls die Laufzeitverzögerung durch die gesamte Kette abgewartet wurde. Bei schnellen Zählern, bei denen das Ergebnis „sofort" zur Verfügung stehen soll, ist dieses Zählprinzip zu langsam, und man verwendet synchrone Zähler, bei denen das Taktsignal gleichzeitig auf die Eingänge aller Flipflops gegeben wird.

Bild 3.2 zeigt sehr deutlich, daß man den asynchronen Zähler als Frequenzteiler verwenden kann, wenn man die Information nur an einem der Ausgänge Q_0 bis Q_n abnimmt. Am n-ten Ausgang Q_n wird die Eingangsfrequenz auf den 2^n-ten Teil herabgesetzt.

3.2 Synchron-Zähler

Bei diesem Zählertyp wird das Taktsignal synchron (gleichzeitig) auf die Takteingänge aller Flipflops gegeben. Es muß dann jedoch dafür gesorgt werden, daß sich nicht auch gleichzeitig *alle* Ausgänge ändern, sondern nur die der Zahl der Taktimpulse entsprechenden. Dies wird dadurch erreicht, daß man die J, K-Eingänge miteinbezieht, s. Bild 3.3.

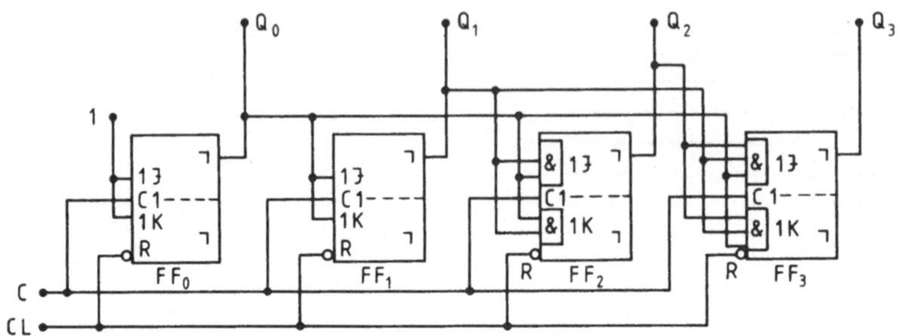

Bild 3.3 4-Bit-Synchron-Dualzähler aus Master-Slave-Flipflops

Man entnimmt Bild 3.2, daß der Ausgang Q_n des Flipflops FF_n nur dann seinen Zustand von 0 auf 1 ändert, wenn *alle* niederwertigeren Ausgänge sich auf 1 befanden. Dieser Tatsache wird durch die Verbindung der Ausgänge mit den J, K-Eingängen der folgenden Flipflops Rechnung getragen. Das 1. Flipflop ändert seinen Zustand bei jedem Taktimpuls, deshalb liegen die zugehörigen J, K-Eingänge fest auf 1. Das 2. Flipflop darf seinen Zustand nur ändern, wenn $Q_0 = 1$ ist. Dadurch daß die J, K-Eingänge von FF_1 mit Q_0 verbunden sind, ist dies gewährleistet. Das Flipflop FF_2 besitzt zwei J, K-Eingänge, J_1 und J_2 und K_1 und K_2. J_1, K_1 ist mit Q_0 und J_2, K_2 mit Q_1 verbunden.

Dadurch kann das Flipflop FF_2 seinen Ausgangszustand nur ändern, wenn Q_0 *und* Q_1 sich auf 1 befinden, denn bei $J = K = 0$ ist das JK-Master-Slave-Flipflop verriegelt. Werden zum Aufbau solcher Zähler JK-Flipflops mit mehreren J, K-Eingängen verwendet, müssen die unbenutzten Eingänge auf 1 gelegt werden. Hat man nur JK-Flipflops mit je einem Eingang zur Verfügung, kann man sie durch Erweiterungseingänge ebenfalls zum Aufbau von synchronen Zählern verwenden, s. Bild 2.7.

Sollen auf diese Weise größere Zähler aufgebaut werden, benötigt man JK-Flipflops mit entsprechend vielen Eingängen. Um dies zu vermeiden, faßt man jeweils 4 Flipflops zu einem 4-Bit-Zähler zusammen. Diese lassen sich dann zu größeren Zählern kaskadieren, wenn man den Übertrag berücksichtigt, der dann entsteht, wenn alle 4 Ausgänge Q_0 bis Q_3 auf 1 liegen und ein weiterer Taktimpuls eintrifft. Man erhält dann folgende Schaltung, s. Bild 3.4.

Durch einen weiteren Eingang E, den sog. ENABLE-Eingang, kann jede 4-Bit-Zählstufe für sich blockiert werden. Verbindet man den Übertragsausgang der vorhergehenden Stufe mit dem Enable-Eingang der nachfolgenden Stufe, kann man Zähler nahezu beliebiger Größe herstellen, und die Ergebnisse des Zählvorganges stehen doch immer nach praktisch einer Laufzeit zur Verfügung, bis auf Gatterlaufzeiten durch Verknüpfungsglieder.

Bisher wurden nur Vorwärtszähler besprochen; häufig werden jedoch Rückwärts- oder umschaltbare Vorwärts- Rückwärtszähler benötigt.

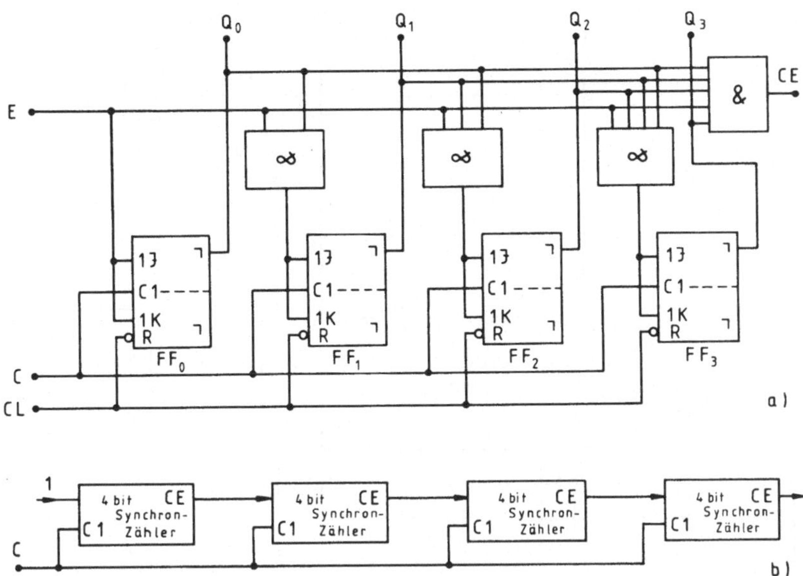

Bild 3.4 4-Bit-Synchron-Zähler mit Enable-Eingang (a), kaskadierte 4-Bit-Synchron-Zähler (b)

3.3 Vorwärts-Rückwärtszähler

Man kann auch den Rückwärtszähler entweder als asynchronen oder als synchronen Zähler realisieren. Man entnimmt dem Bild 3.2a, wenn man es zu kleinen Zahlen liest, daß sich der Zählerstand immer dann um 1 erniedrigt, wenn

a) die zu Q_i nächst niedrigere Variable Q_{i-1} sich von 0 auf 1 ändert (s. Pfeile in Bild 3.2a) oder

b) *alle* niedrigeren $Q_{i-1} \ldots Q_0$ den Wert 0 besitzen und ein neuer Zählimpuls eintrifft.

Oder etwas anders ausgedrückt, da die arithmetische Summe der Zahlen aus den $Q_0 Q_1 \ldots Q_n$ und $Q_0^* Q_1^* \ldots Q_n^*$ immer $2^n - 1$ ergibt (für $Q_0 = Q_1 = \ldots = Q_n = 0$ gilt $Q_0^* = Q_1^* = \ldots = Q_n^* = 1$ usw.), zeigt der Vergleich mit dem Vorwärtszähler, daß man den Rückwärtszähler einfach dadurch realisieren kann, daß man statt in Bild 3.1 die Q_i-Ausgänge die Q_i^*-Ausgänge wählt. Analog läßt sich der synchrone Rückwärtszähler durch Verwendung der entsprechenden Q_i^*-Ausgänge in Bild 3.3 realisieren.

Daher läßt sich nun auch leicht ein umschaltbarer Vorwärts-, Rückwärtszähler verwirklichen, s. Bild 3.5.

Man erkennt den symmetrischen Aufbau zu den Q- und Q*-Ausgängen. Es ergibt sich für die J_i, K_i-Eingänge die folgende Boolesche Gleichung:

$$J_i = K_i = \overline{\overline{Q_{i-1} \wedge U} \wedge \overline{\overline{Q_{i-1}} \wedge \overline{U}}} \wedge E.$$

Liegt der Enable-Eingang E auf 1, so erhält man für $U = 0$, $\overline{U} = 1$

$$J_i = K_i = \overline{Q}_{i-1}$$

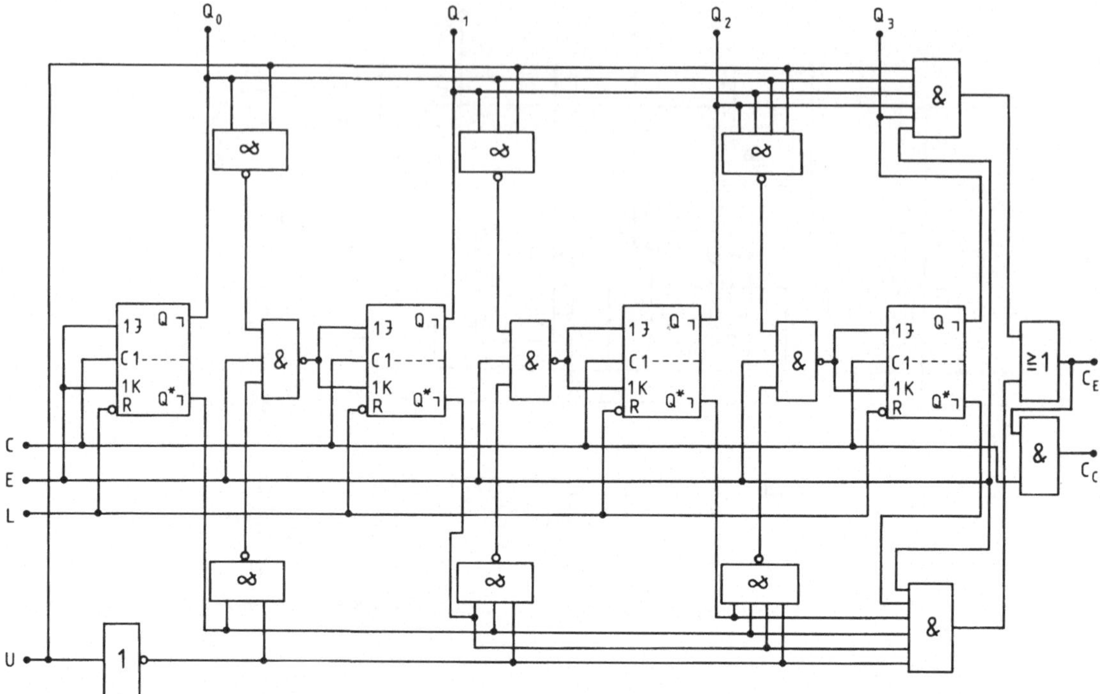

Bild 3.5 Umschaltbarer 4-Bit-Vorwärts-, Rückwärts- Synchron-Zähler

und für $U = 1$, $\overline{U} = 0$

$$J_i = K_i = Q_{i-1}.$$

Durch geeignete Wahl des Zustandes des Umschalteinganges U des Zählers kann man also zwischen Vorwärts- und Rückwärtszähler umschalten. Bei $U = 1$ wirkt der Zähler als Vorwärtszähler, denn $J_i = K_i$ wird nur durch $\overline{Q}_{i-1}$ bestimmt, für $Q_{i-1} = 0$ ist das entsprechende Flipflop blockiert, für $Q_{i-1} = 1$ wird diese Information auf der negativen Flanke des Taktimpulses übernomenn.

Da die Umschaltung auf die J, K-Eingänge wirkt und nicht auf die Takteingänge, tritt bei der Umschaltung keine Störung auf.

Für die Kaskadierung werden die Taktleitung und der Übertrag herausgeführt.

3.4 BCD-Zähler

Aus den bisher beschriebenen Zählern lassen sich sehr leicht Dezimal- oder BCD-Zähler herstellen. Mit einem 4-Bit-Zähler kann man von 0 bis 15 zählen. In einem Dezimal-BCD-Zähler braucht man nur von 0 bis 9 zu zählen. Bis zur Zahl 9 stimmen daher Binär- und BCD-Zähler überein, bei der Zahl 10 muß der BCD-Zähler dann jedoch auf 0 zurückgesetzt werden. Dies kann gemäß Bild 3.2b durch eine geeignete Rückkoppellogik geschehen oder bei Verwendung von JK-Flipflops durch geeignete Benutzung der J, K-Eingänge, s. Bild 3.6.

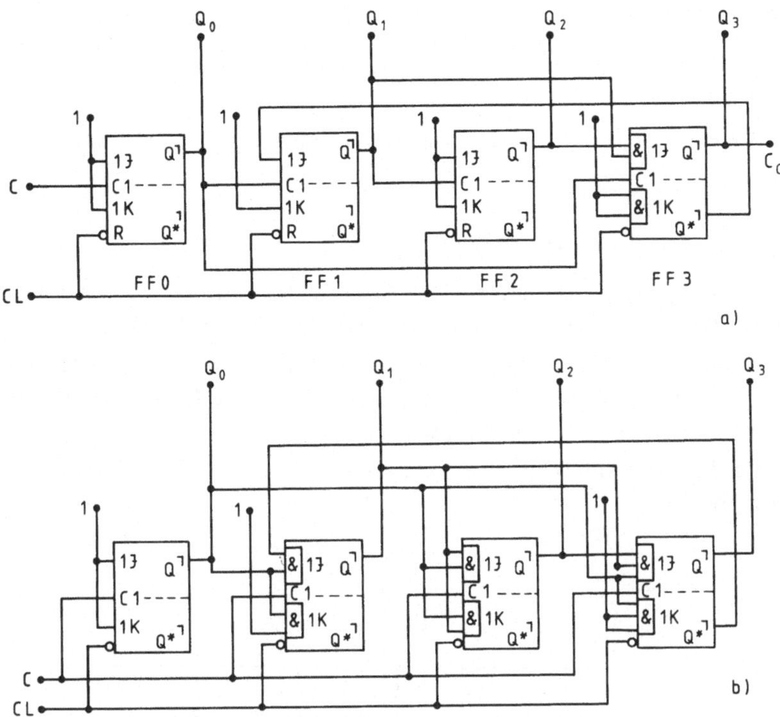

Bild 3.6 Asynchroner (a) und synchroner (b) 4-Bit-BCD-Zähler

3.5 Programmierbare Zähler

Mit den bisher beschriebenen Zählern kann man mit jedem Taktimpuls immer nur um eins vorwärts- oder rückwärtszählen. Häufig und im besonderen für den Aufbau des im Anschluß an diese Kapitel zu beschreibenden Modell-Mikrocomputers werden Zähler benötigt, bei denen man beliebige Zahlenwerte einstellen kann, von denen aus dann vorwärts oder rückwärts gezählt wird. Man verwendet solche Zähler allgemein als programmierbare Zähler. Solche Zähler benötigen also parallele Eingänge, an denen die gewünschten Zahlenwerte eingegeben werden können. Die Voreinstellung kann taktunabhängig (also asynchron) oder getaktet (also synchron) geschehen.

Bild 3.7 zeigt das Prinzip einer asynchronen Voreinstellschaltung eines Zählers.

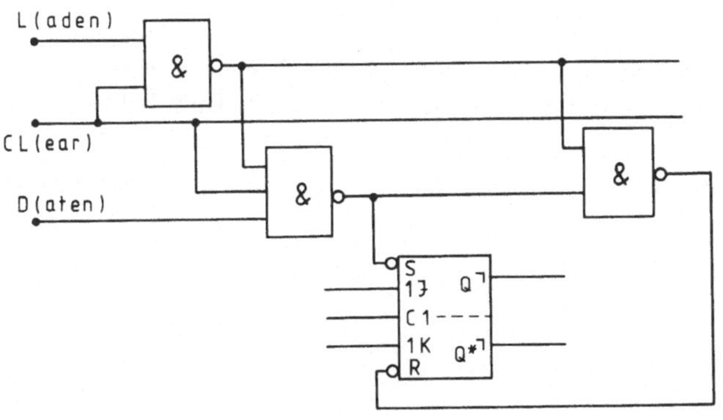

Bild 3.7

Prinzip der asynchronen Voreinstellschaltung eines programmierbaren Zählers

Es gelten die Booleschen Gleichungen

$$\overline{S} = \overline{\overline{L \wedge CL} \wedge \overline{CL \wedge D}} = L \wedge CL \vee \overline{CL} \vee \overline{D}$$
$$\overline{R} = \overline{\overline{S} \wedge \overline{L \wedge CL}} = S \vee L \wedge CL.$$

Man entnimmt den Gleichungen, für CL = 0 ist in jedem Falle $\overline{S}$ = 1 und $\overline{R}$ = 0. Für CL = 1 erhält man:

$$\overline{S} = L \vee \overline{D}$$
$$\overline{R} = S \vee L = L \vee \overline{D} \vee L = \overline{L} \wedge D \vee L = D \vee L.$$

Damit das Flipflop also das jeweilige Datum in seinen Ausgang übernimmt, muß L = 0 sein, denn dann gilt: $\overline{S}$ = $\overline{D}$, $\overline{R}$ = D, und somit ist, wenn $\overline{Q}$ = S und Q = R gilt, Q = $\overline{D}$. $\overline{Q}$ = D.

Soll dann von der jeweils vorgewählten Zahl aus weitergezählt werden — vorwärts oder rückwärts hängt von der Verwendung der Ausgänge Q oder $\overline{Q}$ für die Rückkopplung ab, s. Kapitel 3.3 — so muß der Lade-Eingang auf 1 gesetzt werden.

Bild 3.8 zeigt einen auf diese Weise realisierten Dezimalzähler, wie er als TTL-Baustein, z. B. SN 74176, käuflich ist.

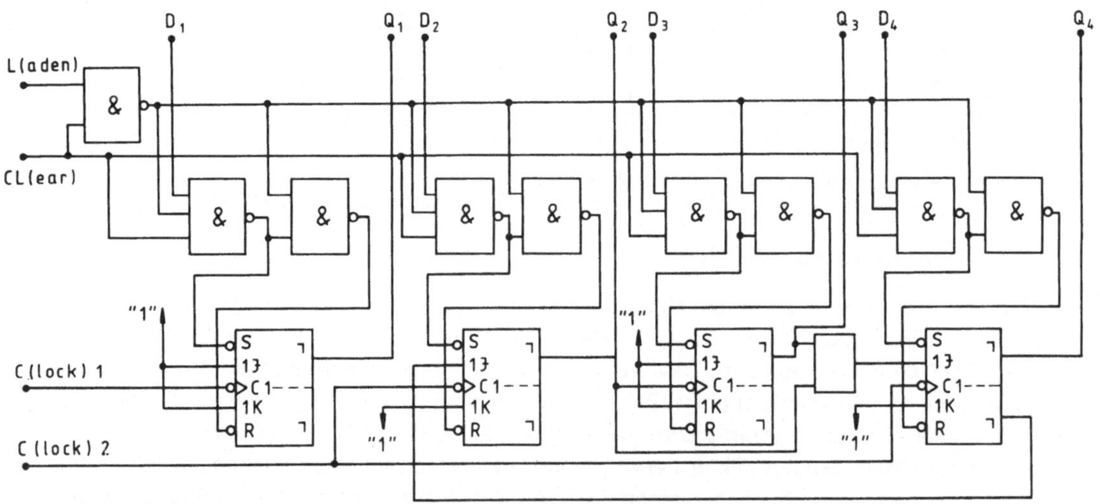

Bild 3.8 Innenschaltung eines voreinstellbaren Dezimalzählers mit asynchroner Voreinstellschaltung (TTL-Baustein SN 74176)

Neben der beschriebenen asynchronen Voreinstellung ist jedoch auch eine synchrone Voreinstellung, also unter Einbeziehung des Taktimpulses, möglich. Bild 3.9 zeigt das Prinzip.

Man erkennt, jetzt werden nicht die direkten Eingänge R, S, sondern die J, K-Eingänge verwendet.

Es gilt:

$$J = \overline{\overline{L \wedge CL} \wedge D \wedge CL \wedge \overline{L \wedge CL} \wedge \overline{L \wedge CL}} \vee E$$
$$= CL \wedge (E \wedge L \vee D \wedge \overline{L \wedge CL})$$
$$K = \overline{D \wedge CL \wedge \overline{CL \wedge L} \wedge (\overline{L \wedge CL} \vee E)}$$
$$= D \wedge CL \wedge \overline{CL} \vee L \vee (\overline{L \wedge CL} \vee E)$$
$$= CL \wedge (\overline{E} \wedge L \vee D \wedge \overline{CL} \wedge L)$$
$$C1 = \overline{CLOCK}.$$

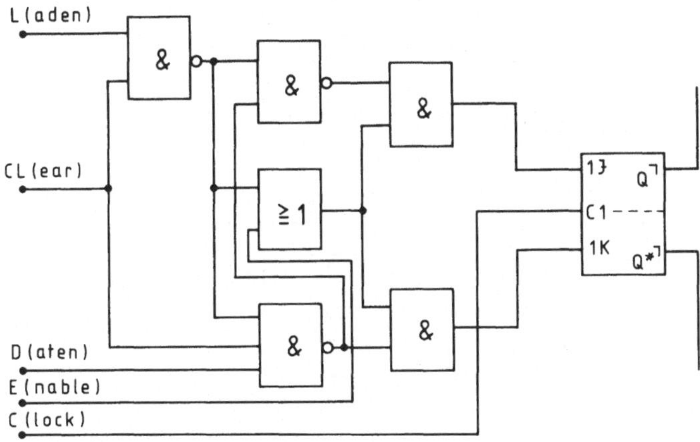

Bild 3.9 Prinzip der synchronen Voreinstellschaltung eines programmierbaren Zählers

Man entnimmt der Schaltung und den Gleichungen, daß für CL = E = L = 1 auch J = K = 1 wird, und damit wegen der Invertierung des Clockeinganges das Flipflop auf jeder positiven Flanke des Impulses am Clock-Eingang (= Taktimpuls) umgeschaltet wird. Dies entspricht also dem normalen Zählvorgang, solange E = 1 ist. Wird E auf 0 gesetzt, erhält man J = K = 0, und der Ausgangszustand des Flipflops ändert sich nicht. Erst wenn wieder E = 1 gesetzt wird, kann weitergezählt werden.

An den Gleichungen liest man weiter ab, daß das Flipflop mit CL = 1, L = 0 voreingestellt wird, denn es gilt in diesem Falle J = D und K = $\overline{D}$, so daß auf der positiven Flanke des nächsten Impulses am Clock-Eingang die Daten an den Ausgang übergeben werden, Q = D und $\overline{Q}$ = $\overline{D}$ (dies gilt, da das JK-Flipflop aus zwei RS-Flipflops besteht).

Bild 3.10 zeigt das vollständige Schaltbild eines 4-Bit-Dualzählers mit synchroner Voreinstellung.

Der Taktimpuls wird allen 4 Flipflops gleichzeitig (synchron) über den invertierenden Clock-Eingang zugeführt. Um auch bei mehrstufigen Zählern einen synchronen Betrieb zu ermöglichen, werden zwei Enable-Eingänge der CEP- (Count Enable P-) und der CET- (Count Enable T-) Eingang verwendet. Der Übertragausgang RC (Ripple Clock) steuert

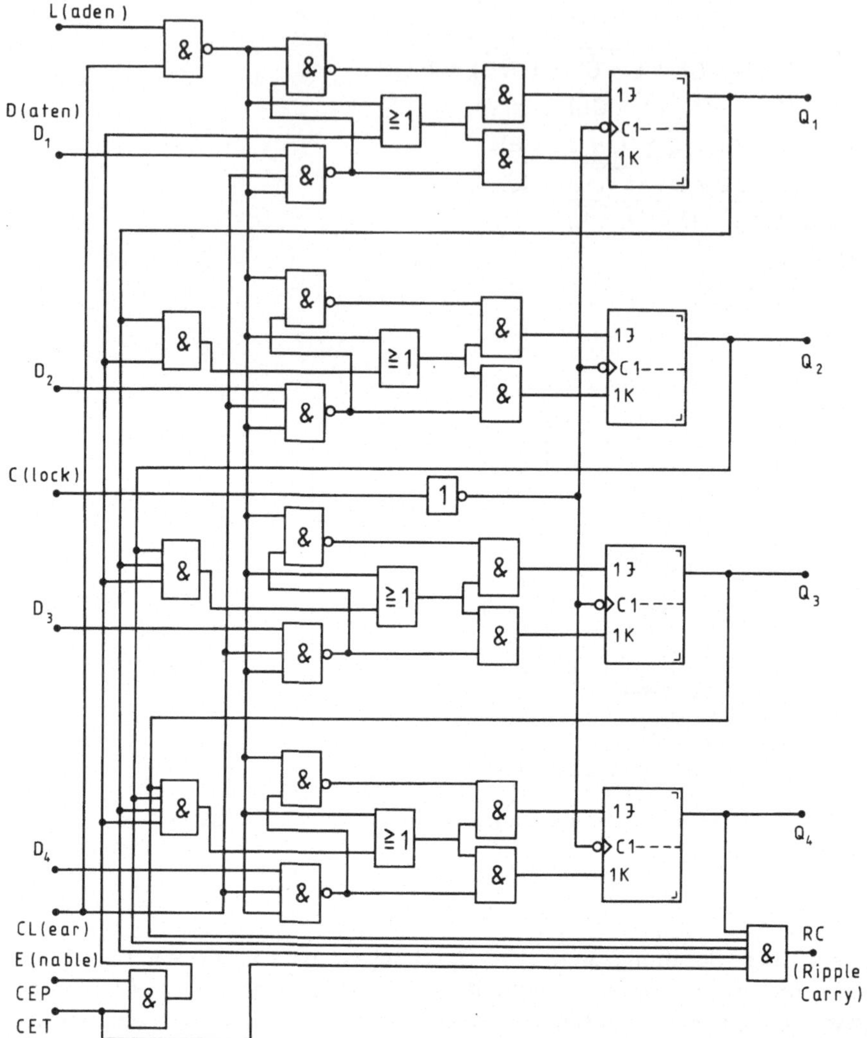

Bild 3.10 Innenschaltung eines voreinstellbaren 4-Bit-Dualzählers mit synchroner Voreinstellung (TTL-Baustein 74163)

dann die Enable-Eingänge der nächsten Zählerstufe. Es soll an dieser Stelle noch vermerkt werden, daß alle Zähler und auch die im folgenden Kapitel beschriebenen Speicher und Register auch mit anderen integrierten Schaltungen als JK-Master-Slave-Flipflops aufgebaut werden können, die dann jedoch auch wieder auf der Basis von UND-, ODER-, NICHT-Gattern beruhen.

4 Schieberegister

Im folgenden soll die Verwendung von Flipflops in Registern betrachtet werden. In diesen Fällen wird nicht nur der Takteingang der Flipflops benötigt, sondern es werden die JK-Eingänge als Dateneingänge verwendet, wenn JK-Flipflops zum Aufbau der Schieberegister gewählt werden. Bild 4.1 zeigt ein getaktetes Schieberegister aus JK-Flipflops.

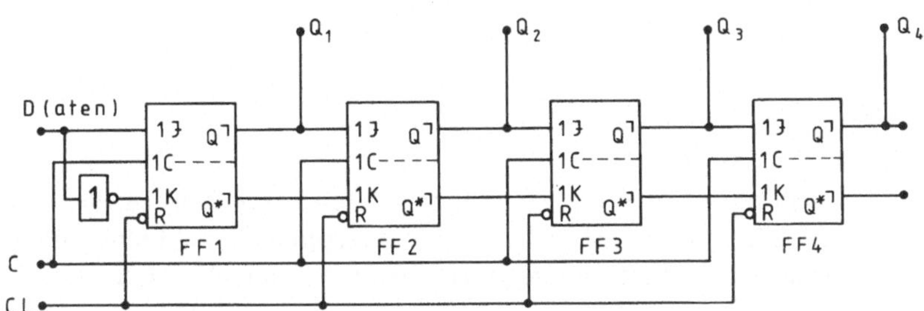

Bild 4.1 4-Bit-Schieberegister aus JK-Flipflops

Es soll noch einmal daran erinnert werden, daß für $J \neq K$ beim JK-Master-Slave-Flipflop $J = Q$ und $K = \overline{Q}$ gilt. Auf der positiven Flanke des Taktsignals wird die Information D_1, die am D-Eingang anliegt, in das Master-Flipflop von FF_1 übernommen und auf der negativen Flanke an den Ausgang übertragen. Nach dem 1. Taktimpuls liegt am Ausgang Q_1 und damit am Eingang von FF_2 die Information $D_1 = Q_1$ an. D_1 wird jedoch noch nicht in das Master-Flipflop von FF_2 übernommen, da das Taktsignal noch auf 0 liegt. Auf der positiven Flanke des 2. Taktimpulses wird eine neue Information D_2 am D-Eingang von FF_1 in das Master-Flipflop von FF_1 und gleichzeitig D_1 in das Master-Flipflop von FF_2 übernommen. Auf der negativen Flanke dieses Taktimpulses erscheint D_2 am Ausgang Q_1 von FF_1 und D_1 am Ausgang Q_2 von FF_2 und damit gleichzeitig am Eingang von FF_3. Nach 4 Taktimpulsen befindet sich D_4 am Ausgang Q_1, D_3 am Ausgang Q_2, D_2 an Q_3 und D_1 an Q_4.

Die Information $D_1 \ldots D_4$ wird *seriell* in die Flipflop-Kette geschoben, daher der Name Schieberegister.

Auf einen weiteren Taktimpuls hin wird die Gesamtinformation um eins weitergeschoben. Dabei hat man die Möglichkeit, entweder

a) das 1. Bit aus FF_4 herauszuschieben, so daß es verloren geht, oder
b) das 1. Bit aus FF_4 heraus- und in FF_1 wieder hineinzuschieben, also einen Umlaufspeicher zu realisieren.

In diesem Fall kann man die Daten lesen, ohne sie zu löschen. Eine Schaltung mit der man sowohl a) als auch b) verwirklichen kann, zeigt Bild 4.2.

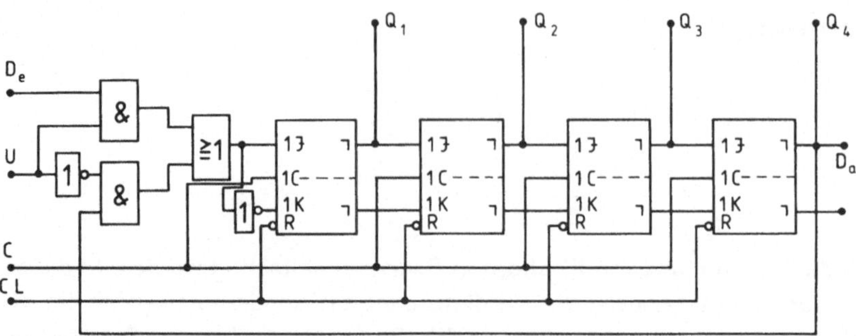

Bild 4.2 4-Bit-Schieberegister aus JK-Flipflops als Umlaufspeicher

Es gilt:

$$D = D_e \wedge U \vee D_a \wedge \overline{U}.$$

Für $U = 0$ ist $D = D_a$, für $U = 1$ ist $D = D_e$.

Man erkennt, für $U = 0$ laufen die Daten um, — nach dem n-ten Taktimpuls ist der Ausgangszustand wiederhergestellt, — und für $U = 1$ ist die Rückkopplung unwirksam, und es werden neue Daten eingelesen und die alten bei jedem neuen Taktimpuls bei Q_n herausgeschoben.

Bei dem in Bild 4.1 dargestellten Schieberegister sind die Ausgänge $Q_1 \ldots Q_4$ herausgeführt, so daß man seriell eingelesene Daten parallel auslesen kann.

Häufig entsteht jedoch der Wunsch, Daten auch parallel einzulesen und dann seriell auszulesen. Mit der in Bild 4.3 dargestellten Schaltung ist eine parallele und serielle Ein- und Ausgabe möglich.

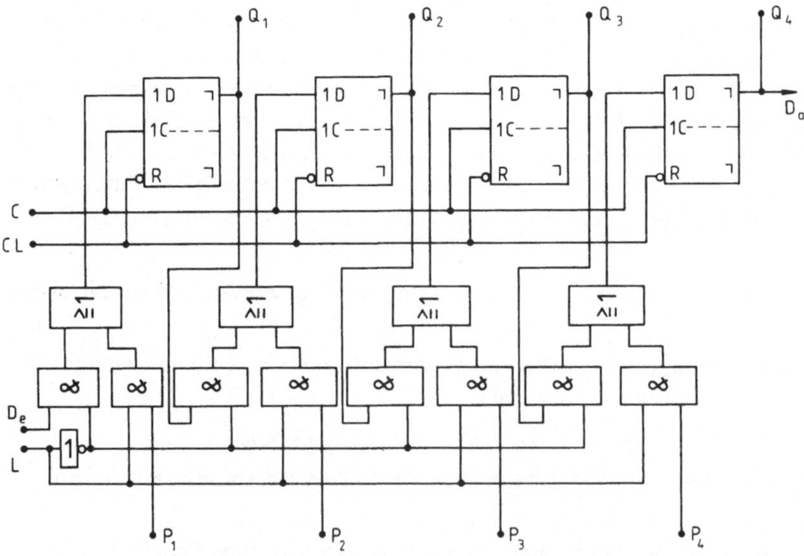

Bild 4.3 4-Bit-Schieberegister aus JK-Flipflops mit umschaltbarer serieller und paralleler Eingabe

Es gilt:

$$D = D_e \wedge \overline{U} \vee U \wedge P_i.$$

Für $U = 1$ erhält man $D = P_i$ und für $U = 0$ $D = D_e$, d. h. also für $U = 0$ kann man Daten seriell und für $U = 1$ parallel einlesen.

In den beschriebenen Schaltungen wurden die Daten bisher immer nur nach rechts verschoben. Man kann jedoch auch das Linksschieben realisieren, wenn man P_3 mit Q_4, P_2 mit Q_3 und P_1 mit Q_2 verbindet. In diesem Fall werden die Daten nach links verschoben, wenn man $U = 1$ wählt. Sie können dann an Q_1 ausgelesen werden. P_4 hat dann die gleiche Funktion wie D_e für das Rechtsschieben, es ist der serielle Eingang. Eine Schaltung, mit der Rechts-, Linksverschieben, sowie eine serielle und parallele Eingabe möglich ist, zeigt Bild 5.3 im nächsten Kapitel.

5 Multiplexer

Für die parallelen Eingänge der Schieberegister wurden Schaltungen des Typs verwendet, wie ihn Bild 5.1 darstellt.

Es gilt für die Schaltung:

$$y = u \wedge x_0 \vee \overline{u} \wedge x_1 .$$

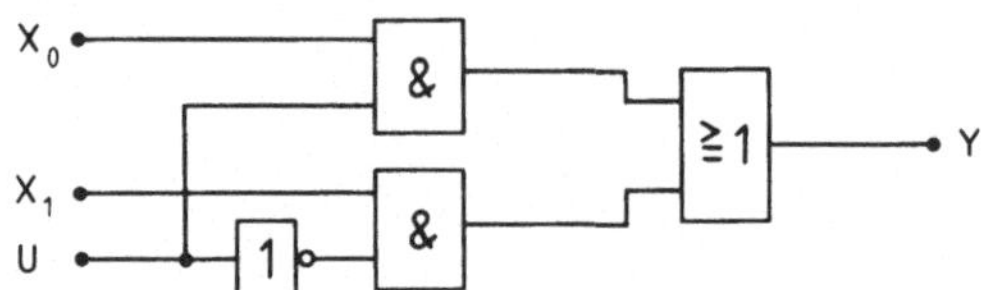

Bild 5.1

Digitaler Umschalter oder 2-Bit-Multiplexer

Für $\overline{u} = 0$ erhält man $y = x_0$, und für $\overline{u} = 1$ erhält man $y = x_1$.

Die Schaltung stellt einen digitalen Umschalter dar, die einfachste Realisierung des allgemeineren Falles eines Multiplexers, wie ihn Bild 5.2 für vier Variable darstellt. Es gilt:

$$y = x_0 \wedge \overline{u}_1 \wedge \overline{u}_2 \vee x_1 \wedge u_1 \wedge \overline{u}_2 \vee x_2 \wedge \overline{u}_1 \wedge u_2 \vee x_3 \wedge u_1 \wedge u_2 .$$

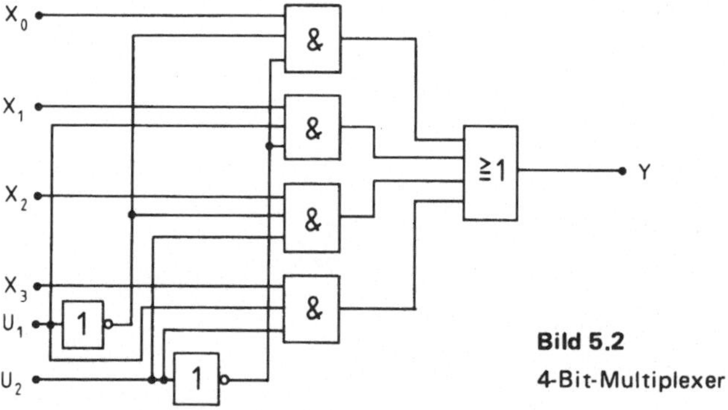

Bild 5.2

4-Bit-Multiplexer

Man erkennt, mit den zwei Steuerleitungen u_1, u_2 kann man 4 Eingangsleitungen getrennt auf den Ausgang durchschalten. Jeder Kombination von u_1, u_2 ist genau ein Ausgangszustand zugeordnet. Man kann die Zahl der Eingänge im Prinzip beliebig erweitern. Für 2^n Eingänge werden zum Durchschalten n Steuerleitungen benötigt. Legt man die Werte der Eingangsgrößen fest, so daß sie nicht mehr geändert werden können, so werden diese festen Werte $x_0, \ldots, x_{2n}$ je nach Belegung der Umschalteingänge an den Ausgang übergeben. Diese Schaltung verhielte sich dann wie ein Nur-Lese-Speicher, ROM (*Read Only Memory*), s. Kap. 8.

Man kann einen solchen 4-Bit-Multiplexer in Verbindung mit einem Schieberegister zur Umschaltung von serieller zu paralleler Eingabe sowie Rechts- und Linksschieben verwenden. Man kommt dann zu folgender Schaltung, Bild 5.3.

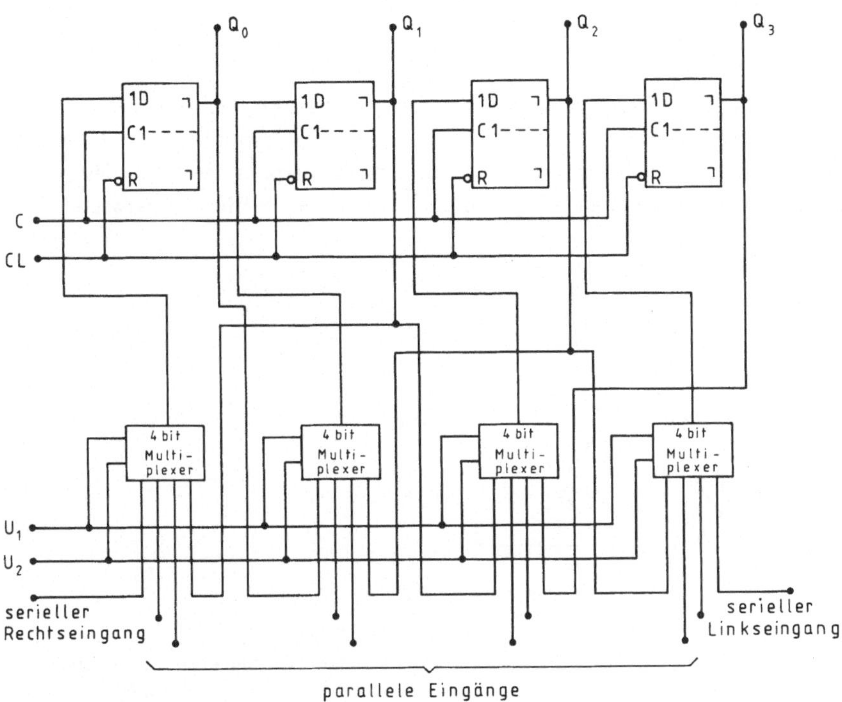

Bild 5.3 4-Bit-Schieberegister mit 4-Bit-Multiplexern zum Umschalten von serieller und paralleler Eingabe und Rechts- und Linksschieben

6 Open Collector- und Tristate-Ausgänge

Die Multiplexer lassen sich noch wesentlich einfacher realisieren, wenn man Gatter mit offenem Kollektor oder solche mit sog. Tristate-Ausgängen verwendet. Ferner kann man ohne Gefahr die Ausgänge mehrerer solcher Gatter zusammenschalten. Um dies zu verstehen, ist der Aufbau eines üblichen (totem pole-) TTL-Gatters in Bild 6.1 dargestellt.

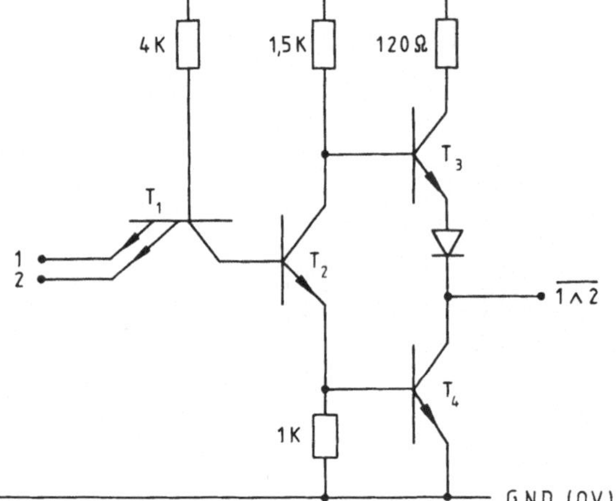

Bild 6.1

Innerer Aufbau eines (totem pole-, d. h. Totem-Pfahl-) TTL-NAND-Gatters

Alle Transistoren sind npn-Transistoren, die normalerweise mit dem Kollektor positiv gegen den Emitter und mit der Basis positiv gegen den Emitter betrieben werden. Liegen die Eingänge 1 und 2 in Bild 6.1 auf „High", so ist das Emitterpotential von T_1 höher als das des Kollektors. Der Transistor wird also invers betrieben, die Basis-Kollektordiode ist in Durchlaßrichtung gepolt, und der Strom fließt über 4k Ω in die Basis von Transistor T_2 und öffnet diesen. Dadurch wird T_4 gesperrt und T_3 geöffnet. Es liegt also ein NAND-Gatter vor. Liegt nur einer der Eingänge auf „Low", so wird die Emitter-Basis-Diode des Transistors T_1 geöffnet, und der Basisstrom fließt über diese ab statt über T_2. Der Transistor T_2 wird also gesperrt. Damit wird jedoch T_4 geöffnet und T_3 gesperrt. (Beim Umschalten werden kurzzeitig T_3 *und* T_4 leitend, so daß ein großer Stromimpuls über die Versorgungsleitung fließt, der mit den üblichen 0,1 μF Kondensatoren geglättet wird.)

Man erkennt, das Gatter besitzt eine Gegentaktendstufe. Schaltet man mehrere solcher Ausgänge parallel, so könnte in dem einen Gatter der Transistor T_3 und in einem der anderen T_4 leitend sein, so daß die Endstufen zerstört werden könnten.

Um dennoch mehrere Ausgänge zusammenschalten zu können, verwendet man Gatter, in denen der Transistor T_4 nebst Widerstand fehlt, sog. Offene-Kollektor-Typen (*Open Collector*). Alle diese zusammengeschalteten Ausgänge werden über einen gemeinsamen

Widerstand an die Versorgungsspannung angeschlossen. Man erkennt, bei positiver Logik, d. h. High $\approx$ 5 Volt und Low $\approx$ 0 Volt, erhält man nur dann den High-Zustand, wenn *alle* Ausgänge auf High liegen. Ist nur ein Gatter im Low-Zustand, ,,setzt es sich durch'' und zieht *alle* Ausgänge auf Low. Da die Ausgänge nur im Low-Zustand niederohmig sind, bezeichnet man sie als *aktiv-Low-Zustände.*

In positiver Logik verhalten sich die zusammengeschalteten Gatter mit offenem Kollektor also wie eine UND-Schaltung, man nennt sie daher verdrahtete UND- (wired AND-) Verknüpfung.

In negativer Logik, d. h. High $\approx$ 0 und Low $\approx$ 5 Volt, verhält sich die Schaltung wie eine ODER-Verknüpfung, man nennt sie daher verdrahtete ODER- (wired OR-) Verknüpfung.

Der Nachteil der Schaltung ist jedoch, daß die Eingangskapazität einer nachfolgenden Schaltung und alle Streukapazitäten über den Kollektorwiderstand umgeladen werden müssen, wenn der Ausgangstransistor T_3 sperrt, während diese bei leitendem T_3 über diesen schneller umgeladen werden.

Diesen Nachteil haben die Gatter mit drei Zuständen, High, Low und hochohmig, sog. Tristate-Gatter, nicht. Bild 6.2 zeigt, wie der 3., der hochohmige Zustand, realisiert werden kann.

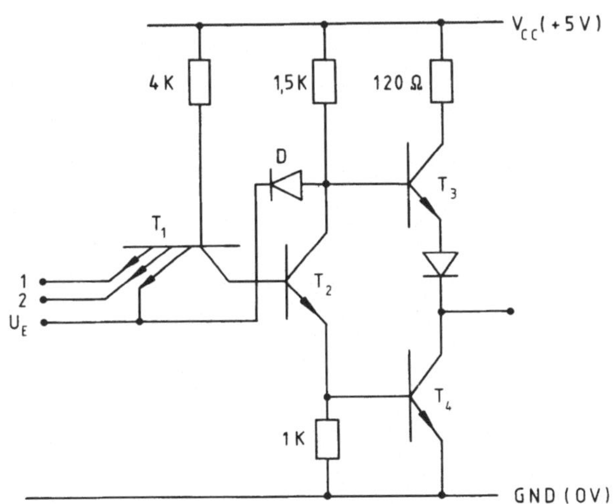

Bild 6.2
Innerer Aufbau eines TTL- Tristate-NAND-Gatters. Durch U_E = 0 wird über die Diode D der hochohmige Zustand eingestellt.

Über den Eingang U_E und die Diode D können *beide* Transistoren der Endstufe hochohmig gemacht werden.

Mit diesen beiden Gatter-Typen, mit Open-Collector- und Tristate-Ausgängen, können Multiplexer sehr viel einfacher aufgebaut werden, s. Bild 6.3.

Man erkennt, in der Open-Collector-Version bestimmt dasjenige NAND-Gatter den Ausgangszustand y = 0, welches an *beiden* Eingängen auf High liegt.

Es gilt:

$$y = \overline{u \wedge x_0} \wedge \overline{\overline{u} \wedge x_1} = u \wedge x_0 \vee \overline{u} \wedge x_1 .$$

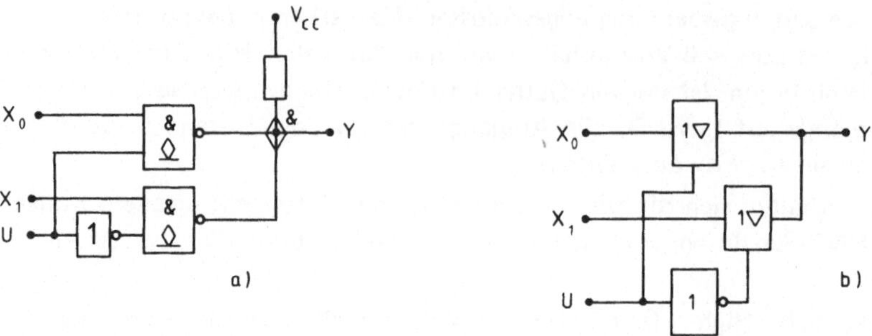

Bild 6.3 Open Collector- (a) und Tristate-Version (b) eines 2-Bit-Multiplexers

Man entnimmt dieser Gleichung, daß die ODER-Verknüpfung in Bild 5.1 durch die wired AND-Verknüpfung ersetzt wurde.

Noch einfacher ist es bei den Tristate-Ausgängen, hier entspricht y einfach dem Eingangssignal des nicht abgeschalteten Gatters.

7 Codierschaltungen

Im ersten Kapitel wurden verschiedene Zahlensysteme vorgestellt, das Dual-, Oktal-, Dezimal-, Hexadezimal- und BCD-System. In der Mikroprozessor-Technik kommt es häufig vor, daß diese Zahlensysteme ineinander umgewandelt werden müssen. Ferner sollen Zahlen oder Buchstaben in Anzeigeneinheiten zur Darstellung gebracht werden. Schaltungen, die diese Umwandlungen leisten, nennt man Codierer. Die Zahlensysteme werden häufig auch Codes genannt. Wegen der großen Zahl von Codes ist es nicht möglich, alle Codierschaltungen hier zu besprechen. Daher sollen nur die am häufigsten verwendeten Schaltungen angegeben und daran das Prinzip der Codierer erläutert werden. Ferner eignen sich die Codierer besonders gut, noch einmal die Wirksamkeit von Karnaugh-Diagrammen herauszustellen.

7.1 Dezimal- zu BCD-Codierer

Dies ist eine der einfachsten Codierschaltungen. Sie wandelt eine Dezimalziffer in eine BCD-Zahl um. Bild 7.1 gibt die zugehörige Wahrheitstabelle wieder:

	Eingänge										A_3 2^3	A_2 2^2	A_1 2^1	A_0 2^0
	E_0	E_1	E_2	E_3	E_4	E_5	E_6	E_7	E_8	E_9				
0	1	0	0	0	0	0	0	0	0	0	0	0	0	0
1	0	1	0	0	0	0	0	0	0	0	0	0	0	1
2	0	0	1	0	0	0	0	0	0	0	0	0	1	0
3	0	0	0	1	0	0	0	0	0	0	0	0	1	1
4	0	0	0	0	1	0	0	0	0	0	0	1	0	0
5	0	0	0	0	0	1	0	0	0	0	0	1	0	1
6	0	0	0	0	0	0	1	0	0	0	0	1	1	0
7	0	0	0	0	0	0	0	1	0	0	0	1	1	1
8	0	0	0	0	0	0	0	0	1	0	1	0	0	0
9	0	0	0	0	0	0	0	0	0	1	1	0	0	1

Bild 7.1

Wahrheitstabelle des Dezimal- zu BCD-Codierers

Man entnimmt der Wahrheitstabelle, daß nur in der Diagonalen Einsen stehen, da jeder Dezimalziffer genau ein Zustand entspricht. Dies darf nicht mit dem Dualsystem verwechselt werden, in dem mit 10 Leitungen $2^{10} = 1024$ verschiedene Zustände realisiert werden können und in dem dann eine äußerst große Redundanz vorläge.

Eine einfache Schaltung, die gemäß der Wahrheitstabelle aufgebaut wurde, zeigt Bild 7.2.

Beim Schließen der entsprechenden Schalter erscheint die zugehörige Dualzahl an den Ausgängen $A_0 \ldots A_3$. Dies ist jedoch keine Schaltung, die als integrierte Schaltung reali-

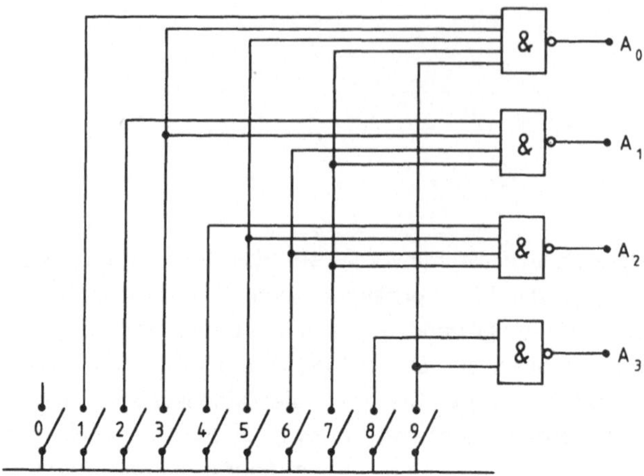

Bild 7.2 Einfachste Realisierung eines Dezimal- zu BCD-Codierers gemäß der Wahrheitstabelle

siert werden kann, da ja mechanische Schalter benötigt werden. Um eine Lösung zu erhalten, die als integrierte Schaltung verwirklicht werden kann, müssen die Booleschen Gleichungen aufgeschrieben und umgeformt werden. Das Ergebnis lautet:

$$A_0 = \overline{E}_0 \wedge \overline{E}_2 \wedge \overline{E}_4 \wedge \dots \wedge \overline{E}_9 \wedge (E_1 \wedge \overline{E}_3 \vee \overline{E}_1 \wedge E_3) \vee \overline{E}_0 \wedge \dots \wedge \overline{E}_4 \wedge \overline{E}_6 \wedge \overline{E}_8 \wedge$$
$$\wedge \overline{E}_9 \wedge (E_5 \wedge \overline{E}_7 \vee \overline{E}_5 \wedge E_7) \vee \overline{E}_0 \wedge \dots \wedge \overline{E}_6 \wedge \overline{E}_8 \wedge (E_7 \wedge \overline{E}_9 \vee \overline{E}_7 \wedge E_9)$$

$$= \overline{E}_0 \wedge \overline{E}_2 \wedge \overline{E}_4 \wedge \dots \wedge \overline{E}_9 \wedge (\overline{E_1 \wedge \overline{E}_3} \wedge \overline{\overline{E}_1 \wedge \overline{\overline{E}}_3}) \wedge \overline{E}_0 \wedge \dots \wedge \overline{E}_4 \wedge \overline{E}_6 \wedge \overline{E}_8 \wedge$$

$$\wedge \overline{E}_9 \wedge (\overline{E_5 \wedge \overline{E}_7} \wedge \overline{\overline{E}_5 \wedge \overline{\overline{E}}_7}) \wedge \overline{E}_0 \wedge \dots \wedge \overline{E}_6 \wedge \overline{E}_8 \wedge (\overline{E_7 \wedge \overline{E}_9} \wedge \overline{\overline{E}_7 \wedge \overline{\overline{E}}_9})$$

$$A_1 = \overline{E}_0 \wedge \overline{E}_1 \wedge \overline{E}_4 \wedge \dots \wedge \overline{E}_9 \wedge (E_2 \wedge \overline{E}_3 \vee \overline{E}_2 \wedge E_3) \vee \overline{E}_0 \wedge \dots \wedge \overline{E}_5 \wedge \overline{E}_8 \wedge \overline{E}_9 \wedge$$
$$\wedge (E_6 \wedge \overline{E}_7 \vee \overline{E}_6 \wedge E_7)$$

$$= \overline{E}_0 \wedge \overline{E}_1 \wedge \overline{E}_4 \wedge \dots \wedge \overline{E}_9 \wedge \overline{E_2 \wedge \overline{E}_3} \wedge \overline{\overline{E}_2 \wedge \overline{\overline{E}}_3} \wedge \overline{E}_0 \wedge \dots \wedge \overline{E}_5 \wedge \overline{E}_8 \wedge \overline{E}_9 \wedge$$

$$\wedge \overline{E_6 \wedge \overline{E}_7} \wedge \overline{\overline{E}_6 \wedge \overline{\overline{E}}_7}$$

$$A_2 = \overline{E}_0 \wedge \dots \wedge \overline{E}_3 \wedge \overline{E}_6 \wedge \dots \wedge \overline{E}_9 \wedge \overline{E_4 \wedge E_5} \wedge \overline{\overline{E}_4 \wedge \overline{E}_5} \wedge \overline{E}_0 \wedge \dots \wedge \overline{E}_4 \wedge \overline{E}_7 \wedge \overline{E}_8 \wedge$$

$$\wedge \overline{E}_9 \wedge \overline{E_5 \wedge E_6} \wedge \overline{\overline{E}_5 \wedge \overline{E}_6}$$

$$A_3 = \overline{E}_0 \wedge \dots \wedge \overline{E}_7 \wedge \overline{E_8 \wedge E_9} \wedge \overline{\overline{E}_8 \wedge \overline{E}_9}.$$

Die Booleschen Gleichungen wurden so umgeformt, daß nur NAND-Gatter verwendet werden können. Dazu wurde die schon in der Beschreibung des EXOR-Gatters angegebene Umformung benutzt:

$$x_1 \wedge \overline{x}_2 \vee \overline{x}_1 \wedge x_2 = \overline{x_1 \wedge x_2} \wedge \overline{\overline{x}_1 \wedge \overline{x}_2}.$$

Die Wahrheitstabelle zeigt jedoch, daß im Prinzip nur die Diagonalelemente festgelegt werden müssen, man kann diese auf 0 oder auf 1 setzen. Bild 7.3 zeigt die Wahrheitstabelle, wie sie für den integrierten Baustein SN 74147 verwendet wird:

Dezimal-Zahl		Eingänge									Ausgänge							
		E_1	E_2	E_3	E_4	E_5	E_6	E_7	E_8	E_9	Q_D	Q_C	Q_B	Q_A	Q_D^*	Q_C^*	Q_B^*	Q_A^*
15	0	1	1	1	1	1	1	1	1	1	1	1	1	1	0	0	0	0
6	9	X	X	X	X	X	X	X	X	0	0	1	1	0	1	0	0	1
7	8	X	X	X	X	X	X	X	0	1	0	1	1	1	1	0	0	0
8	7	X	X	X	X	X	X	0	1	1	1	0	0	0	0	1	1	1
9	6	X	X	X	X	X	0	1	1	1	1	0	0	1	0	1	1	0
10	5	X	X	X	X	0	1	1	1	1	1	0	1	0	0	1	0	1
11	4	X	X	X	0	1	1	1	1	1	1	0	1	1	0	1	0	0
12	3	X	X	0	1	1	1	1	1	1	1	1	0	0	0	0	1	1
13	2	X	0	1	1	1	1	1	1	1	1	1	0	1	0	0	1	0
14	1	0	1	1	1	1	1	1	1	1	1	1	1	0	0	0	0	1

Bild 7.3 Wahrheitstabelle des TTL-Baustein SN 74147. Die mit X bezeichneten Felder können mit 0 oder 1 belegt werden

Bild 7.4 gibt die Innenschaltung des TTL-Bausteines SN 74147 wieder. Man erkennt, hier werden aus herstellungstechnischen Gründen AND- und NOR-Gatter verwendet.

Gewissermaßen die Umkehrung des eben beschriebenen Problems, nämlich eine BCD-Zahl in eine Dezimalziffer zu verwandeln, leistet der

7.2 1-aus-10-Codierer

Die zugehörige Wahrheitstabelle ist die gleiche wie die für den Dezimal- zu-BCD-Codierer, nur sind jetzt Ein- und Ausgänge zu vertauschen. Die Ausgänge A_0 ... A_3 in Bild 7.1 bilden nun die Eingänge und die E_0 ... E_9 die Ausgänge.

Da mit den 4 Eingangsleitungen 16 verschiedene Informationen übertragen werden können, jedoch nur 10 zur Darstellung der Dezimalziffern von 0 bis 9 benötigt werden, sind die folgenden 6 *Tetraden*

$$
\begin{array}{lcccc}
 & A_3 & A_2 & A_1 & A_0 \\
10_{10} = & 1 & 0 & 1 & 0 \\
11_{10} = & 1 & 0 & 1 & 1 \\
12_{10} = & 1 & 1 & 0 & 0 \\
\end{array}
\qquad
\begin{array}{lcccc}
13_{10} = & 1 & 1 & 0 & 1 \\
14_{10} = & 1 & 1 & 1 & 0 \\
15_{10} = & 1 & 1 & 1 & 1 \\
\end{array}
$$

redundant, d. h. überflüssig. Man nennt sie daher auch Pseudotetraden. Da diese Eingangszustände nicht benötigt werden, kann man den zugehörigen Ausgangszuständen frei wählbar eine 1 oder eine 0 zuordnen. In den zugehörigen Karnaugh-Diagrammen werden die entsprechenden Felder daher z. B. mit einem X versehen. Dann können diese Felder mit 0 oder 1 belegt werden, je nachdem welche Belegung die einfachste Schaltung ergibt.

Eigentlich müßte nun für die Darstellung jeder der Dezimalzahlen von 0 bis 9 ein eigenes Karnaugh-Diagramm gezeichnet werden. Da jedoch jedes dieser Karnaugh-Diagramme immer nur an einer Stelle eine 1 aufweist und sonst lauter Nullen oder X, denn in der Wahrheitstabelle für jede der Zahlen steht ja immer nur eine 1, kann man mit einem ein-

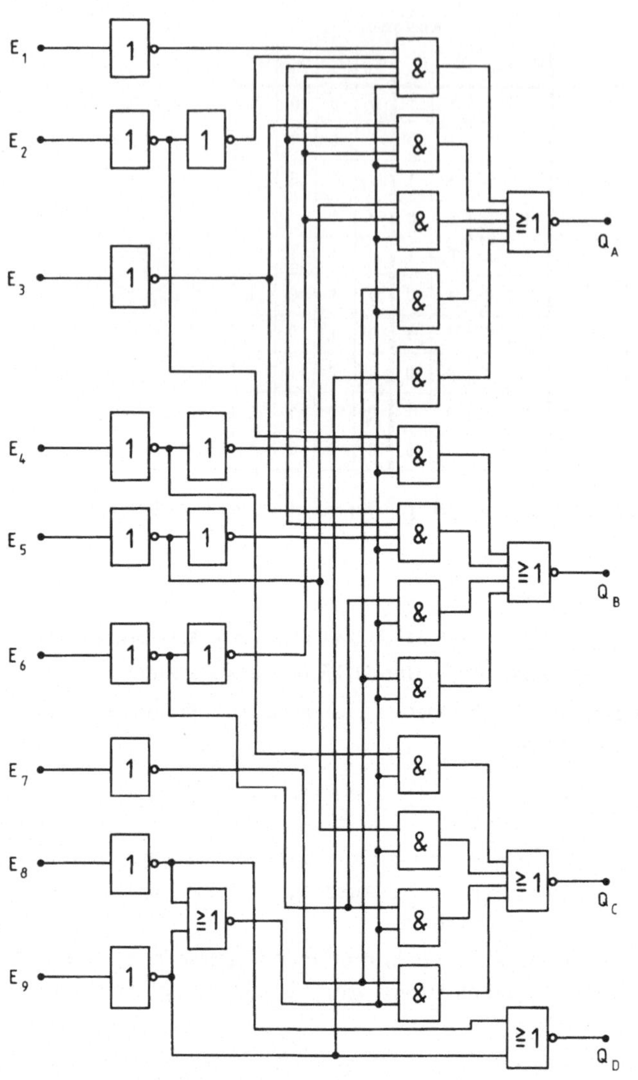

Bild 7.4

Innenschaltung des TTL-Bausteins
SN 74147

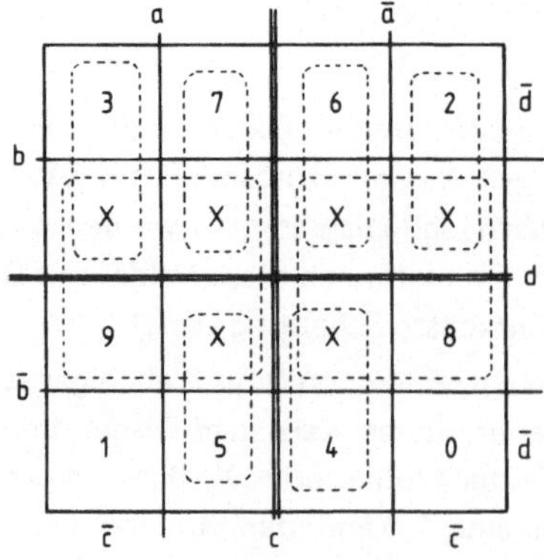

Bild 7.5

Karnaugh-Diagramm für den 1- aus 10-Codierer. Die
mit X bezeichneten Felder können mit 0 oder 1
belegt werden

zigen Karnaugh-Diagramm auskommen, wenn man, wie in Bild 7.5 dargestellt, vorgeht und auf jeden Platz *die* Zahl schreibt, die dort in ihrem Karnaugh-Diagramm eine 1 aufweist. Man kann nun sofort die durch geschickte Belegung der redundanten X-Felder möglichen Schaltungsvereinfachungen ablesen. Belegt man alle redundanten Felder mit 1, so erhält man die einfachsten Schaltungen. Dies ist in dem Karnaugh-Diagramm durch die Umrandungen angedeutet. Es gilt:

$$0 = \overline{A}_3 \wedge \overline{A}_2 \wedge \overline{A}_1 \wedge \overline{A}_0 \qquad 3 = \overline{A}_2 \wedge A_1 \wedge A_0 \qquad 6 = A_2 \wedge A_1 \wedge \overline{A}_0$$
$$1 = \overline{A}_3 \wedge \overline{A}_2 \wedge \overline{A}_1 \wedge A_0 \qquad 4 = A_2 \wedge \overline{A}_1 \wedge \overline{A}_0 \qquad 7 = A_2 \wedge A_1 \wedge A_0$$
$$2 = \overline{A}_2 \wedge A_1 \wedge \overline{A}_0 \qquad 5 = A_2 \wedge \overline{A}_1 \wedge A_0 \qquad 8 = A_3 \wedge \overline{A}_0$$
$$9 = A_3 \wedge A_0.$$

Man erhält daher folgende Schaltung, s. Bild 7.6.

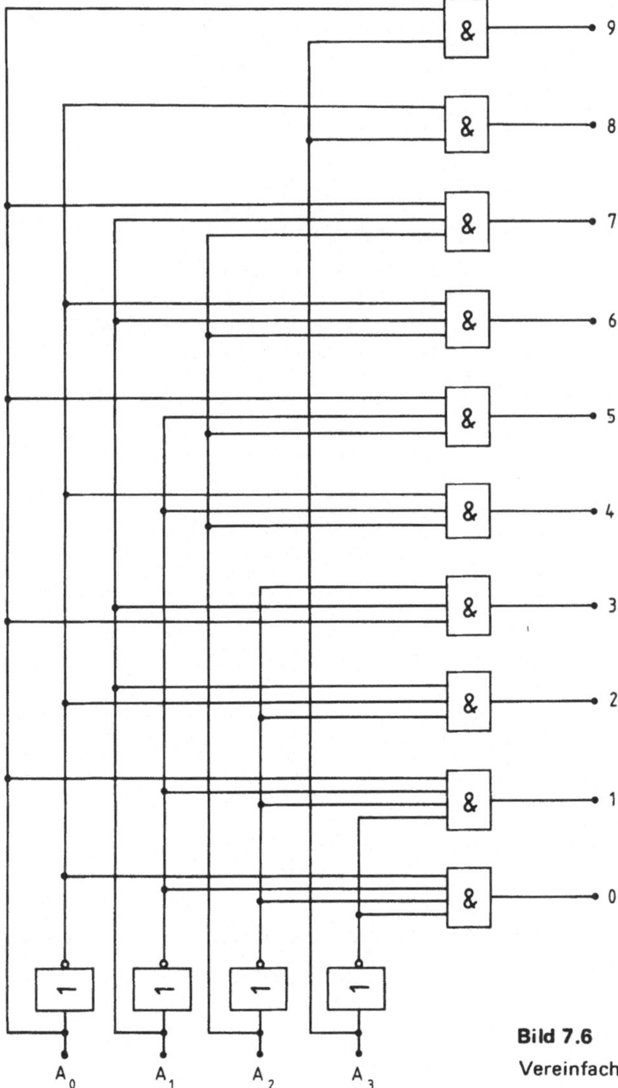

Bild 7.6

Vereinfachte Schaltung eines 1- aus 10-Codierers

Die Innenschaltung des kommerziellen TTL-Bausteins 7442 sieht jedoch etwas anders aus, da in hochintegrierten Bausteinen nicht immer die „einfachste" Schaltung auch am einfachsten herzustellen ist.

7.3 7-Segment-Codierer

Zur Darstellung von Dezimalzahlen werden meist 7-Segmentanzeigen verwendet. Dabei werden 7 Segmente zur Darstellung von Zahlen und Ziffern verwendet, s. Bild 7.7. Benutzt man die in Bild 7.7 angegebene Form der Zahlen, so erhält man mit der in Bild 7.7 mitangegebenen Bezeichnung der einzelnen Segmente die folgende Wahrheitstabelle für die einzelnen Segmente:

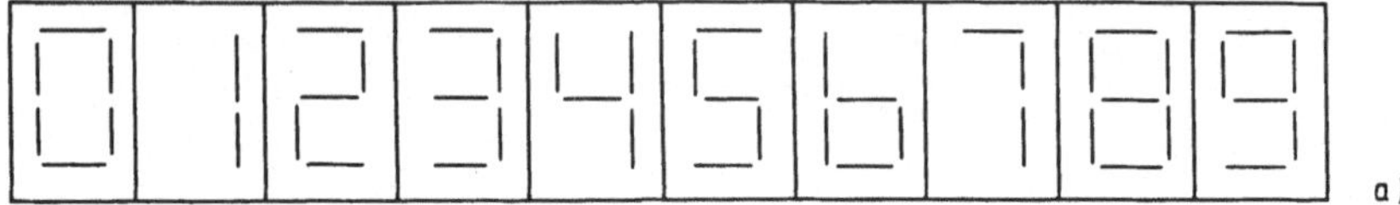

a)

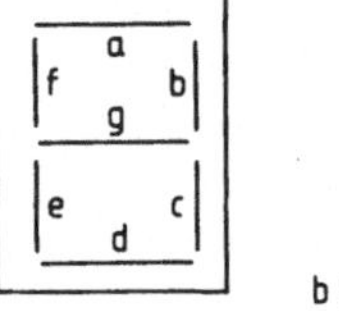

b)

Bild 7.7

Die Ziffern von 0 bis 9
(a), die Bezeichnung der einzelnen Segmente
(b) und die zugehörige Wahrheitstabelle
(c) einer 7-Segment-Anzeige

	Eingänge				Segmente						
	D	C	B	A	a	b	c	d	e	f	g
0	0	0	0	0	1	1	1	1	1	1	0
1	0	0	0	1	0	1	1	0	0	0	0
2	0	0	1	0	1	1	0	1	1	0	1
3	0	0	1	1	1	1	1	1	0	0	1
4	0	1	0	0	0	1	1	0	0	1	1
5	0	1	0	1	1	0	1	1	0	1	1
6	0	1	1	0	0	0	1	1	1	1	1
7	0	1	1	1	1	1	1	0	0	0	0
8	1	0	0	0	1	1	1	1	1	1	1
9	1	0	0	1	1	1	1	1	0	1	1

c)

Da auch hier wieder 6 redundante Tetraden, 6 Pseudotraden, auftreten, werden diese wieder durch X in den 7 Karnaugh-Diagrammen für die 7 Segmente a bis g dargestellt. Man erhält dann Bild 7.8:

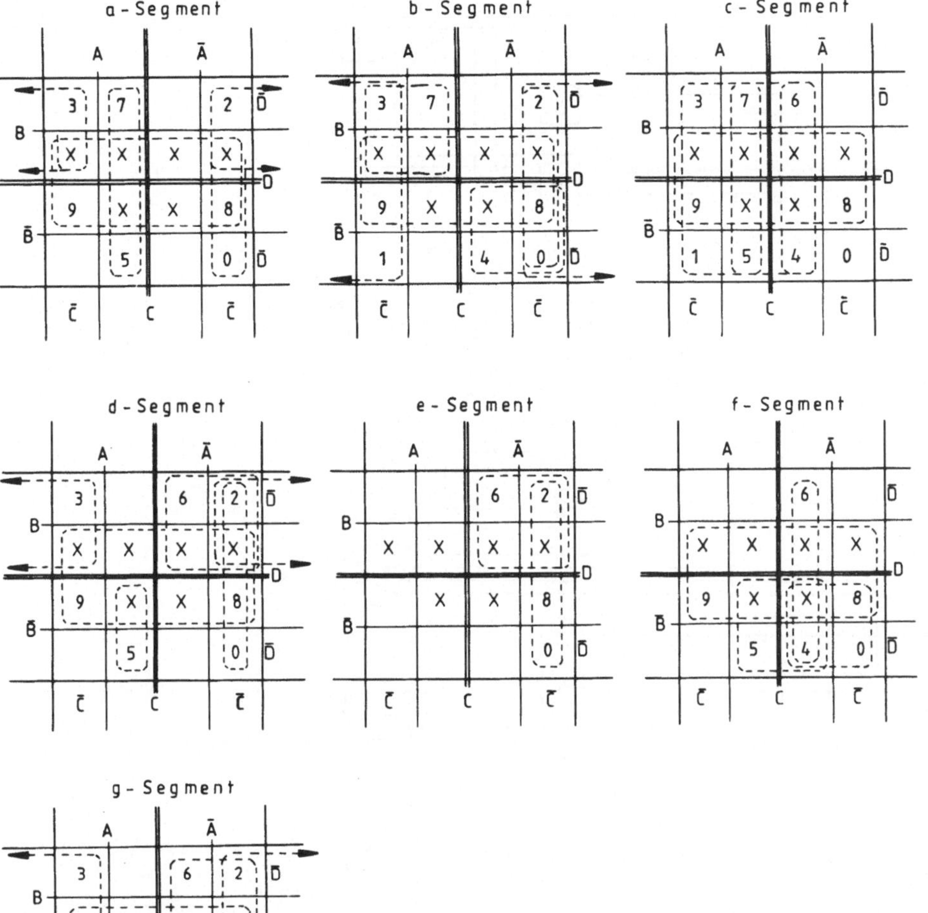

Bild 7.8

Karnaugh-Diagramm für die 7-Segmente des 7-Segment-Codierers

Man entnimmt diesen dann bei geschickter Belegung der redundanten Felder die folgenden vereinfachten Booleschen Gleichungen:

$$a = D \vee A \wedge C \vee \overline{A} \wedge \overline{C} \vee B \wedge \overline{C}$$
$$b = \overline{C} \vee D \vee A \wedge B \vee \overline{A} \wedge \overline{B}$$
$$c = A \vee C \vee D$$
$$d = D \vee B \wedge \overline{C} \vee \overline{A} \wedge B \vee \overline{A} \wedge \overline{C} \vee A \wedge \overline{B} \wedge C$$
$$e = \overline{A} \wedge \overline{C} \vee \overline{A} \wedge B$$
$$f = D \vee \overline{A} \wedge C \vee \overline{B} \wedge C \vee \overline{A} \wedge \overline{B}$$
$$g = D \vee B \wedge \overline{C} \vee \overline{A} \wedge B \vee \overline{B} \wedge C$$

und damit die zugehörige Schaltung, s. Bild 7.9.

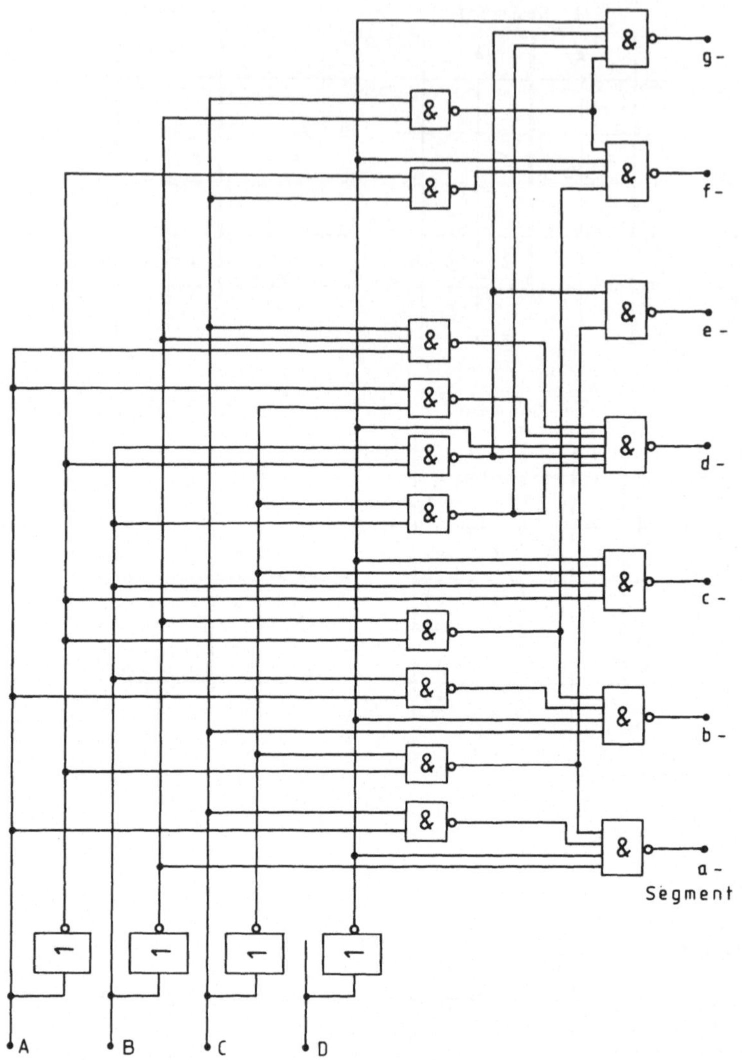

Bild 7.9 Schaltung des 7-Segment-Codierers aus NAND-Gattern

Die integrierten Bausteine SN 7446 und 7447 sind aus herstellungstechnischen Gründen etwas anders aufgebaut.

8 Speicher

Bevor im nächsten Abschnitt auf den Mikroprozessor näher eingegangen wird, sollen an dieser Stelle noch ein paar Bemerkungen über Speicher gemacht werden. Eine ausführliche Beschreibung der verschiedenen Speicherprinzipien und -technologien würde den Rahmen dieses Buches sprengen.

Kleine 1-Bit-Speicher in Form von Flipflops wurden bereits ausführlich besprochen, ferner die Register, z. B. als Schieberegister. Letztere können zwar mehrere Bits speichern, sind jedoch immer nur 1 Bit „tief" und arbeiten seriell.

Größere Speicher bis zu 64 KBit auf einem Chip werden jedoch, mit Ausnahme von Ladungsverschiebeschaltungen (*Charge Coupled Devices*; CCDs) und der magnetischen Bubblespeicher, die ebenfalls seriell orientiert sind, anders aufgebaut.

Aus technologischen Gründen werden sie in Matrixform aufgebaut. Bild 8.1 zeigt die Grundstruktur eines 64-Bit-Speichers.

Um einen Speicherplatz anzuwählen, muß die entsprechende Spalten- und Zeilenleitung ausgewählt werden. Dies geschieht in den entsprechenden Codierschaltungen. Um eine von $2^3 = 8$ Leitungen auszuwählen, sind 3 Leitungen $a_1 \ldots a_3$ für die Zeilen- und $a_4 \ldots a_6$ für die Spaltenleitungen nötig. Über das UND-Gatter 1 in Bild 8.1b wird dann die entsprechende Speicherzelle angewählt. Über die $R/\overline{W}$-Leitung muß dann entschieden werden, ob der Inhalt der eigentlichen Speicherzelle — dies kann ein RS-Flipflop sein oder auch wie in dynamischen Schreib-, Lesespeichern eine Schaltung aus einem Transistor und einem Kondensator — nur gelesen werden oder ob er geändert werden soll. In dem Beispiel wird für $R/\overline{W} = 0$ das Datum an D in den Speicher eingeschrieben, für $R/\overline{W} = 1$ steht diese Information am Ausgang Q zum Lesen zur Verfügung. Wegen der entsprechenden Gatterlaufzeiten müssen jedoch bestimmte Zeiten für die Zeilen-, Spaltenauswahlsignale und die $R/\overline{W}$-Datenimpulse eingehalten werden. Diese sind den Datenblättern der entsprechenden Speicher zu entnehmen.

Man unterscheidet Speicher, die ihre Information auch bei Ausfall ihrer Versorgungsspannung behalten, deren Information man jedoch nur lesen und nicht mehr ändern kann, sog. Festwertspeicher oder angelsächsisch *Read Only Memories* (Nur-Lese-Speicher), abgekürzt ROMs und solche, die ihre Information bei Stromausfall verlieren, deren Information jedoch gelesen *und* geändert werden kann, sog. Schreib-Lese-Speicher oder angelsächsisch *Random Access Memories* (Speicher mit wahlfreiem Zugriff), abgekürzt RAMs.

Der Begriff ROM steht häufig als Oberbegriff für alle Festwertspeicherarten und auch für einen speziellen Typ von Festwertspeicher, nämlich denjenigen, dessen Inhalt vom Hersteller schon bei der Produktion durch eine Maske festgelegt wird, das sog. maskenprogrammierte ROM. Es gibt ROMs mit Speicherkapazitäten bis zu 256 KByte und Zugriffszeiten unter 50 ns und RAMs mit Speicherkapazitäten bis zu 64 KBit und Zugriffszeiten von wenigen ns bis zu etwa 400 ns.

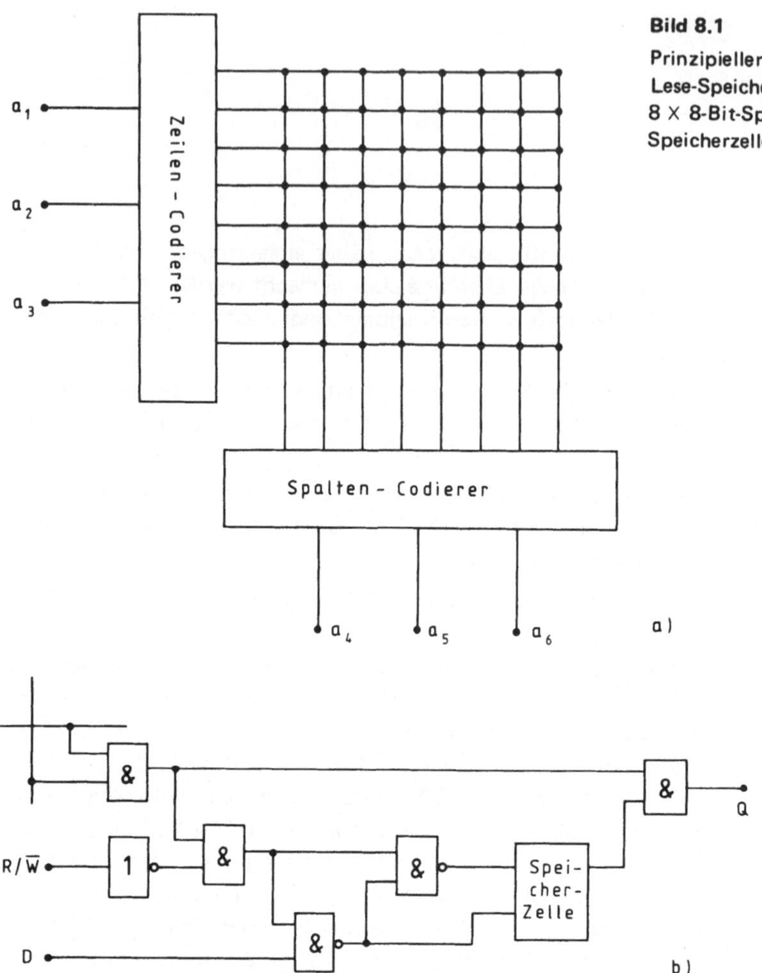

Bild 8.1
Prinzipieller Aufbau von Schreib-Lese-Speichern am Beispiel eines 8 × 8-Bit-Speichers (a) sowie einer Speicherzelle (b)

Es gibt jedoch auch Festwertspeicher, die vom Anwender selbst programmiert werden können, sog. *Programmable Read Only Memories* (programmierbare Festwertspeicher), abgekürzt PROMs.

Auch der Begriff PROM hat zwei Bedeutungen. So steht er als Oberbegriff für alle programmierbaren Speicher und auch für einen speziellen Typ, nämlich den nur einmal programmierbaren und dann nicht mehr löschbaren Festwertspeicher, auch *Fusible* (Sicherungs-) *Link* PROM (FL-PROM) genannt, da bei der Programmierung Sicherungen durchgeschmolzen werden und dadurch die Information eingeschrieben wird.

Der Übergang zwischen ROM und RAM wird durch die lösch- und änderbaren Speicher, die sog. EPROMs, EEPROMs und EAPROMs nahezu fließend. Die Abkürzung EPROM steht für *Electrically Programmable Read Only Memory* oder auch *Erasable Programmable Read Only Memory*. Auch der Begriff EPROM hat wieder zwei Bedeutungen. Er wird als Oberbegriff für alle löschbaren Speicher und für einen speziellen, mit ultraviolettem (UV-)

Licht löschbaren Speicher verwendet. Zum Löschen wird eine UV-Lampe benötigt. Die notwendige Bestrahlungszeit liegt je nach Intensität und Wellenlänge der UV-Lampe zwischen einigen Minuten und einer Stunde. Zum Einschreiben der neuen Information, zum Programmieren, ist eine Spannung von etwa + 25 Volt notwendig. Ältere Speichertypen benötigen noch drei Versorgungsspannungen + 12 V, ± 5 V, neuere nur noch + 5 V. Die Speicherkapazitäten bis zu 64 KByte und Zugriffszeiten zwischen 50 ns und 500 ns sind erhältlich.

EEPROMs und EAPROMs sind elektrisch löschbare Festwertspeicher: *Electrically* *E*rasable PROMs bzw. *Electrically* *A*lterable PROMs.

Der Inhalt von EEPROMs kann elektrisch ohne UV-Bestrahlung mit Hilfe von Spannungen um 25 Volt nur als Ganzes gelöscht werden, während der Inhalt von EAPROMs auf die gleiche Weise auch Byte-weise gelöscht werden kann.

Es ergibt sich also folgendes Bild für die Speicherfamilien:

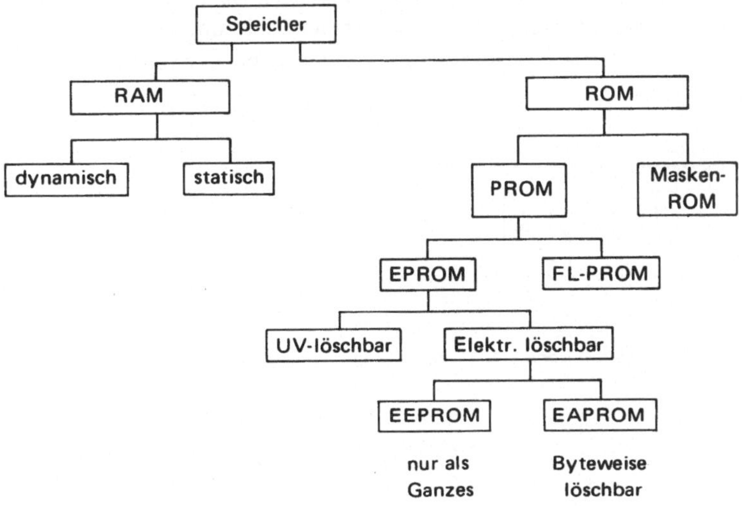

Bild 8.2 Speicherfamilien

9 Prinzipieller Aufbau des Mikroprozessors

Im folgenden soll der prinzipielle Aufbau eines Mikroprozessors dargestellt und zugleich gezeigt werden, wie das Ziel, eine hochintegrierte Schaltung herzustellen, bei deren Fertigung das Einsatzgebiet noch gar nicht festzustehen braucht, erreicht wurde.

9.1 Parallele, serielle Signalverarbeitung

Bild 9.1 stellt ein typisches Beispiel einer digitalen Schaltung dar, z. B. einer Steuerung.

Fünf parallele Eingänge werden in der Schaltung miteinander verknüpft und das Ergebnis an drei parallelen Ausgängen herausgegeben. Die Funktion der Schaltung liegt durch logische Verknüpfung der Eingangssignale ein für allemal fest und kann nur durch Umlöten der Schaltung geändert werden.

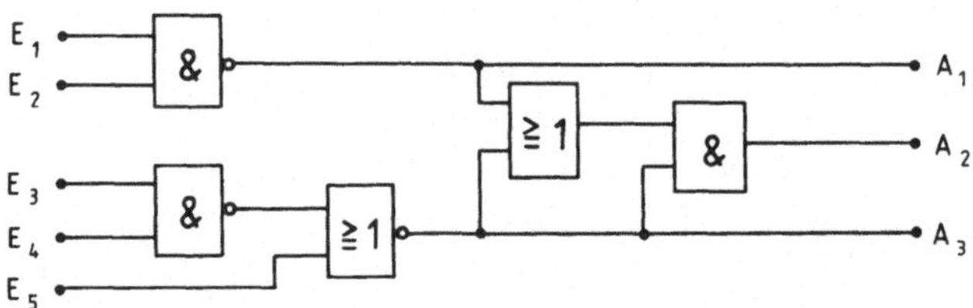

Bild 9.1 Ein typisches digitales System mit *paralleler* Verarbeitung (5 parallele Eingänge, 3 parallele Ausgänge)

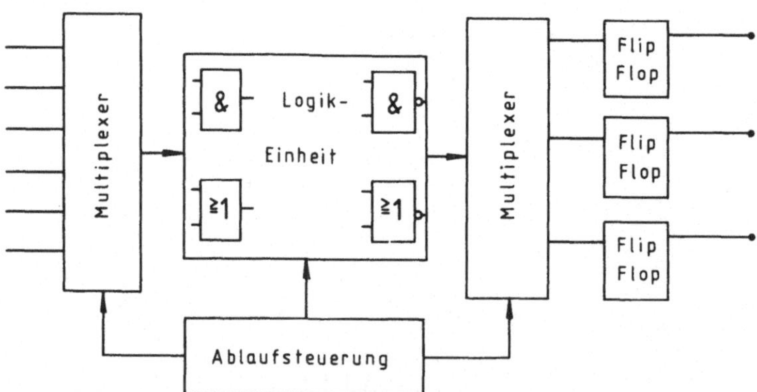

Bild 9.2 Ein digitales System mit *serieller* Verarbeitung. Ein- und Ausgänge werden über Multiplexer von einer Ablaufsteuerung ausgewählt

Eine andere Realisierung zeigt das nächste Bild, Bild 9.2, bei dem die Eingangs- und Ausgangssignale *seriell* verarbeitet werden, in dem die Ein- und Ausgangsleitungen über Multiplexer nacheinander abgefragt werden.

9.2 Logikeinheit

In der *Logikeinheit* genannten Schaltung werden wiederum die Eingangssignale miteinander verknüpft, und das Ergebnis dieser Verknüpfung wird am Ausgang in Flipflops gespeichert. Damit jedoch zur richtigen Zeit der richtige Eingang mit der Logikeinheit verbunden und das Ergebnis an den gewünschten Ausgang abgegeben wird, benötigt man zur Steuerung der entsprechenden Multiplexer eine

9.3 Ablaufsteuerung

Die Ablaufsteuerung bestimmt also, welcher Eingang bzw. welcher Ausgang und auch welche Verknüpfung (UND, ODER, NAND, NOR und dergleichen) gerade bedient werden sollen.

Da immer zwei Signale miteinander verknüpft werden, muß die Ablaufsteuerung 1. angeben, von welchen zwei Eingangsleitungen die Signale miteinander verknüpft werden sollen, 2. welche Verknüpfung stattfinden und 3. in welchem Ausgangs-Flipflop das Resultat abgespeichert werden soll.

Man nennt die Nummer der entsprechenden Eingangs- bzw. Ausgangsleitungen meist deren *Adressen*, die zu verknüpfenden Zustände auf den Leitungen, die Daten also, *Operanden* und die Angabe über die Auswahl der Art der Verknüpfung den *Befehls-* oder *Operations-Code*, kurz Op.-Code.

Mit diesen Fachausdrücken gesagt, muß die Ablaufsteuerung des Bildes 9.2 folgende Angaben liefern, die beiden Adressen der zu verknüpfenden Operanden A und B, die Adresse des Resultats R und den Op-Code.

9.4 3-, 2-, 1-Adreß-Maschine

Man nennt eine solche Anordnung *3-Adreß-Maschine*, da drei Adressen angegeben werden müssen: A, B und R. Die Zahl der Adreßangaben läßt sich jedoch reduzieren. Bild 9.3 zeigt eine Anordnung, bei der nur die Angabe von zwei Adressen notwendig ist. Dazu bedarf es jedoch einer Verabredung, nämlich der, daß das Resultat einer vorhergegangenen Verknüpfung immer als Operand A in einem Flipflop zwischengespeichert wird.

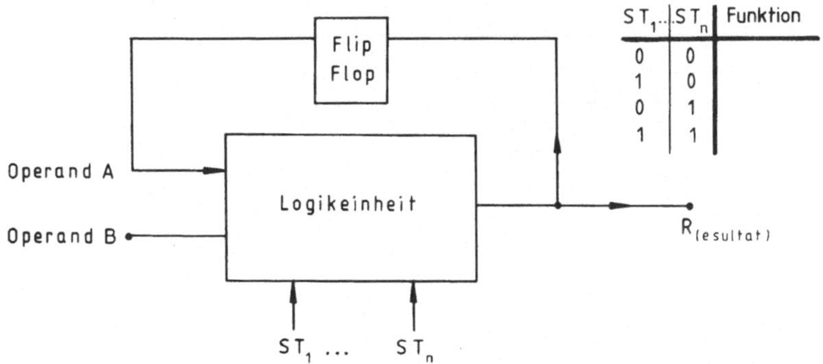

ST_1 ... ST_n		Funktion
0	0	
1	0	
0	1	
1	1	

Bild 9.3 2-Adreßanordnung. Die Steuerleitungen ST_1 ... ST_n werden von der Ablaufsteuerung gesetzt. Ihre Funktion kann der zugehörigen Wahrheitstabelle entnommen werden.

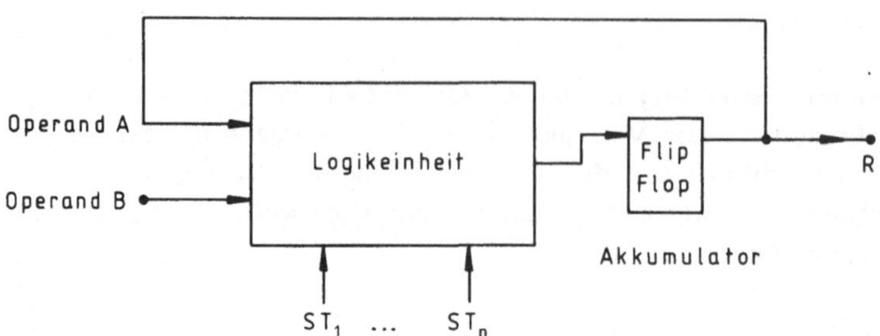

Bild 9.4 1-Adreßanordnung (Operand A steht im Akku, das Ergebnis kommt in den Akku)

Man nennt eine solche Anordnung 2-Adreß-Maschine, da nur noch die beiden Adressen für den Operanden B und für das Resultat angegeben werden müssen, denn der Operand A steht ja im Flipflop zur Verfügung. Durch eine geringfügige Umordnung des Flipflops und eine weitere Verabredung läßt sich sogar noch die Angabe einer weiteren Adresse sparen, und man erhält eine 1-Adreß-Maschine, s. Bild 9.4.

Hier wird nur noch die Angabe der Adresse des Operanden B benötigt, denn es besteht jetzt die Verabredung: Der Operand A steht im Flipflop zur Verfügung, und das Resultat kommt in das Flipflop. Dies ist möglich, da die Verknüpfung von A und B und die Abspeicherung des Resultates nacheinander erfolgen, so daß der Operand A nicht mehr benötigt wird und vom Resultat überschrieben werden kann. Das Flipflop in dieser Funktion nennt man *Akkumulator.*

Bild 9.4 stellt die Grundstruktur praktisch aller heutigen Mikroprozessoren dar, eine 1-Adreß-Maschine mit serieller Verarbeitung, d. h. es ist nur die Angabe der Adresse des Operanden B notwendig, denn Operand A *steht* im Akkumulator, und das Ergebnis der Verknüpfung *kommt* in den Akkumulator.

Bild 9.5 zeigt noch einmal einen Vergleich der notwendigen Angaben in der 3-, 2- und 1-Adreß-Maschine:

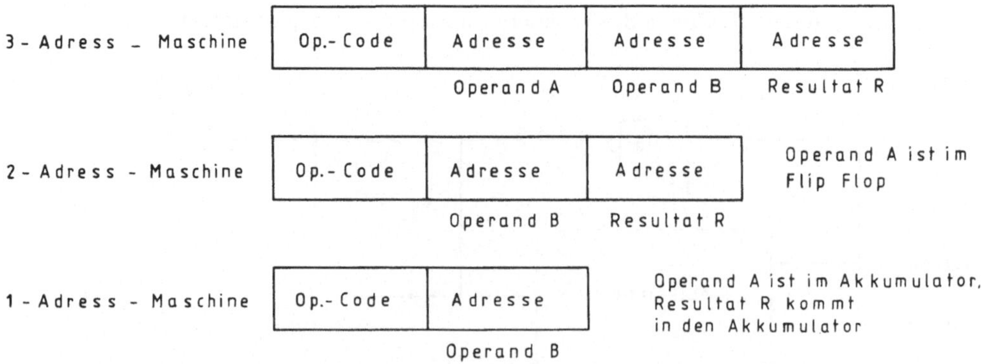

Bild 9.5 Befehlsaufbau der 3-, 2-, 1-Adreßanordnung

In allen drei Maschinentypen beinhaltet der Op.-Code die Angabe darüber, was mit dem Operanden geschehen soll. Das nächste Bild 9.6 soll dies anhand eines Beispiels noch einmal verdeutlichen. Es zeigt, wie die Operanden A und B, die unter den Adressen X_1 und X_2 stehen, UND-verknüpft werden und wie das Resultat auf dem Speicherplatz mit der Adresse X_3 abgespeichert wird, also die Durchführung der Aufgabe

$$<X_1> \wedge <X_2> = <X_3> \quad \text{Dabei bedeuten die Klammern} <>:$$

Inhalt der in den Klammern angegebenen Adressen.

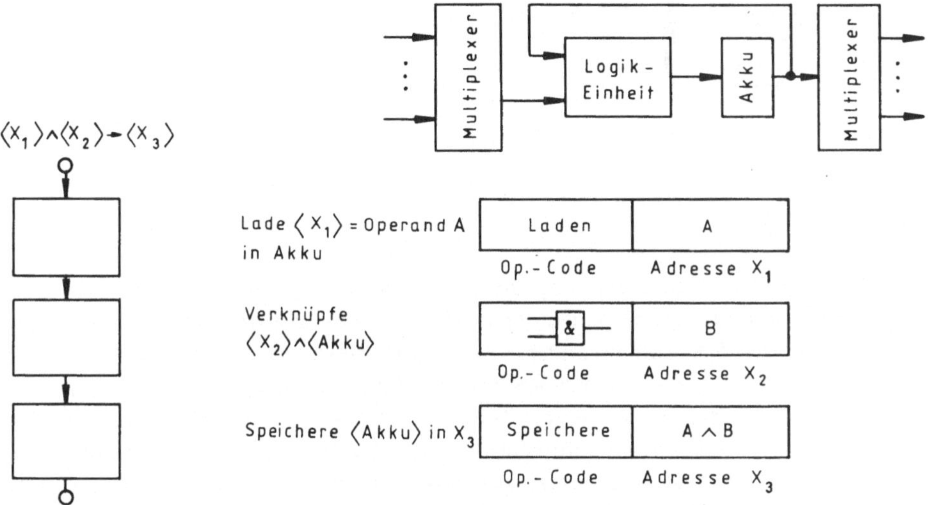

Bild 9.6 Beispiel für den Ablauf einer Verknüpfung in der 1-Adreßanordnung

9.5 Programm, Programmspeicher, Programmzähler

Ist diese Aufgabe abgeschlossen und steht das Ergebnis zur Verfügung, so kann der Anordnung eine weitere Aufgabe mitgeteilt werden. Da die Eingabe der Aufgabe jedoch langsam im Vergleich zur Durchführung ist, möchte man der Maschine gleich von vornherein eine umfangreichere Befehlsliste, ein ganzes *Programm* eingeben. Dazu muß die Anordnung jedoch in der Lage sein, die zugehörigen Op.-Codes und Adressen abzuspeichern. Es benötigt daher einen *Programmspeicher*. Um das Programm dann Schritt für Schritt abzuarbeiten, benötigt man ferner einen Programm-Schritt-Zähler oder kurz einen *Programmzähler (Programm-Counter*; PC). Zur zeitlichen Koordinierung aller Prozesse wird darüber hinaus ein *Taktgenerator* eingesetzt. Man kommt dann zu einer Anordnung,wie sie Bild 9.7 zeigt:

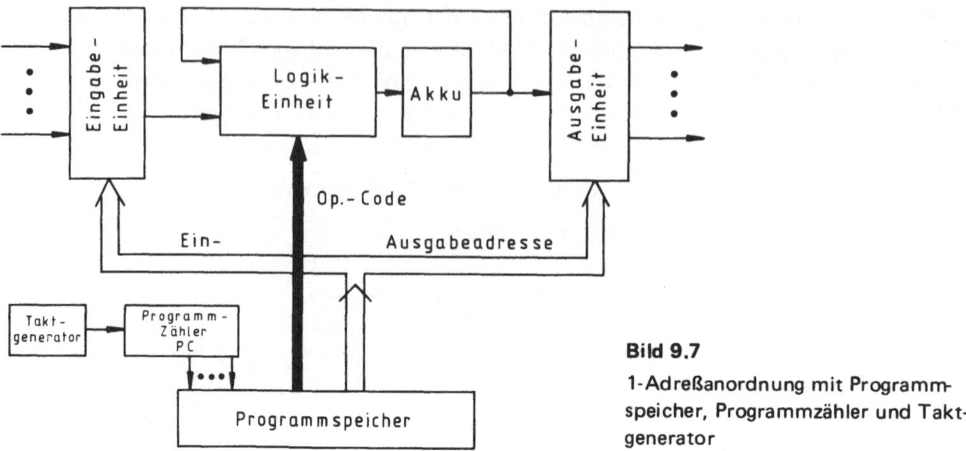

Bild 9.7
1-Adreßanordnung mit Programmspeicher, Programmzähler und Taktgenerator

9.6 Status

Nun kommt es jedoch häufig vor, daß die Durchführung eines Befehls davon abhängig
gemacht werden soll, wie das Ergebnis der Ausführung des vorhergehenden Befehls war.
War das Ergebnis z. B. 0, so soll ein anderer Befehl ausgeführt werden, als wenn das Ergebnis 1 gewesen wäre. Es sollen also Sprünge im Programm ausgeführt werden können. Dazu
ist u. a. eine Abfrage des Akkumulatorinhalts, eine Statusabfrage, erforderlich. Ferner
sind Verbindungen von den Steuerleitungen, die den Op.-Code an die Logikeinheit übertragen, zum Programmzähler und von der Adreßleitung zum Programmzähler nötig. Denn
wenn ein Sprung ausgeführt werden soll, muß dem Programmzähler eine neue Adresse,
die Sprungadresse, mitgeteilt werden. Man erhält dann die folgende Anordnung, Bild 9.8:

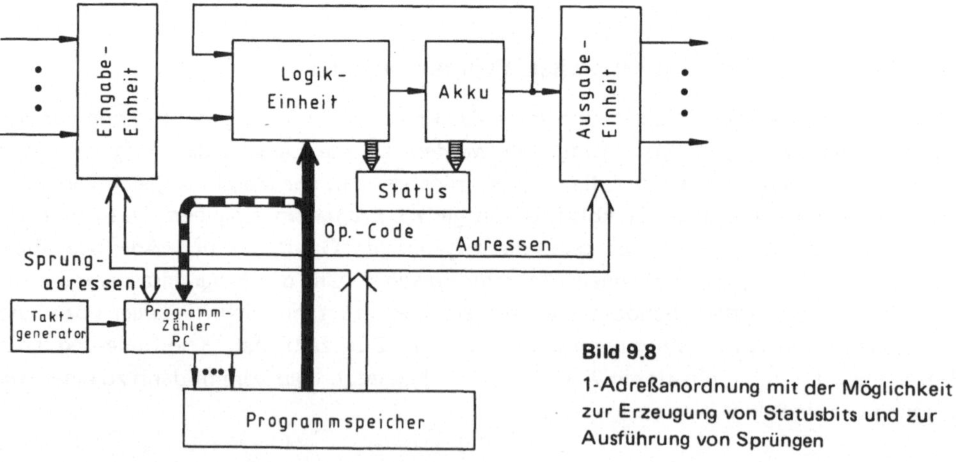

Bild 9.8
1-Adreßanordnung mit der Möglichkeit
zur Erzeugung von Statusbits und zur
Ausführung von Sprüngen

In dem sogenannten Statusregister werden alle, später genauer zu beschreibenden Status-
informationen abgespeichert.

9.7 Befehlsdecoder

In Bild 9.5 wurde dargestellt, daß jeder *Befehl*, so nennt man die einzelnen Programmschritte, aus Op.-Code und Adreßteil besteht. Da ein solcher Befehl jedoch einfach aus
einer Reihe von 0 und 1 besteht, z. B. bedeutet das folgende Bit-Muster

  0001   1010
  Op.-Code   Adresse

für den anschließend beschriebenen Modellprozessor: Speichere den Inhalt des Akkumulators (durch den Op.-Code 0001 festgelegt) unter der Adresse 1010 (entspricht dezimal
10), muß zwischen Op.-Code und Adreßteil unterschieden werden können.

Damit nun die Logik-Einheit im allgemeinen gemäß dem Befehlscode richtig gesetzt wird,
bzw. im vorliegenden Fall zwischen Op.-Code und Adreßteil unterschieden werden kann,
benötigt die Anordnung einen *Befehlsdecoder*, der die Aufgabe hat, den Befehlscode vom
Adreßteil zu separieren, d. h. den Befehl zu decodieren. Man kommt damit zu folgender
Anordnung, s. Bild 9.9.

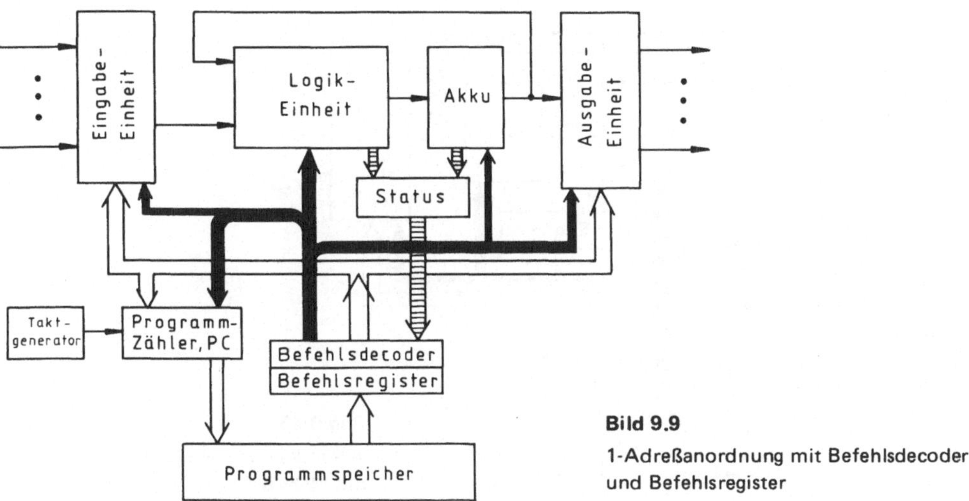

Bild 9.9
1-Adreßanordnung mit Befehlsdecoder
und Befehlsregister

9.8 Befehlszyklus

Es ergibt sich damit ein immer wiederkehrender Ablauf, der sogenannte Befehlszyklus:

1. Aus dem Programmspeicher wird der Befehl in den Befehlsdecoder geholt.
2. Der Befehlsdecoder interpretiert den Befehl und liefert die Steuersignale und die
   Adressen.
3. In der Logik-Einheit wird der Befehl ausgeführt.
4. Der PC wird auf die nächste Befehlsadresse gesetzt, d. h. einfach um 1 erhöht, wenn
   kein Sprung ausgeführt werden soll, sonst wird er auf die Sprungadresse gesetzt und
   liefert diese an den Programmspeicher.

9.9 Stack

Soll ein Sprung ausgeführt werden, um ein Unterprogramm abzuarbeiten, und dann anschließend nach der Abarbeitung auf die alte Absprungadresse zurückgekehrt werden, so wird ein Zwischenspeicher zur Aufbewahrung der Absprungadresse benötigt, ein sog. *Stackregister* oder Stapelregister. Sollen in dem Unterprogramm wieder Sprünge in weitere Unterprogramme ausgeführt werden, benötigt man größere *Stapelspeicher*. Damit man dann jedoch die jeweils aktuelle Rücksprungadresse kennt, muß ein Zähler entsprechend gesetzt werden, ein sogenannter Stackpointer, *Stapelzeiger*. Im folgenden wird aus Gründen der Übersichtlichkeit auf diese Einrichtung verzichtet.

9.10 Arithmetisch-logische Einheit, ALU

Bisher konnten mit den Operanden nur logische Verknüpfungen vorgenommen werden, da nur eine *Logik*einheit zur Verfügung stand. Da jedoch auch arithmetische Operationen durchführbar sein sollen, wird eine *Arithmetik*-Einheit zu der Logik-Einheit hinzugefügt und beide zu einer *Arithmetisch-Logischen Einheit*, genannt *ALU* (**A**rithmetic **L**ogic **U***nit*), zusammengefaßt. Dies ist in Bild 9.10 dargestellt.

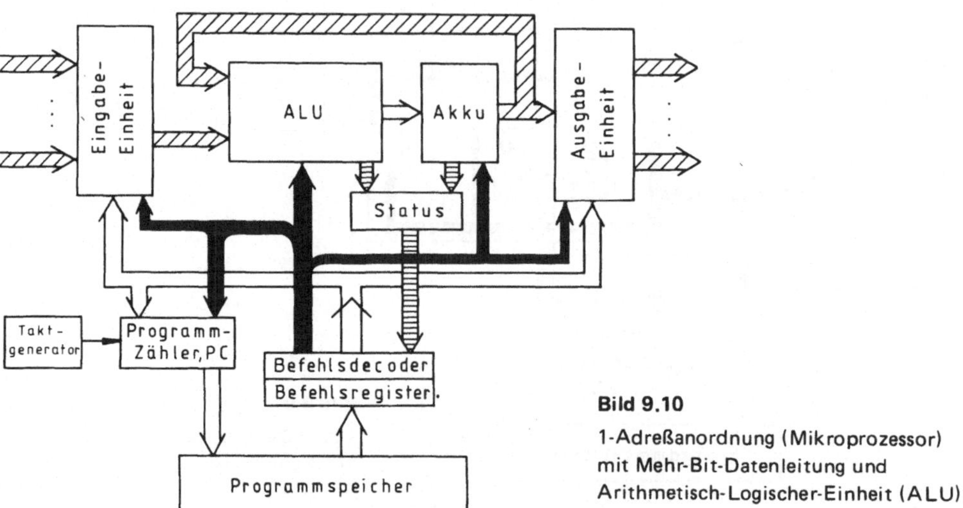

Bild 9.10

1-Adreßanordnung (Mikroprozessor) mit Mehr-Bit-Datenleitung und Arithmetisch-Logischer-Einheit (ALU)

Bild 9.10 unterscheidet sich ferner durch folgende, zunächst unauffällige Änderung von den vorhergehenden. Die Verbindungslinien zwischen Eingängen, Ausgängen, Logikeinheit und Akkumulator bestanden bisher aus einfachen Strichen, die andeuten sollen, daß es sich um eine einzelne Leitung, einen Draht handelte. Über eine solche Leitung kann jedoch nur die Information 0 oder 1 übertragen werden, das entspricht einem Datenbereich von 0 bis 1. Dieser Bereich ist viel zu gering. Daher werden in den heutigen 8-Bit-Standardprozessoren 8 parallele Drähte zu einer Datenleitung zusammengefaßt. Daher lassen sich nun $2^8 = 256$ verschiedene Informationen über eine solche Datenleitung übertragen. Es könnte dabei der Eindruck entstehen, daß dadurch das serielle Arbeitsprinzip verlassen wird. Dies ist jedoch nicht der Fall, denn die Informationen werden weiterhin nacheinander, d.h. seriell, übertragen, nur der mögliche Zahlenbereich für Adressen, Daten und Befehle wird dadurch erweitert. Da man 8 Bits zu einem Byte zusammenfaßt, kann man die Verarbeitung kurz als *Bit-parallel, jedoch Byte-seriell* bezeichnen. Dies ist in Bild 9.10 durch die breit eingezeichneten Datenleitungen angedeutet.

9.11 Busstruktur

Man entnimmt dem Bild 9.10, daß durch die Daten-, Steuer- und Adreßleitungen nahezu alle Untereinheiten der Anordnung miteinander verbunden sind. Trennt man diese Leitungen auf, so kommt man zu folgenden Funktionsblöcken, wie sie das Bild 9.11 darstellt.

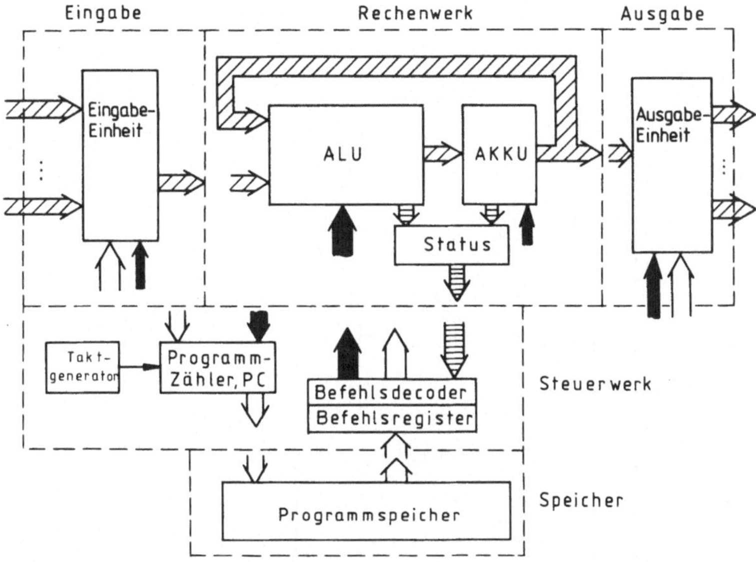

Bild 9.11 Funktionsblöcke der 1-Adreßanordnung

Man erkennt hier besonders deutlich die Grundstruktur wieder, wie sie in Bild 9.2, der seriellen Realisierung einer Digitalschaltung, dargestellt wurde. Die Logikschaltung in Bild 9.2 wurde durch das Rechenwerk, die Ablaufsteuerung durch das Steuerwerk ersetzt.

Faßt man nun Ein- und Ausgabe-Einheit zu *einer* Ein- Ausgabe-Einheit, sowie ALU, Akku und Statusregister zu einem Rechenwerk und PC und Befehlsdecoder zum Steuerwerk und den Programmspeicher und sonstige Speichereinheiten zum Speicher zusammen und ordnet diese Baugruppen in einer Reihe an, so kommt man zu folgendem Bild 9.12.

Man nennt das Steuerwerk auch häufig Kontroll-Einheit oder *Control* U*nit* (CU) und die Ein- Ausgabeeinheit I/O-Port oder PIO (**Peripheral In Out Port**). Dabei ist der I/O-Port diejenige Einheit, über die der Prozessor mit der Umwelt (Peripherie) wechselwirkt. Das Wesentlichste an Bild 9.12 ist jedoch die sog. Busstruktur. Die Funktionsblöcke sind alle über einunddieselbe Daten- und Adreßleitung miteinander verbunden. Man nennt diese Anordnung daher *Busstruktur*. Jeder der Baugruppen ist eine Hausnummer, eine Adresse zugeordnet, so daß von jeder zu jeder Baugruppe Daten oder Adressen auf die Busleitun-

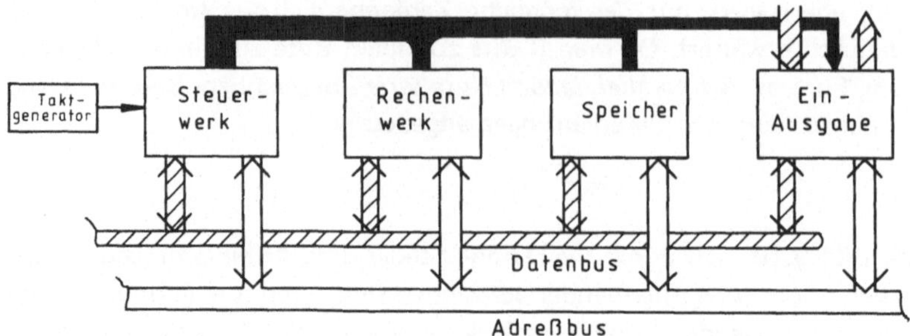

Bild 9.12 1-Adreßanordnung mit Busstruktur

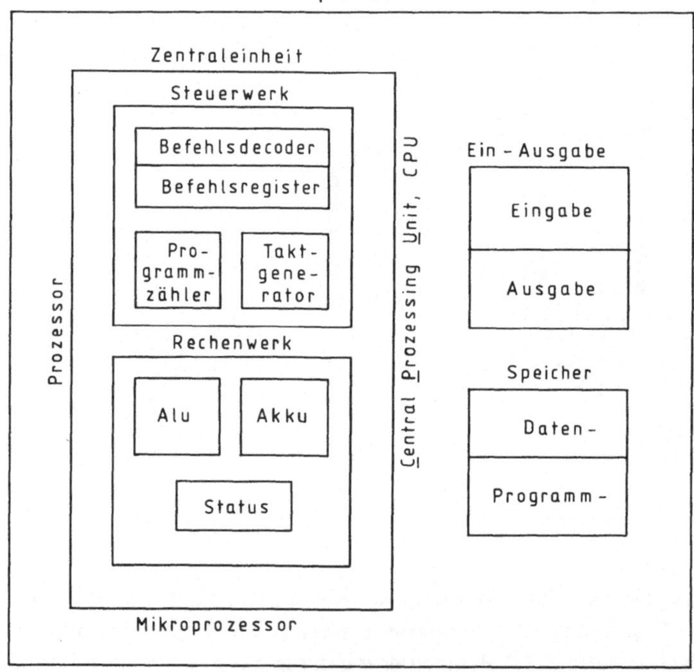

Bild 9.13

Zur Begriffsbildung

gen gegeben werden können. Gesteuert wird der Ablauf von den Steuerleitungen, die man
meist nicht mit in die Busstruktur einbezieht. Einige Systeme haben sogar nur einen gemeinsamen Daten- und Adreßbus, auf dem sowohl Daten als auch Adressen hin-und her-
geschickt werden. Dabei muß dann jedoch kenntlich gemacht werden, ob es sich um
Daten oder Adressen handelt. Der Vorteil der Busstruktur liegt in der großen Flexibilität
bezüglich Systemerweiterungen. So ist hier z. B. eine Speichererweiterung sehr einfach
möglich. Diese ist nur begrenzt durch die Adressiermöglichkeit. Da bei einer Adreßbus-
breite von 8 Bit nur 256 Speicherplätze adressiert werden könnten, ist bei den Standard-
prozessoren (8-Bit-Datenbusbreite) der Adreßbus 16 Bit breit, so daß $2^{16} = 64 \cdot 2^{10} =$
65536 Speicherplätze (à 8 Bit adressiert werden können.

Da man 8 Bits zu einem Byte zusammenfaßt und 2^{10} = 1024 mit 1 K(ilo) abgekürzt wird, können also mit dem 16 Bit breiten Adreßbus 64 KByte direkt adressiert werden.

9.12 Begriffsbildung

Wurde bisher die Gesamtschaltung Schritt für Schritt aufgebaut, so zeigt das Bild 9.13 nur das Blockschaltbild der Gesamtschaltung, an dem die Begriffsbildung noch einmal verdeutlicht werden soll.

Der Mikroprozessor ist also nichts anderes als die CPU eines Computers, die auf kleinstem Raum, auf einem Siliziumchip von ca. 30 mm^2 vermöge der Großintegration realisiert wird. Das „Mikro" bezieht sich also nicht auf die Leistung des Prozessors, sondern im wesentlichen auf seine Größe.

10 Der Modellprozessor

Im vorhergehenden Kapitel wurden der prinzielle Aufbau eines Mikrocomputers und seine wesentlichen Eigenschaften herausgestellt. Es handelt sich um eine Anordnung bestehend aus einer Arithmetisch-Logischen Einheit (ALU), einem Akkumulator (AKKU) und Statusregister sowie einer Steuereinheit, bei der die Informationsverarbeitung Bit-parallel und Byte-seriell geschieht. Dabei werden zwei Operanden A und B miteinander verknüpft, indem der Operand A zuvor in den Akkumulator geladen wird und dort für die Verknüpfung zur Verfügung steht und das Ergebnis der Verknüpfung wieder in den Akku geladen wird.

Im folgenden soll nun ein Modellprozessor beschrieben werden, der gemäß der oben vorgestellten Struktur aus den vom 1. Abschnitt dieses Buches her bekannten TTL-Bausteinen aufgebaut wurde, und der es gestattet, jedem der Schritte bei der Abarbeitung eines Programms (einschließlich seines Mikroprogramms) zu folgen. Der Mikroprozessor wird gewissermaßen „durchsichtig" gemacht.

Ausgehend von der Arithmetisch-Logischen Einheit, dem Akkumulator und der Erzeugung und Abspeicherung der Statusbits sowie dem Steuerwerk mit Mikroprogrammspeicher, Befehls-, Adreßregister und Programmzähler (PC) wird zunächst der eigentliche Mikroprozessor beschrieben und aufgebaut. Anschließend wird, um die Wechselwirkung der Mikroprozessoren mit der Peripherie zu ermöglichen, ein Ein- Ausgabe-Baustein (I/O-Port) und zur schnellen Datenübernahme eine Einheit für einen direkten Speicherzugriff (*DMA Controller*) aufgebaut. Schaltbilder und Abbildungen des realisierten Prozessors befinden sich am Ende des Buches.

Ziel dieses Abschnittes ist es, dem Leser die Scheu vor dem komplexen „Bauelement Mikroprozessor" zu nehmen, indem die einzelnen Baugruppen des Mikroprozessors aus ihm schon bekannten Schaltungen der TTL-Schaltkreisfamilie aufgebaut werden.

10.1 Die Arithmetisch-Logische Einheit, ALU

In der Arithmetisch-Logischen Einheit sollen arithmetische und logische Verknüpfungen durchgeführt werden. Im folgenden soll zunächst die Arithmetikeinheit, in der z. B. addiert und subtrahiert wird, vorgestellt werden.

10.1.1 Arithmetikeinheit

Addition

Die Addition von Dualzahlen geschieht im Prinzip wie die von Dezimalzahlen:

```
    1 1 1 0 1              29
  + 0 1 1 1 1            + 15
    1 1 1 1        ≙        1
  ___________            _____
  1│0 1 1 0 0             44
```

Es treten dabei *Überträge* auf, wenn eine Zweierpotenz überschritten wird. Für die Addition von 1-Bit-Zahlen erhält man wegen

$$
\begin{aligned}
0 + 0 &= 0 \\
0 + 1 &= 1 \\
1 + 0 &= 1 \\
1 + 1 &= \underline{1}\ 0
\end{aligned}
$$

die folgende Wahrheitstabelle:

A	B	S	C
0	0	0	0
0	1	1	0
1	0	1	0
1	1	0	1

Dabei steht das "+"-Zeichen für die arithmetische Addition. Für den Übertrag wird, wie allgemein üblich, der Buchstabe C von *Carry* eingeführt. Man erkennt, die Wahrheitstabelle für die Summe S entspricht der einer EXOR-(Exclusiv-ODER-), die des Übertrages C der einer einfachen UND-Schaltung. Man erhält also die Schaltung für die 1-Bit-Addition, s. Bild 10.1.

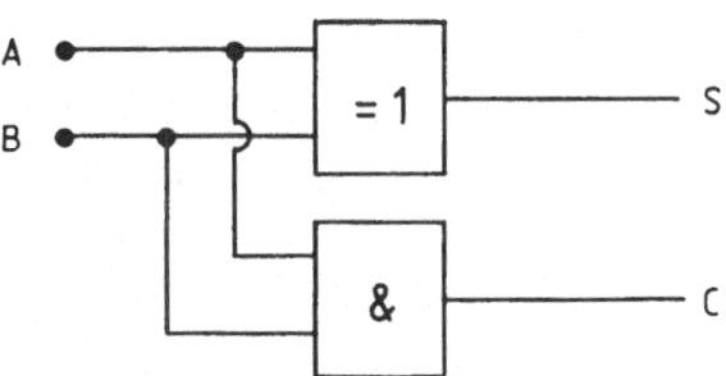

Bild 10.1 Halbaddierer aus EXOR- und AND-Gattern

Man nennt diese Schaltung Halbaddierer. *Halb*addierer deswegen, da ein Übertrag von der vorhergehenden Stufe nicht berücksichtigt wird. Dabei wird die EXOR-Schaltung durch die Boolesche Gleichung $S = \overline{A} \wedge B \vee A \wedge \overline{B}$ beschrieben. Formt man mittels des Distributivgesetzes diese Gleichung um, erhält man

$$S = \overline{A} \wedge B \vee \overline{B} \wedge A = (\overline{A} \vee A) \wedge (\overline{A} \vee \overline{B}) \wedge (B \vee \overline{B}) \wedge (B \vee A) =$$
$$= (A \vee B) \wedge (\overline{A} \vee \overline{B}) = (A \vee B) \wedge \overline{A \wedge B} = (A \vee B) \wedge \overline{C}.$$

Daher kann man den Halbaddierer mit den aus den ersten Kapiteln schon bekannten Bauelementen einfach realisieren, s. Bild 10.2:

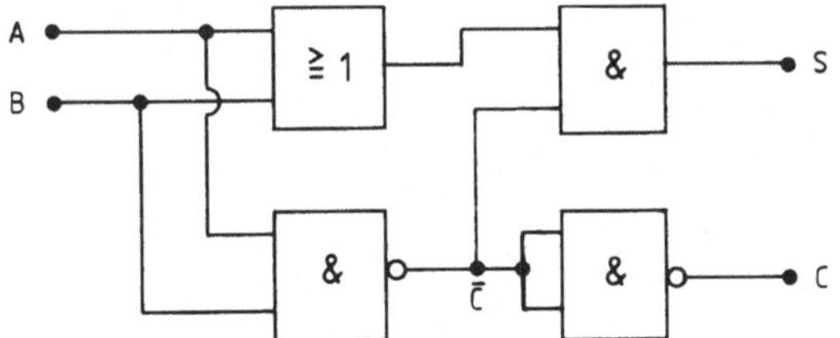

Bild 10.2

Halbaddierer aus OR- und AND-Gattern

Berücksichtigt man einen Übertrag von der vorhergehenden Stufe, so erhält man eine Schaltung mit 3 Eingängen, den Volladdierer, der durch die Wahrheitstabelle und das Karnaugh-Diagramm für S_n (obere Zahlen) und C_n (untere Zahlen) beschrieben wird, wie Bild 10.3 darstellt.

A_n	B_n	C_{n-1}	S_n	C_n
0	0	0	0	0
0	0	1	1	0
0	1	0	1	0
0	1	1	0	1
1	0	0	1	0
1	0	1	0	1
1	1	0	0	1
1	1	1	1	1

<table>
<tr><td rowspan="2"></td><td colspan="2" align="center">A_n</td><td colspan="2" align="center">$\bar{A}_n$</td></tr>
<tr></tr>
<tr><td rowspan="2">B_n</td><td>0</td><td>1</td><td>0</td><td>1</td></tr>
<tr><td>1</td><td>1</td><td>1</td><td>0</td></tr>
<tr><td rowspan="2">$\bar{B}_n$</td><td>1</td><td>0</td><td>1</td><td>0</td></tr>
<tr><td>0</td><td>1</td><td>0</td><td>0</td></tr>
<tr><td></td><td colspan="1" align="center">$\bar{C}_{n-1}$</td><td colspan="2" align="center">C_{n-1}</td><td align="center">$\bar{C}_{n-1}$</td></tr>
</table>

Bild 10.3 Wahrheitstabelle des Volladdierers

In disjunktiver Normalform erhält man für S_n und C_n

$$S_n = \bar{A}_n \wedge \bar{B}_n \wedge C_{n-1} \vee \bar{A}_n \wedge B_n \wedge \bar{C}_{n-1} \vee A_n \wedge \bar{B}_n \wedge \bar{C}_{n-1} \vee A_n \wedge B_n \wedge C_{n-1}$$
$$= C_{n-1} \wedge \overline{(A_n \vee B_n)} + \bar{C}_{n-1} \wedge (A_n \vee B_n)$$
$$= C_{n-1} \,\underline{\veebar}\, (A_n \veebar B_n)$$

$$C_n = \bar{A}_n \wedge B_n \wedge C_{n-1} \vee A_n \wedge \bar{B}_n \wedge C_{n-1} \vee A_n \wedge B_n \wedge \bar{C}_{n-1} \vee A \wedge B_n \wedge C_{n\,1}$$
$$= C_{n-1} \wedge (\bar{A}_n \wedge B_n \vee A_n \wedge \bar{B}_n) \vee A_n \wedge B_n = C_{n-1} \wedge (A_n \veebar B_n) \vee A_n \wedge B_n.$$

Das Karnaugh-Diagramm liefert für C_n:

$$C_n = A_n \wedge B_n \vee A_n \wedge C_{n-1} \vee C_{n-1} \wedge B_n = C_{n-1} \wedge (A_n \vee B_n) \vee A_n \wedge B_n,$$

und man erkennt, daß das Karnaugh-Diagramm die einfachste Lösung liefert.

Dabei steht "$\veebar$" für die EXOR-Verknüpfung, und es wurde die interessante *Beziehung* benutzt

$$\overline{A \wedge B \vee \bar{B} \wedge A} = \overline{A \veebar B} = \bar{A} \veebar B = \bar{B} \veebar A = \bar{A} \wedge \bar{B} \vee B \wedge A,$$

die wiederum leicht mittels des Distributivgesetzes bewiesen werden kann. Benutzt man in den Gleichungen für S_n und C_n die Ausdrücke, die schon vom Halbaddierer her bekannt sind, nämlich $S_{Hn} = A_n \vee B_n$ und $C_{Hn} = A_n \wedge B_n$, so erhält man

$$S_n = C_{n-1} \wedge \bar{S}_{Hn} \vee \bar{C}_{n-1} \wedge S_{Hn} = C_{n-1} \veebar S_{Hn}$$

$$C_n = C_{n-1} \wedge S_{Hn} \vee C_{Hn}$$

und damit die folgende Schaltung, s. Bild 10.4.

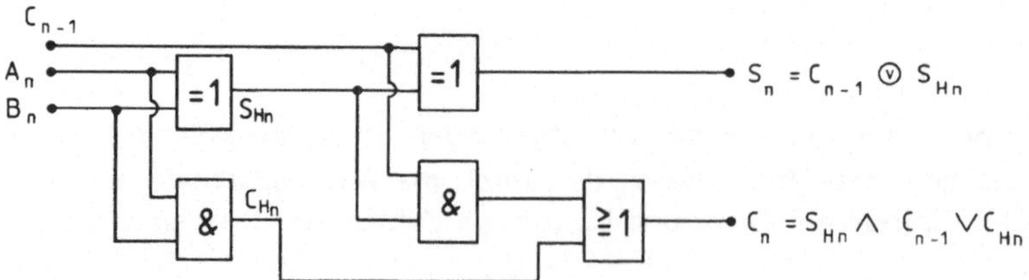

Bild 10.4 1-Bit-Volladdierer aus 2 Halbaddierern und einem zusätzlichen OR-Gatter

Man erkennt, der Volladdierer besteht aus 2 hintereinandergeschalteten Halbaddierern und einem zusätzlichen ODER-Glied für den herausführenden Übertrag C_n. In dem 1. Halbaddierer werden A_n und B_n addiert. In dem 2. Halbaddierer wird das Ergebnis zu dem Übertrag C_{n-1} addiert. Da nur in dem 1. *oder* 2. Halbaddierer ein Übertrag entstehen kann, erhält man C_n, wenn man die Ausgänge der UND-Gatter ODER verknüpft. Daher ist es auch egal, ob man dazu ein ODER-Glied (wie es das Karnaugh-Diagramm liefert) oder ein EXOR-Glied verwendet (wie es die Wahrheitstafel liefert).

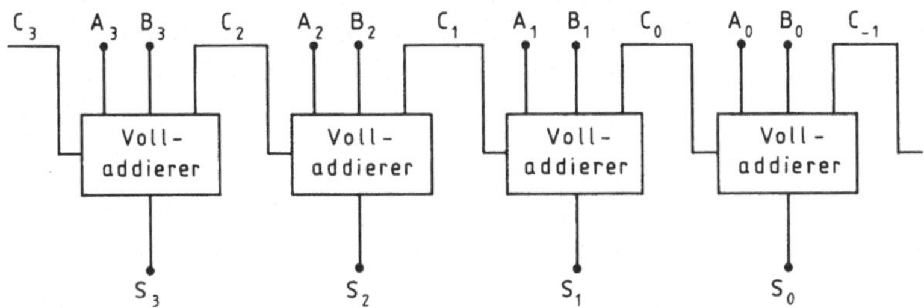

Bild 10.5 4-Bit-Volladdierer

Schaltet man 4 solcher Volladdierer zusammen, so erhält man einen 4-Bit-Volladdierer, s. Bild 10.5, wie er als integrierte Schaltung käuflich ist, z. B. SN 7483. Man entnimmt diesem Bild 10.5, daß S_3 und C_3 erst zur Verfügung stehen, wenn alle Überträge vorher berechnet wurden. Man nennt dieses Verfahren, bei dem die Überträge analog dem Weiterreichen der Information in asynchronen Zählern, s. Kap. 3.1, von einer Stufe zur nächsten weitergereicht werden müssen, Ripple-Carry-Verfahren (von *ripple through*, d. h. durchlaufen). Diese Art der Übertragsberechnung macht das Addierwerk sehr langsam, daher wendet man bei den käuflichen Rechenschaltungen meist eine parallele Übertragsverarbeitung an, die man *Carry-look-ahead-Technik* nennt.

Auf die bisher beschriebene Weise kann also die Addition von 4-Bit-Zahlen realisiert werden. Dies reicht jedoch für eine Arithmetik-Einheit noch nicht aus, denn es soll auch subtrahiert werden können.

Subtraktion

Die Subtraktion von Dualzahlen geschieht ebenfalls wie die von Dezimalzahlen

$$
\begin{array}{ccccccc}
  & 1 & 1 & 1 & 0 & 1 & & & 29 \\
- & 0 & 1 & 1 & 1 & 1 & & & - \ 15 \\
  &   &   & 1 &   &   & & \hat{=} & \\
\hline
  & 0 & 1 & 1 & 1 & 0 & & & 14 \\
\end{array}
$$

An die Stelle des Übertrages bei der Addition tritt bei der Subtraktion das *Borgen*. Für die Subtraktion von 1-Bit-Zahlen erhält man die Wahrheitstabelle für die Differenz D und C^*, welche das Borgen berücksichtigt.

$$
\begin{aligned}
0 - 0 &= 0 \\
1 - 0 &= 1 \\
0 - 1 &= 1 \underline{1} \ 1 \\
1 - 1 &= 0
\end{aligned}
$$

A	B	D	C^*
0	0	0	0
1	0	1	0
0	1	1	1
1	1	0	0

Man erhält $D = A \wedge \overline{B} \vee \overline{A} \wedge B$, $C^* = \overline{A} \wedge B$ und erkennt, daß die Gleichungen für D und C* die gleichen sind, wie die für den Halbaddierer, wenn man A durch $\overline{A}$ ersetzt. Das gleiche Ergebnis erhält man auch für den Vollsubtrahierer, bei dem das Borgen schon von der vorhergehenden Stelle berücksichtigt wird.

Darstellung negativer Zahlen

Nach diesem Ergebnis könnte man die Subtraktion einfach dadurch realisieren, daß man den entsprechenden Operanden vorher invertiert und dann zu dem anderen in einem Volladdierer addiert. Dabei entsteht jedoch die Frage, wie wird die Differenz zweier Operanden angezeigt, und was bedeutet ein „Übertrag" C* = 1? Dies möge ein Beispiel erläutern:

$$
\begin{array}{rclr}
1010 & & 10 \\
-\,1000 & \hat{=} & -\ 8 \\
\hline
0010 & & 2
\end{array}
\qquad
\begin{array}{rclr}
1000 & & 8 \\
-\ 1010 & \hat{=} & -10 \\
\hline
[1]\ 1110 & & -\ 2
\end{array}
$$

Man erkennt an diesem Beispiel, daß 2 und -2 auf ganz verschiedene Weise dargestellt werden, ein Übertrag bedeutet also ein negatives Vorzeichen. Da jedoch eine Darstellung des Ergebnisses nach Betrag und Vorzeichen wünschenswert ist, stellt sich die Frage, wie stellt man negative Zahlen dar?

Man erwartet von einer negativen Zahl $-A$, daß gilt:

$$A + (-A) = 0.$$

Dies ist jedoch in dem oben angegebenen Beispiel $2 + (-2)$ in der dort gewählten Darstellung für negative Zahlen nicht der Fall. Welche Darstellung für -2 liefert $2 + (-2) =$ 0? Addiert man zu einer Zahl die invertierte Zahl $\overline{A}$ (0 geht in 1 und 1 in 0 über) hinzu, erhält man lauter 1. Für die Zahl 2 in 4-Bit-Darstellung bedeutet dies

$$
\begin{array}{r}
0010 \\
+\,1101 \\
\hline
1111.
\end{array}
$$

Man nennt die invertierte Zahl zu A das *Einer-Komplement* $\overline{A}$, da $\overline{A}$ zu A hinzuaddiert ein Bitmuster mit lauter 1 ergibt. Addiert man nun noch eine 1 hinzu, erhält man

$$
\begin{array}{r}
1111 \\
0001 \\
\hline
[1]\ 0000.
\end{array}
$$

Wählt man also für $-A$ die Darstellung $(\overline{A} + 1)$, man nennt dies das *Zweierkomplement*, so ist das gewünschte Ziel erreicht, es gibt nämlich

$$A + (\overline{A} + 1) = 0.$$

Allerdings ist diese Darstellung für die Null stets mit einem Übertrag behaftet.

In der Zweierkomplementarithmetik läßt sich die Subtraktion sehr leicht ausführen, indem sie auf die Addition des Zweierkomplementes zurückgeführt wird. Dazu muß die Zahl nur invertiert werden, was technisch durch einen Inverter sehr leicht realisierbar ist, und dann eine 1 hinzuaddiert werden.

Bild 10.6 zeigt als Beispiel den Zahlenstrahl und den Zahlenkreis für alle 4-Bit-Zahlen. Dies ist gleichzeitig der Zahlenbereich, der in dem 4-Bit-Modellprozessor verwendet werden kann. Man entnimmt dem Bild 10.6, daß alle negativen Zahlen als höchstwertiges

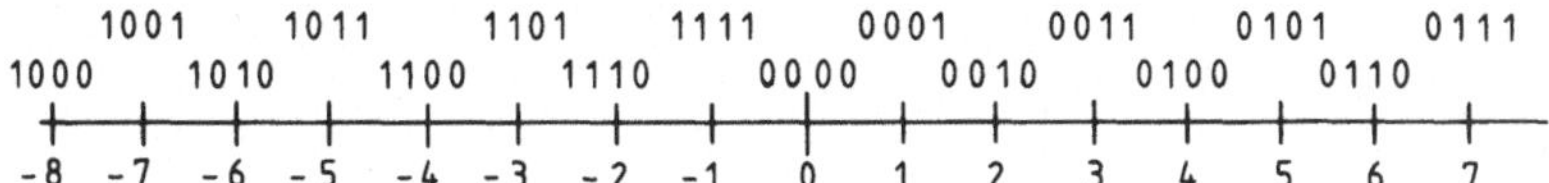

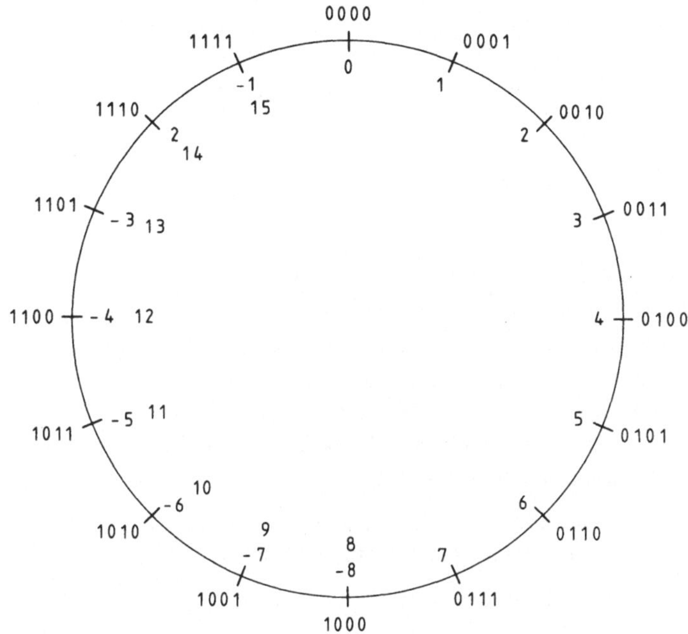

Bild 10.6 Zahlenstrahl und -Kreis für alle 4-Bit-Zahlen

Bit (*Most significant bit;* MSB) eine 1, alle positiven Zahlen eine 0 aufweisen. Gleichzeitig erkennt man, warum die 0 als 0 mit Übertrag auftritt, denn die 0 ist im 4-Bit-Zahlenbereich identisch mit der binären 16 als [1]0000. Da die Darstellung der 16 jedoch den 4-Bit-Zahlenbereich überschreitet, wird die 1 unterdrückt, und es erscheinen nur die 4 Nullen zur Darstellung der 0. Dies bringt also die Zweierkomplementdarstellung mit sich. Die folgenden Beispiele weisen auf die verschiedenen Ergebnisse bei der Subtraktion hin:

a)
$$
\begin{array}{rcl}
7 & & 0111 \\
-4 & \hat{=} & +\ 1100 \\
\hline
3 & & [1]0011,
\end{array}
$$
denn das Zweierkomplement von $4_{10} = 0100$ ist 1100.

Das Ergebnis ist positiv, denn das MSB ist 0, und damit ist die Darstellung 0011 für das Ergebnis richtig. (Der Übertrag wird einfach ignoriert).

b)
$$
\begin{array}{rcl}
4 & & 0100 \\
-7 & \hat{=} & +\ 1001 \\
\hline
-3 & & 1101,
\end{array}
$$
denn das Zweierkomplement von $7_{10} = 0111$ ist 1001.

Das Ergebnis ist negativ, denn das MSB ist 1. Damit muß vom Ergebnis das Zweierkomplement gebildet werden, um es in der gewohnten Darstellung zu erhalten. Das Zweierkomplement von 1101 ist 0011, daher lautet das Ergebnis -3_{10}.

c)
$$\begin{array}{r} 5 \\ +3 \\ \hline 8 \end{array} \ \hat{=} \ \begin{array}{r} 0101 \\ +0011 \\ \hline 1000. \end{array}$$

Das Ergebnis ist negativ, da das MSB eine 1 liefert. Das Zweierkomplement von 1000 ist ebenfalls $1000 \,\hat{=}\, 8_{10}$, daher würde das Ergebnis als -8_{10} interpretiert. Da $+8_{10}$ den darstellbaren (4 Bit) Zahlenbereich überschreitet, wird das Ergebnis falsch.

Eine Bereichsüberschreitung *(Overflow)* muß also vom Mikroprozessor erkannt und berücksichtigt werden.

d)
$$\begin{array}{r} -8 \\ -1 \\ \hline -9 \end{array} \ \hat{=} \ \begin{array}{r} 1000 \\ +\ 1111 \\ \hline [1]\,0111. \end{array}$$

Das Ergebnis ist positiv, da das MSB gleich 0 ist. Es wird also als $+7_{10}$ interpretiert. Da auch hier eine Bereichsüberschreitung vorliegt, wird das Ergebnis falsch.

Nach diesen Überlegungen wird deutlich, daß, wenn Bereichsüberschreitungen berücksichtigt werden, die Subtraktion auf die Addition zurückgeführt werden kann. Dazu muß vor den Volladdierer eine Einheit vorgeschaltet werden, die im Falle negativer Zahlen die Zweierkomplementbildung ermöglicht. Ein solcher Schaltkreis sollte die folgenden Funktionen in Abhängigkeit von Steuerleitungen ausführen:

1. Eine bitweise Invertierung und Addition von 1 (für die Subtraktion)
2. Ein einfaches Durchschieben der Daten, ohne sie zu ändern (für die Addition)

Ferner sollen noch die Funktionen realisiert werden:

3. ,,Löschen'' (am Ausgang der Schaltung erscheinen nur 0)
4. ,,Setzen'' (am Ausgang der Schaltung erscheinen nur 1)

Damit hätte man die Möglichkeit zu bilden: $(A, B \geqslant 0)$.

a) $A + B$: A und B werden zum Addierwerk ungeändert ,,durchgeschoben'' und addiert.
b) $A - B$: A wird durchgeschoben, B wird invertiert, und es wird $A + (\overline{B} + 1)$ gebildet.
c) $B - A$: B wird durchgeschoben, A wird invertiert und dann $B + (\overline{A} + 1)$ gebildet.

Um die $4 = 2^2$ genannten Funktionen zu realisieren, benötigt man 2 Steuerleitungen. Man kommt daher z. B. zu folgender Wahrheitstabelle für jeden der beiden Operanden A und B (hier für A):

A	ST_1	ST_2	C = Ergebnis	Funktion
0	0	0	1	,,Setzen''
1	0	0	1	
0	0	1	0	,,Löschen''
1	0	1	0	
0	1	0	1	Invertieren
1	1	0	0	
0	1	1	0	,,Durchschieben''
1	1	1	1	

In disjunktiver Normalform erhält man für C

$$C = \overline{A} \wedge \overline{ST_1} \wedge \overline{ST_2} \vee A \wedge \overline{ST_1} \wedge \overline{ST_2} \vee \overline{A} \wedge ST_1 \wedge \overline{ST_2} \vee A \wedge ST_1 \wedge ST_2$$
$$= \overline{ST_2} \wedge (\overline{ST_1} \vee \overline{A} \wedge ST_1) \vee A \wedge ST_1 \wedge ST_2$$
$$= \overline{ST_2} \wedge (\overline{ST_1} \vee \overline{(A \vee \overline{ST_1})}) \vee A \wedge ST_1 \wedge ST_2$$
$$= \overline{ST_2} \wedge \overline{(ST_1 \wedge (A \vee \overline{ST_1}))} \vee A \wedge ST_1 \wedge ST_2$$
$$= \overline{ST_2} \wedge \overline{A \wedge ST_1} \vee A \wedge ST_1 \wedge ST_2 = \overline{A \wedge ST_1 \textcircled{V} ST_2} = \overline{A \wedge ST_1} \textcircled{V} ST_2.$$

Damit kommt man zu folgender einfachen Schaltung, s. Bild 10.7:

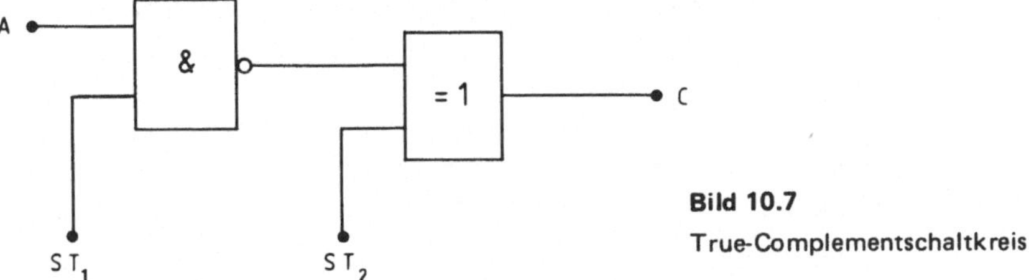

Bild 10.7

True-Complementschaltkreis

Diese Anordnung nennt man *True Complement-Schaltkreis.*

Einen solchen Schaltkreis benötigt man für jedes Bit des Operanden A und des Operanden B. Für einen Operanden ist dies in Bild 10.8 dargestellt. Damit kommt man nun zu folgendem Aufbau für die Arithmetikeinheit, Bild 10.9.

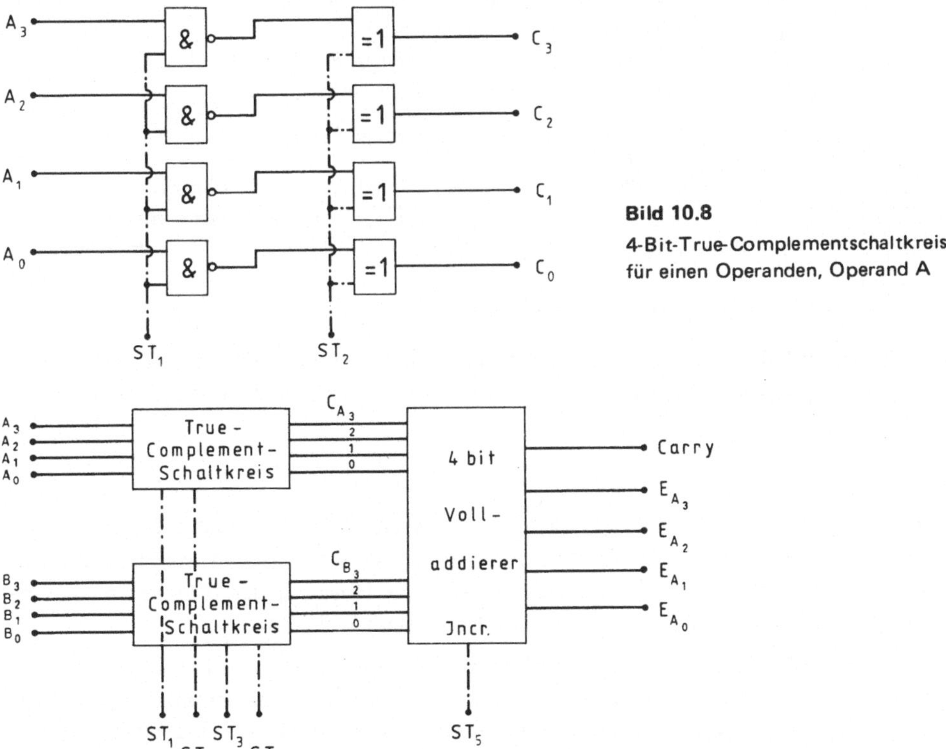

Bild 10.8

4-Bit-True-Complementschaltkreis für einen Operanden, Operand A

Bild 10.9 Arithmetikeinheit bestehend aus True-Complementschaltkreisen für die Operanden A und B und 4-Bit-Volladdierer, 5 Steuerleitungen

Die Steuerleitungen $ST_1 \ldots ST_4$ bestimmen, ob die $C_{A_0} \ldots C_{A_3}$ und/oder $C_{B_0} \ldots C_{B_3}$ alle 0 (Löschen), alle 1 (Setzen) führen, oder ob die Daten einfach durchgeschoben bzw. invertiert werden.

Die Steuerleitung ST_5 ist nichts anderes als die Leitung für den einlaufenden Übertrag der 0ten Stufe des Volladdierers. Da in dieser Stufe jedoch noch kein Übertrag auftreten kann, wird diese Leitung als Steuerleitung (Inkrementier-Leitung) benutzt. Wird sie auf 1 gesetzt, wird eine 1 hinzuaddiert, so daß zusammen mit der Möglichkeit der Invertierung im True Complement-Schaltkreis das Zweierkomplement gebildet werden kann.

Für diese fünf Steuerleitungen der Arithmetikeinheit erhält man die folgende Wahrheits- bzw. Funktionstabelle, s. Bild 10.10: Dabei sei noch einmal daran erinnert, es bedeutet

ST_1	ST_2		
0	0	Setzen	$-A =$ Zweierkomplement zu $A = \tilde{A}$
0	1	Löschen	$-A - 1 =$ Einerkomplement zu $A = \overline{A}$
1	0	Invertieren	$-A = \overline{A} + 1 + \tilde{A}$
1	1	Durchschieben.	

ST 1	ST 2	ST 3	ST 4	ST 5 = 0	ST 5 = 1
0	0	0	0	-2	-1 „Setzen"
1	0	0	0	$\overline{A} - 1$	$\overline{A}$ „Einerkompl. A"
0	1	0	0	-1 „Setzen"	0 „Löschen"
1	1	0	0	$A - 1$ „Dekrement. A"	A „NOP"
0	0	1	0	$\overline{B} - 1$	$\overline{B}$ „Einerkompl. B"
1	0	1	0	$\overline{A} + \overline{B}$	$\overline{A} + B + 1$
0	1	1	0	$\overline{B}$ „Einerkompl. B"	$-B$ „Zweierkomp. B"
1	1	1	0	$A + B$	$A - B$ „Sub. B von A"
0	0	0	1	-1 „Setzen"	0 „Löschen"
1	0	0	1	$\overline{A}$ „Einerkompl. A"	$-A$ „Zweierkomp. A"
0	1	0	1	0 „löschen"	1
1	1	0	1	A „NOP"	$A + 1$ „Inkrement. A"
0	0	1	1	$B - 1$ „Dekrement. B"	B „NOP"
1	0	1	1	$\overline{A} + B$	$B - A$ „Sub. A von B"
0	1	1	1	B „NOP"	$B + 1$ „Inkrement. B"
1	1	1	1	$A + B$ „Addiere"	$A + B + 1$

Bild 10.10
Wahrheitstabelle für die 5 Steuerleitungen

Ein Bit-Muster 00000 für die fünf Steuerleitungen bedeutet also, daß beide True-Complementkreise auf „Setzen" geschaltet sind und somit der Volladdierer die Addition ausführt.

$$\begin{array}{r} 1111 \\ +\ 1111 \\ \hline [1]\ 1110. \end{array}$$

Da das MSB gleich 1 ist, handelt es sich um eine negative Zahl, nämlich -2_{10} in Zweierkomplement-Darstellung. Liegt ST_5 statt auf 0 auf 1, so bedeutet dies, daß über den Inklementiereingang des Volladdierers (als einlaufender Übertrag der 0-Stelle) noch eine "1" hinzuaddiert wird, und das Ergebnis lautet in diesem Fall -1_{10}.

Das Bitmuster 10100 z. B. bedeutet, daß beide True Complement-Schaltkreise auf „Invertieren" gesetzt sind, also die Operanden A und B invertiert werden und Steuerleitung ST_5 auf 0 liegt, so daß am Ausgang des Addierwerkes $\overline{A} + \overline{B}$ gebildet wird. Wäre $ST_5 = 1$, so erhielte man $\overline{A} + \overline{B} + 1$. Auf diese Weise lassen sich auch die anderen in der Tabelle dargestellten Funktionen leicht erklären.

Dabei bedeutet NOP (**N**o **O***peration*), daß der Operand ungeändert gelassen wird und am Ausgang des Addierwerks zur Verfügung steht. Dies läßt sich dadurch realisieren, daß der entsprechende True Complement-Schaltkreis auf Löschen gestellt wird und dadurch Operand + 0 = Operand gebildet wird.

Man entnimmt der Tabelle ferner, daß sie redundant ist, d. h. einige Funktionen lassen sich auf verschiedene Weise realisieren. (Dies wird später berücksichtigt und im endgültigen Befehlscode vermieden).

Bisher wurden nur arithmetische Operationen betrachtet, dabei wurde das Invertieren wegen der Zweierkomplementarithmetik als arithmetische Operation gewertet. In der ALU sollen jedoch auch logische Verknüpfungen vorgenommen werden können. Daher wird im folgenden die Logikeinheit beschrieben, die dann zusammen mit der Arithmetikeinheit die Arithmetisch-Logische Einheit, abgekürzt ALU, darstellt.

10.1.2 Logikeinheit

In der Logikeinheit sollen die UND-, ODER- und EXOR-Funktion realisiert werden, das Invertieren geschieht ja schon in der Arithmetikeinheit. Ferner soll der Ausgang der Logikeinheit unabhängig vom Eingangszustand auf 0 gesetzt werden, d. h. die Funktion *„Löschen"* realisiert werden können. Dies macht eine einfache Zusammenschaltung mit der Arithmetikeinheit möglich, s. w. u..

Für die Auswahl der gewünschten vier Funktionen UND, ODER, EXOR und LÖSCHEN sind 2 weitere Steuerleitungen ST_6 und ST_7 nötig. Man erhält dann die folgende Wahrheitstabelle für das Ergebnis E_L der logischen Verknüpfung, Bild 10.11:

ST 6	ST 7	A	B	E_L	Funktion
0	0	0	0	0	
0	0	0	1	0	„UND"
0	0	1	0	0	
0	0	1	1	1	
0	1	0	0	0	
0	1	0	1	1	„ODER"
0	1	1	0	1	
0	1	1	1	1	
1	0	0	0	0	
1	0	0	1	1	„EXOR"
1	0	1	0	1	
1	0	1	1	0	
1	1	0	0	0	
1	1	0	1	0	„LÖSCHEN"
1	1	1	0	0	
1	1	1	1	0	

Bild 10.11 Wahrheitstabelle für die Logik-Einheit mit ihren 2 Steuerleitungen

Die Boolesche Funktion in disjunktiver Normalform lautet dann

$$E_L = \overline{ST_6} \wedge \overline{ST_7} \wedge A \wedge B \vee \overline{ST_6} \wedge ST_7 \wedge \overline{A} \wedge B \vee \overline{ST_6} \wedge ST_7 \wedge A \wedge \overline{B} \vee \overline{ST_6} \wedge ST_7 \wedge$$
$$\wedge \overline{A} \wedge B \vee ST_6 \wedge \overline{ST_7} \wedge A \wedge B \vee \overline{ST_6} \wedge ST_7 \wedge A \wedge B$$
$$= \overline{ST_6} \wedge ST_7 \wedge (A \veebar B) \vee ST_6 \wedge \overline{ST_7} \wedge (A \veebar B) \vee \overline{ST_6} \wedge A \wedge B$$
$$= ST_6 \veebar ST_7 \wedge A \veebar B \vee \overline{ST_6} \wedge A \wedge B.$$

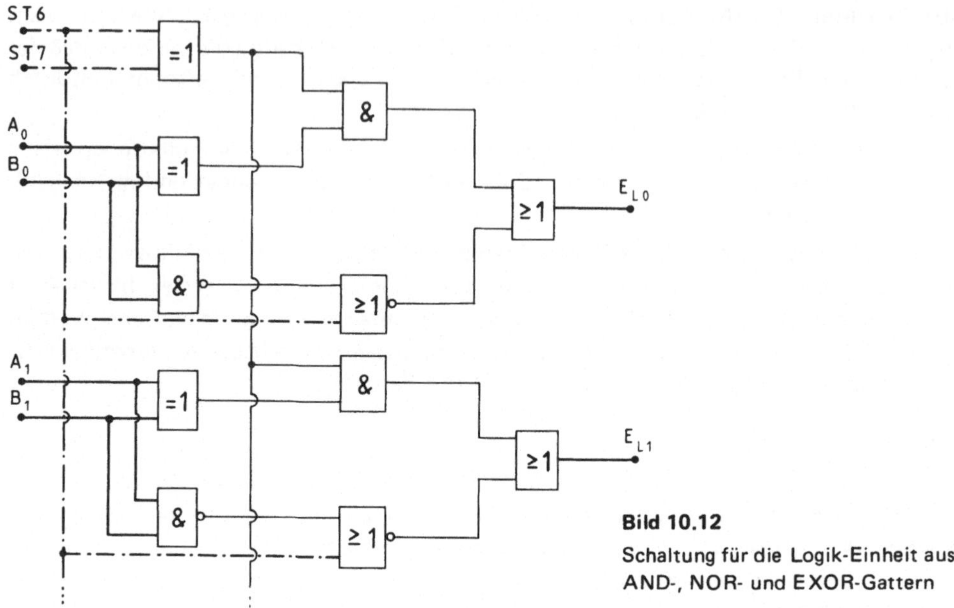

Bild 10.12

Schaltung für die Logik-Einheit aus
AND-, NOR- und EXOR-Gattern

Damit ergibt sich folgende Schaltung für die Logikeinheit, Bild 10.12.

Da UND-, ODER- und EXOR-Gatter als Einzelbausteine zur Verfügung stehen, hätte die
Logikeinheit auch prinzipiell anders realisiert werden können, wie es auch in käuflichen
Mikroprozessoren geschieht, indem man die gewünschte Funktion über einen Multiplexer
auswählt. Bild 10.13 gibt diese Möglichkeit wieder. Aus didaktischen Gründen wurde
diese Art der Realisierung in dem Modellprozessor nicht gewählt.

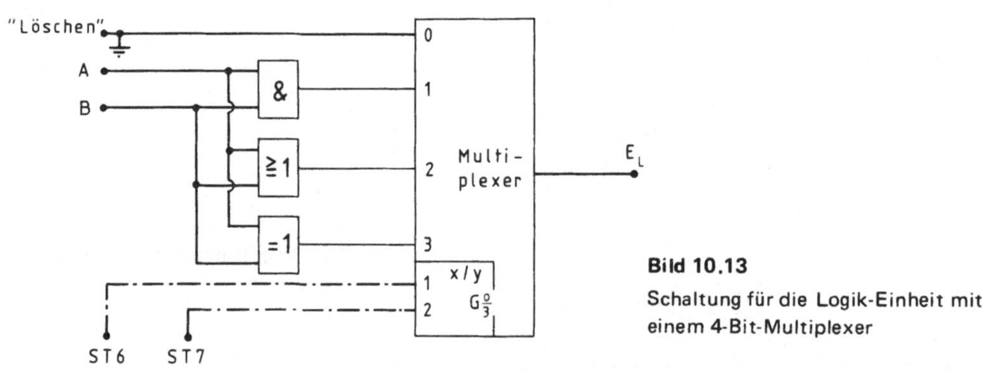

Bild 10.13

Schaltung für die Logik-Einheit mit
einem 4-Bit-Multiplexer

Damit kommt man zu folgender 4-Bit-ALU, Bild 10.14.

Die Eingänge von Arithmetik- und Logik-Einheit sind einfach parallel geschaltet, so daß
die Operanden A und B immer an beiden Einheiten zur Verarbeitung anliegen. Dies ist
möglich, da beide Einheiten über die Funktion „Löschen" verfügen, also an ihren Ausgängen 0 erscheint, und beide Ausgänge über ein ODER-Gatter verknüpft sind. Wird die

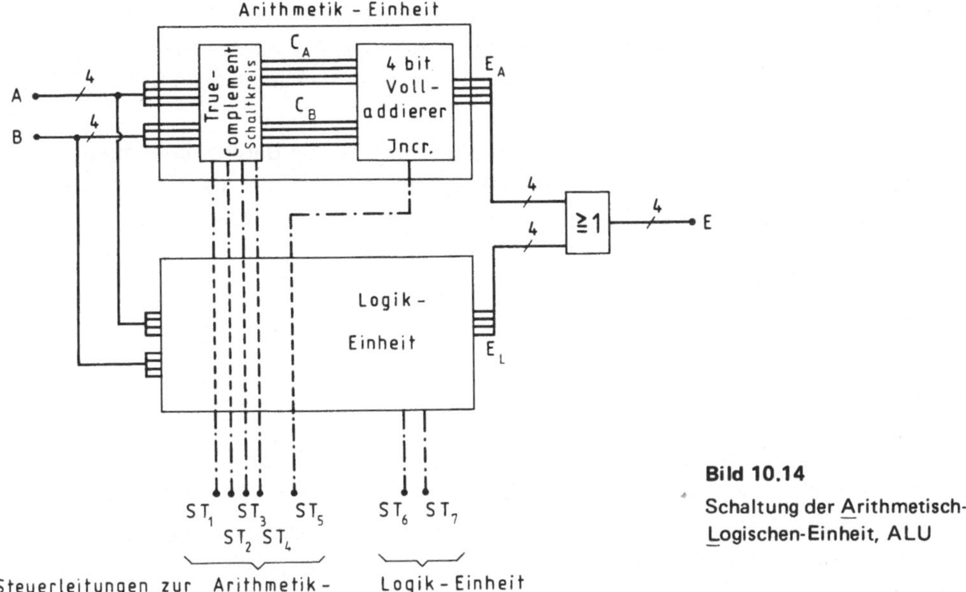

Bild 10.14

Schaltung der Arithmetisch-Logischen-Einheit, ALU

Logikeinheit auf „Löschen" gesetzt, erscheint das Ergebnis E_A der Arithmetikeinheit als Ergebnis E am Ausgang des ODER-Gatters. Ist die Arithmetikeinheit auf „Löschen" gesetzt, so erscheint das Ergebnis der Logikeinheit E_L am Ausgang. Mit Hilfe des Modellprozessors kann die Funktion der ALU überprüft werden. Durch Anlegen der Operanden A und B an die Eingänge der Arithmetikeinheit und Setzen der entsprechenden Steuerleitungen ST_1 bis ST_7, können die Wahrheitstabellen für die Arithmetik- und die Logikeinheit überprüft werden. Durch Leuchtdioden werden die entsprechenden Zustände angezeigt.

Statusanzeige

Wie weiter oben bereits diskutiert, treten u. U. bei der Addition und bei der Subtraktion Bereichsüberschreitungen und Überträge auf. Zur Erkennung, ob eine Bereichsüberschreitung stattgefunden hat und somit das Ergebnis falsch ist, soll ein *Overflow-Flag* gesetzt werden, das, wenn es auf 1 gesetzt wurde, anzeigt, daß eine Bereichsüberschreitung stattgefunden hat. Der häufig verwendete Begriff *Flag* (Flagge) gibt hier an, daß ein abfragbares Zeichen gesetzt wurde. Man könnte natürlich auch „Overflow-Bit" statt Overflow-Flag sagen.

Sollen beispielsweise durch Hintereinanderschaltung von 4-Bit-Operationen längere als 4-Bit-Zahlen addiert/subtrahiert werden, so muß ein Übertrag von der 4. auf die 5. Stelle berücksichtigt werden. Daher soll ein *Carry-Flag* gesetzt werden, das, wenn es eine 1 aufweist, anzeigt, daß ein Übertrag von der 4. in die 5. Stelle aufgetreten ist.

Ferner soll festgehalten werden, ob das Ergebnis negativ war oder ob es Null war. Dazu wird ein *Sign-Flag* (Vorzeichen-Flag) gesetzt, das, auf 1 gesetzt, anzeigt, daß das Ergebnis negativ war, und ferner ein *Zero-Flag*, welches, auf 1 gesetzt, anzeigt, daß das Ergebnis Null war.

Overflow-Bit

Eine Bereichsüberschreitung findet immer dann statt, wenn zwei positive Zahlen addiert eine Zahl größer als 7 liefern oder wenn zwei negative Zahlen addiert ein Ergebnis kleiner als -8 ergeben.

Da positive Zahlen als MSBs immer eine 0 aufweisen, ist die Bereichsüberschreitung bei der Addition von positiven Zahlen daran erkennbar, daß das Ergebnis als MSB eine 1 aufweist, während die MSBs der Operanden 0 waren, wenn also ein Übertrag von der 3. (vorletzten) in die 4. (letzte) Stelle auftritt.

Beispiel: *Stelle: 4321*

$$
\begin{array}{rr}
0100 & 4 \\
+\ 0101 & +\ 5 \\
\hline
1001 & 9.
\end{array}
$$

Man erkennt, die MSBs von 0100 und 0101 sind 0, das MSB von 1001 ist jedoch 1. Im Ergebnis tritt ein Übertrag von der 3. Stelle $1 + 1 = [1]0$ in die 4. Stelle auf.

Eine Bereichsüberschreitung (Overflow) liegt also vor, wenn das Bit Nummer 4 der True Complementschaltkreise für die Operanden A und B C_{A_3}, C_{B_3} null ist, und das MSB des Ergebnisses am Ausgang des Addierwerks 1 ist, die Zahl also als negativ interpretiert wird, wenn also gilt:

$$E_{A_3} \wedge \overline{C_{A_3}} \wedge \overline{C_{B_3}} = 1.$$

Bei der Addition von negativen Zahlen liegt ganz analog eine Bereichsüberschreitung vor, wenn C_{A_3}, C_{B_3} gleich 1 sind (negative Zahlen), E_{A_3} jedoch 0 ist, wenn also gilt

$$\overline{E_{A_3}} \wedge C_{A_3} \wedge C_{B_3} = 1.$$

In diesem Fall würde das Ergebnis als positive Zahl interpretiert. Das Overflow-Flag (Flipflop) wird also gesetzt, wenn gilt:

$$
\begin{aligned}
\text{Overflow-Flag} = 1 \ &= E_{A_3} \wedge \overline{C_{A_3}} \wedge \overline{C_{B_3}} \vee \overline{E_{A_3}} \wedge C_{A_3} \wedge C_{B_3} \\
&= \overline{\overline{E_{A_3}} \vee C_{A_3} \vee C_{B_3}} \vee \overline{E_{A_3}} \wedge C_{A_3} \wedge C_{B_3}.
\end{aligned}
$$

Dies läßt sich durch folgende Schaltung realisieren:

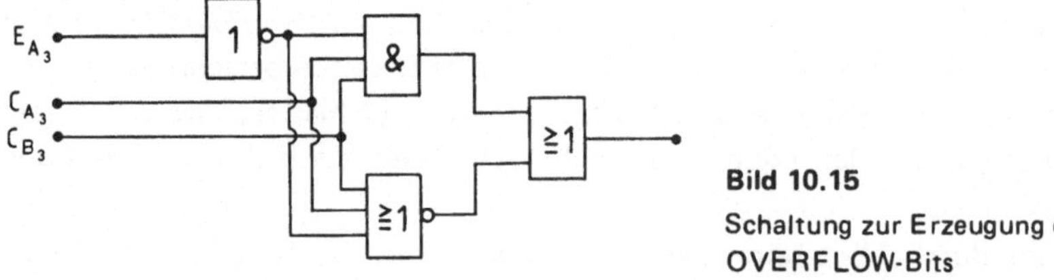

Bild 10.15
Schaltung zur Erzeugung des OVERFLOW-Bits

Carry-Bit

Das Carry-Flag soll gesetzt werden, wenn ein Übertrag von der 4. in die 5. Stelle entsteht, z. B.:

$$
7 + (-2) = 5 \qquad
\begin{array}{l}
0111 \\
+\ 1110 \\
\hline
1]\,0101 = 5_{10}.
\end{array}
$$

Das Ergebnis ist richtig, es tritt keine Bereichsüberschreitung auf, allerdings ein Übertrag durch die Zweierkomplementdarstellung von -2. Ein Übertrag tritt bei der Addition von zwei positiven Zahlen *nicht* auf, wohl aber eine Bereichsüberschreitung, denn die Addition der beiden größten positiven 4-Bit-Zahlen ergibt:

$$\begin{array}{r} 0111 \\ +\,0111 \\ \hline 1110 \;(=\,-2_{10}). \end{array}$$

Ein Übertrag tritt jedoch auf bei der Addition von zwei negativen Zahlen. Die Addition der größten negativen 4-Bit-Zahlen ergibt nämlich

$$\begin{array}{r} 1111 \\ +\;1111 \\ \hline 1|\,1110 \;(=\,-2_{10}). \end{array}$$

Da der Übertrag vom Volladdierer korrekt berücksichtigt wird, kann das Carry-Bit dort direkt abgegriffen werden. Das Overflow- und das Carry-Flag werden nur bei der Addition und der Subtraktion gesetzt.

Das Sign- und das Zero-Flag

sollen angeben, ob das Vorzeichen des Ergebnisses positiv/negativ ist (1 wenn negativ) oder ob es Null ist. Dies läßt sich am Ergebnis direkt ablesen. Ist das MSB des Ergebnisses 1, ist die Zahl negativ, ist es 0, ist die Zahl positiv. Ob das Ergebnis Null ist, kann durch eine NOR-Verknüpfung aller Ergebnisbits festgestellt werden. Aus Gründen, die erst nach Beschreibung des Akkumulators ersichtlich werden, kann die Sign- und Zero-Abfrage jedoch nicht allein am Ausgang der ALU vorgenommen werden, sondern sie geschieht entweder an der ALU oder am Akku. Auch der Zeitpunkt der Abspeicherung der 4 Statusbits in das Statusregister hängt von Bedingungen ab, die erst nach Beschreibung des Akkus und seiner Funktion verständlich werden.

10.1.3 Der Akkumulator

In der Beschreibung des prinzipiellen Aufbaus eines Mikroprozessors hatten sich als seine wesentlichsten Eigenschaften die serielle Verarbeitung sowie die Ein-Adreß-Anordnung ergeben. Diese hat zur Folge, daß einer der Operanden immer im Akku steht und das Ergebnis der Verknüpfung anschließend als neuer Operand A in den Akku kommt. Ist es jedoch nicht erwünscht, daß das Ergebnis einer vorhergehenden Operation als neuer Operand A fungiert, sondern soll ein anderer Operand als neuer Operand A bereitgestellt werden, so muß dieser mit einem Ladebefehl aus dem Speicher über die ALU (in dem diese auf Durchschieben gesetzt wird) in den Akku gebracht werden, s. w. u.. An den Akku werden daher folgende Anforderungen gestellt:

1. Er soll die Ergebnisse der ALU speichern.
2. Er muß die Statusbits abspeichern können.

Die zweite Forderung ergibt sich aus dem Ein-Adreß-Prinzip, daß nämlich alle Ergebnisse durch den Akku laufen. Eine Statusabfrage, z. B. für einen bedingten Sprung, kann also dadurch realisiert werden, daß die Statusinformation zuvor in den Akku geladen wird und dessen Inhalt dann z. B. auf einen Overflow, ein Carry, ein negatives oder positives Vorzeichen des Ergebnisses hin, bzw. darauf ob das Ergebnis Null war, abgefragt wird. Diese Abfrage kann wie folgt geschehen: Es soll z. B. festgestellt werden, ob das Carrybit auf 1 gesetzt ist (ob ein Übertrag aufgetreten ist oder nicht). Dazu werden zunächst die Statusbits in den Akku geladen (wie, s. w. u.). In dem Modellprozessor stehen sie anschließend in der Reihenfolge C 0 S Z im Akku zur Verfügung. Verknüpft man den Akkuinhalt nun UND mit 1000, so ist das Ergebnis 1000, wenn das Carrybit 1 war, oder 0000, wenn das Carrybit 0 war. Man kann auch den Akkuinhalt mit 0111 NOR verknüpfen und erhielte dann 1000, wenn das Carrybit 0 war, oder 0000, wenn das Carrybit 1 war usw. Das Zero- und das Sign-Flag werden in dem Modellprozessor auch direkt von einer Logikschaltung des Steuerwerkes abgefragt, s. w. u..

Der Akkumulator muß jedoch noch eine weitere Funktion übernehmen. Dies wird besonders deutlich an dem Beispiel der Multiplikation/Division, denn die Multiplikation/ Division läßt sich auf die Addition zurückführen. Dabei muß jedoch stellenrichtig addiert werden. Daher müssen die Ergebnisse im Akku nach rechts bzw. nach links verschoben werden können. Das folgende Beispiel möge dies erläutern:

Es sollen z. B. 1010 und 1001 miteinander multipliziert werden. Dies hat, wie bei der Multiplikation von Dezimalzahlen, stellenrichtig zu geschehen:

```
Multiplikand · Multiplikator                Multiplikand · Multiplikator
      1010 · 1001         oder                     1010  · 1001
  +   0000                                     +   0000
      01010                                        10100
  +   0000                                     +   0000
      001010                                       101000
  +  1010                                             1010
     1011010                                        1011010
```

Man erkennt in dem ausführlich hingeschriebenen Beispiel, daß die Multiplikation von Dualzahlen dadurch besonders einfach ist, daß Multiplikand und Multiplikator nur 0 oder 1 aufweisen. Weist der Multiplikator eine 1 auf, wird der Multiplikand um eine Stelle nach links oder rechts geschoben und addiert. Weist der Multiplikator eine 0 auf, braucht nur nach links oder rechts verschoben zu werden, da die Addition von 0 das Ergebnis nicht ändert. Daher kann man obiges Beispiel auch noch einfacher schreiben:

```
      1010 · 1001          oder              1010 · 1001
  + 1010                                  +      1001
    1011010                                   1011010
```

Die einzigen Operationen, die ausgeführt werden müssen, sind also das Rechts- oder Links-Schieben und Addieren.

Darüber hinaus sollen die Ergebnisse im allgemeinen nach rechts bzw. links rotiert werden können. Der Akku soll also

3. Verschiebe- (und Rotations-)funktionen ausführen können. Es bedeutet dabei

a) Links-Schieben $\boxed{A_3 \mid A_2 \mid A_1 \mid A_0}$ → $\boxed{A_2 \mid A_1 \mid A_0 \mid 0}$
                          vor   nach Befehlsauführung

A_3 wird nach links herausgeschoben (geht verloren), und als LSB (*Least Significant Bit*) erscheint eine 0, s. unter Schieberegister.

b) Rechts-Schieben $\boxed{A_3\,|\,A_2\,|\,A_1\,|\,A_0}$ → $\boxed{0\,|\,A_3\,|\,A_2\,|\,A_1}$

vor　　　　　　　nach Befehlsausführung

A_0 wird nach rechts herausgeschoben (geht verloren), als MSB erscheint eine 0.

c) Links Rotieren ← $\boxed{A_3\,|\,A_2\,|\,A_1\,|\,A_0}$ ← $\boxed{A_2\,|\,A_1\,|\,A_0\,|\,A_3}$
(**Rotate L**eft RL)　vor　　　　　　　nach Befehlsausführung

A_3 wird nach links herausgeschoben, geht jedoch nicht verloren, sondern erscheint als LSB.

d) Rechts-Rotieren → $\boxed{A_3\,|\,A_2\,|\,A_1\,|\,A_0}$ → $\boxed{A_0\,|\,A_3\,|\,A_2\,|\,A_1}$
(**Rotate R**ight RR)　vor　　　　　　　nach Befehlsausführung

A_0 wird rechts herausgeschoben, geht jedoch nicht verloren, sondern erscheint als MSB. In kommerziellen 8-Bit-Prozessoren wird zur Zwischenspeicherung des MSB beim Links- und des LSB beim Rechts-Rotieren häufig das Carry-Flipflop als sog. Link-Flipflop benutzt.

In dem Modellprozessor ist aus didaktischen Gründen nur der Befehl „Rechts Rotieren" (RR) realisiert. Man kann jedoch alle übrigen Verschiebebefehle durch RR simulieren. (Die übrigen Befehle liefern also nur einen größeren Komfort und größere Arbeitsgeschwindigkeiten.)

Rechts-Schieben kann simuliert werden, indem zunächst RR ausgeführt wird, dann stehen $A_3\,A_2\,A_1$ schon richtig, A_0 muß nur noch durch 0 überschrieben werden. Dies geschieht z. B. durch Maskieren mit "UND 0111", denn

$$\begin{array}{ll} & A_0\,A_3\,A_2\,A_1 \\ \text{UND} & \underline{0\ \ 1\ \ 1\ \ 1} \\ & 0\ \ A_3\,A_2\,A_1\,. \end{array}$$

Links-Schieben kann dadurch simuliert werden, daß man das Bit-Muster $A_3\,A_2\,A_1\,A_0$ noch einmal zu sich selbst hinzuaddiert. Denn diese Addition entspricht der Multiplikation mit 2 und eine solche einer Stellenverschiebung um eins nach links.

Links-Rotieren simuliert man z. B. einfach durch 3-maliges Rechtsrotieren.

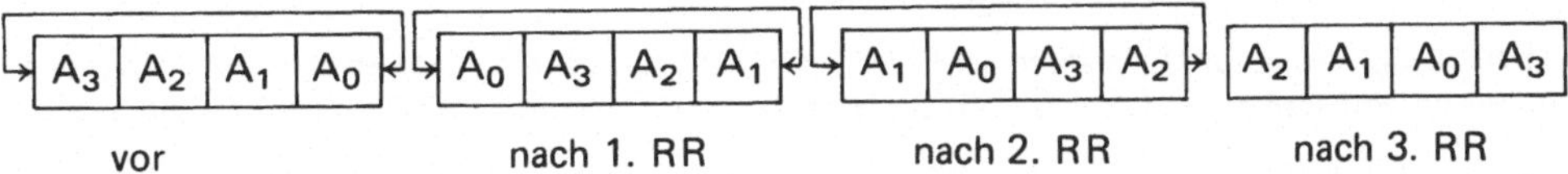

vor　　　　　nach 1. RR　　　　　nach 2. RR　　　　　nach 3. RR

Solche Prozeduren machen die Befehlsabarbeitung des Mikroprozessors natürlich langsam. Bei einem Modellprozessor, der allein dazu dient, seine Funktionsweise möglichst durchsichtig zu machen, sind eine hohe Arbeitsgeschwindigkeit und ein hoher Komfort von untergeordneter Bedeutung.

In den Akkumulator müssen also

1. die Ergebnisbits der ALU abgespeichert werden können, und
2. die Statusbits übernommen werden können, der zugehörige Befehl lautet „Kopiere den Status in den Akku" (**C**opy **S**tatus *into* **A**ccu; CSA).

Im Akkumulator muß

3. der Befehl „Rechts Rotieren", RR, ausgeführt werden können.

Der Akku muß also ein 4-Bit-Register (bestehend aus 4 Flipflops) sein, dessen Funktion gemäß den drei oben beschriebenen Anforderungen mit Steuerleitungen umgeschaltet werden kann. Man benötigt zwei Steuerleitungen. Damit lassen sich dann jedoch vier Funktionen realisieren, so daß im vorliegenden Modell-Mikroprozessor eine Redundanz entsteht. Man kommt zu folgender Wahrheitstabelle für die beiden neuen Steuerleitungen ST_8 und ST_9:

ST_8	ST_9	Funktion
0	0	$E_i \rightarrow ACC_i$ (Ergebnisbits der ALU in Akku, i = 0 … 3)
1	0	$<ACC_{i+1}> \rightarrow <ACC_i>$, $<ACC_0> \rightarrow <ACC_3>$, Rechts Rotieren, RR
0	1	$<StA_i> \rightarrow <ACC_i>$ Copy Status into Accu, CSA
1	1	" " " " " " "

Dabei bedeutet $<A_{CC\,i+1}> \rightarrow <A_{CC\,i}>$, der Inhalt des (i + 1)ten Speicherplatzes im Akku wird auf den iten Speicherplatz gebracht. Es wurde also der CSA-Befehl zweimal realisiert.

Aus Gründen, die erst weiter unten deutlich werden, wurden für die Flipflops, aus denen der Akku aufgebaut wurde, Master-Slave-Flipflops verwendet, bei denen die Information auf der negativen Flanke des Taktimpulses in das Slave-Flipflop übernommen wird. Diese Flipflops sind als D-Flipflops geschaltet, s. Kap. 2. Die Umschaltung der Funktionen gemäß der Wahrheitstabelle für ST_8 und ST_9 wird von Multiplexern übernommen, wie Bild 10.16 darstellt, s. auch Kap. 5 und 6.

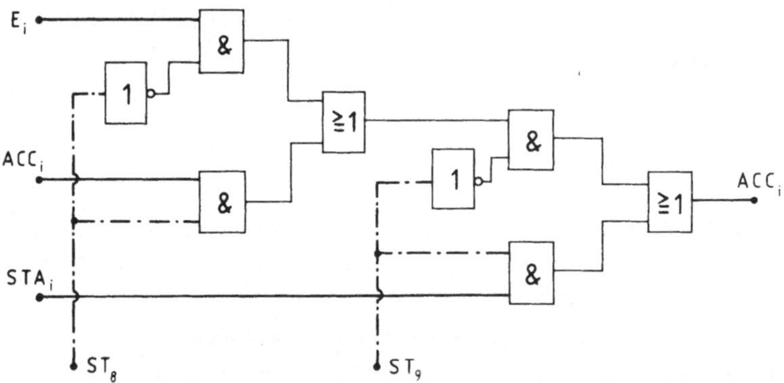

Bild 10.16 Schaltung zur Übernahme der Ergebnisbits der ALU oder der Statusbits in den AKKU und zum Rechts-Rotieren des Inhalts des AKKU in Abhängigkeit von den Steuerleitungen ST_8 und ST_9

Damit kommt man zu folgender Schaltung für den Akku, Bild 10.17. Man entnimmt dem Bild 10.17, durch geeignetes Setzen der Steuerleitungen ST_8 und ST_9 (s. obige Tabelle), die die Multiplexer schalten, werden entweder die Statusbits (C, 0, S, Z), die Ergebnisbits der ALU (E_0 … E_3) in den Akku übernommen, oder das Ergebnis wird rechtsrotiert. Der Akku wirkt in diesem Fall praktisch wie ein Schieberegister, dessen Ausgang mit dem Eingang wieder verbunden ist, s. Kap. 4.

Sehr wesentlich ist die Möglichkeit, den Akku zu takten. Denn zwischen zwei Operationen der ALU müssen die Steuerleitungen ST_1 bis ST_7 neu gesetzt und neue Daten an ihren Eingang gelegt werden. Da dies nicht immer gleichzeitig geschieht, ändert sich der Ausgang der ALU zwischen den auszuführenden Operationen undefiniert. Daher darf das

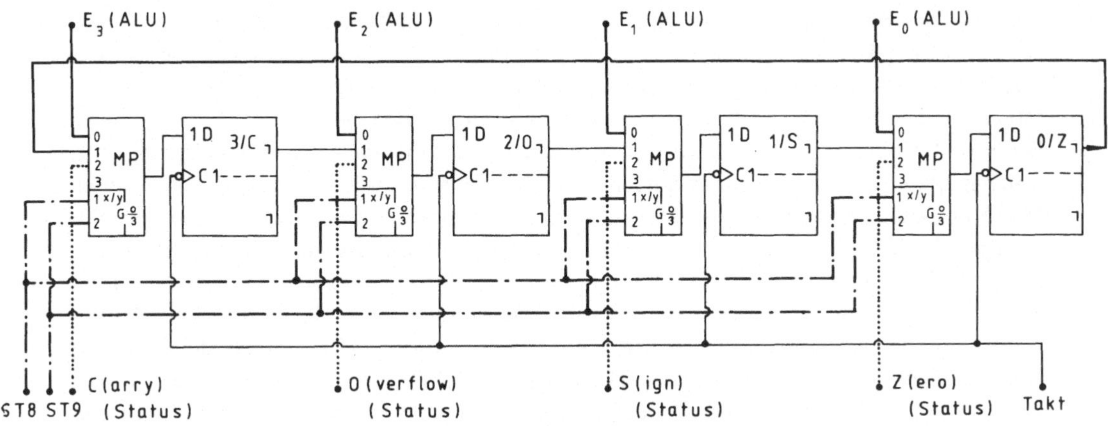

Bild 10.17 Schaltung des Akkumulators. Über die Steuerleitungen ST_8 und ST_9 des Multiplexers MP können die Ergebnisbits der ALU und die Statusbits des Statusregisters in den AKKU übernommen oder der Inhalt des Akku rechts-rotiert werden

Ergebnis nur zu den durch den Takt bestimmten Zeiten in den Akku übernommen werden, wenn nämlich alle Steuerleitungen richtig gesetzt sind und der mit dem Inhalt des Akkus zu verknüpfende Operand korrekt anliegt.

Als Taktsignal wird das auch dem Steuerwerk (s. w. u.) zugeführte Taktsignal verwendet. Dieses wird jedoch über ein UND-Gatter mit einer neuen Steuerleitung ST_{10} verbunden. Sollen also die Master-Slave-Flipflops des Akkus getaktet werden, so muß die Steuerleitung ST_{10} auf 1 gesetzt werden.

Nachdem die Funktion des Akkus beschrieben wurde, in dem Modell-Mikroprozessor kann seine Funktion getrennt nachvollzogen werden, müssen wir noch einmal auf die Statusbits und ihre Abspeicherung zurückkommen.

10.1.4 Abspeicherung der Statusbits

Mit CSA und RR sind zwei neue Befehle hinzugekommen, die bei der Statusbitbeschaffung bisher nicht berücksichtigt worden sind. Die 4 Statusbits C, 0, S, Z werden in einem 4-Bit-Register, bestehend aus 4 positiv flankengetriggerten D-Flipflops, abgespeichert. Bild 10.18 zeigt dieses Statusregister. Das Carry- und Overflow-Flag werden nur bei arithmetischen Befehlen gesetzt, die eine Addition/Subtraktion enthalten, und nicht bei logischen Befehlen. Nach Ausführung des Befehls ''Rechts Rotieren'', RR, sollen das Carry-

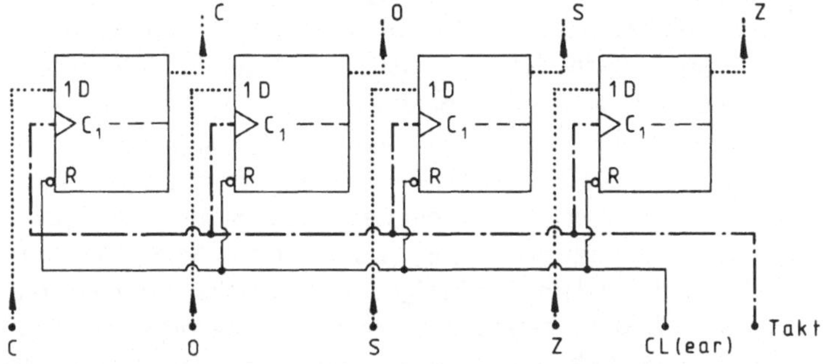

Bild 10.18 Statusregister aus 4 positiv flankengesteuerten D-Flipflops

und Overflowbit natürlich nicht geändert werden. Dies ließe sich einfach dadurch realisieren, daß die Steuerleitungen der Arithmetikeinheit $ST_1 - ST_5$ auf 01010, das entspricht „Löschen", gesetzt werden. Denn dann können kein Übertrag und keine Bereichsüberschreitung entstehen. Dies hätte jedoch einen Nachteil, der sich sehr einfach vermeiden läßt. Die Funktion der ALU mit Akku und Status läßt sich unabhängig von dem Steuerwerk, welches später die Funktion des Setzens der Steuerleitungen übernimmt, in dem Modell-Mikroprozessor nachvollziehen, indem die Steuerleitungen von Hand gesetzt werden. Für die Befehle CSA (**C**opy **S**tatus *into* **A**ccu) und RR (**R**otate **R**ight) werden nur die Steuerleitungen ST_8 und ST_9 benötigt. Daher bedeutet es einen leicht vermeidbaren Verlust an Komfort, wenn nur für eine korrekte Statusbitberechnung auch die übrigen Steuerleitungen ST_1 bis ST_7 gesetzt werden müßten. Aus *diesem* Grund werden sowohl das Carry- als auch das Overflowbit zusammen mit $\overline{ST_8}$ auf je ein UND-Gatter gegeben. Denn bei dem Befehl RR liegt ST_8 auf 1 und ST_9 auf 0, so daß in diesem Fall das Carry- und Overflowbit auf 0 gesetzt werden.

Bei dem CSA-Befehl sollen die Statusbits nur in den Akku übernommen und sie selbst nicht geändert werden. Daher wird bei Ausführung dieses Befehls das Statusregister nicht getaktet. Da nur bei CSA die Steuerleitungen ST_8 *und* ST_9 gleich 1 sind, wird der Akkumulatortakt mit $\overline{ST_8 \wedge ST_9}$ über ein UND-Gatter verknüpft und dem Statusregister als Takt zugeführt.

Im Gegensatz zum Carry- und Overflow-Flag sollen das Sign- und das Zero-Flag nach *jeder* Operation gesetzt werden. Wie schon erwähnt, könnten beide gewonnen werden, wenn das Ergebnis schon im Akku abgespeichert vorliegt. Wegen des Befehls CSA ist dies jedoch nicht möglich. Denn bei dem CSA-Befehl sollen die Statusbits nicht geändert werden. Nimmt man einmal an, die Statusbits seien 0000. Das bedeutet, daß als Ergebnis einer Operation der ALU kein Übertrag und keine Bereichsüberschreitung aufgetreten sind, daß das Ergebnis positiv und nicht null ist. Diese Statusbits werden im Statusregister abgespeichert. Bei dem Befehl CSA sollen diese Statusbits nicht geändert werden, sondern es soll nur der Inhalt des Statusregisters in den Akku übernommen werden. Im Akku steht nach CSA also ebenfalls 0000. Griffe man nun jedoch, wie vorher vorgeschlagen, direkt am Akkumulator die Statusbits ab, würde, da sich ja 0000 im Akku befindet, das Zero-Flag auf 1 gesetzt und damit die Statusinformation doch geändert werden.

Diese Schwierigkeit kann man vermeiden, wenn man für die Aufnahme des Sign- und des Zero-Bits D-Flipflops verwendet, die bei Ausführung des CSA-Befehls nicht getaktet werden. Das hätte weiterhin den Vorteil, daß man denselben Takt benutzen könnte, der auch die Carry- und Overflow-Flipflops setzt. Da aber dann das Sign- und das Zero-Flag auf der positiven Taktflanke gesetzt werden, während die Ergebnisbits erst auf der negativen Taktflanke in den Akku gelangen (negativ flankengesteuertes Master-Slave-Flipflop), müssen das Sign- und Zero-Bit beschafft werden, bevor das Ergebnis in den Akku abgespeichert wird. Daher werden das Sign- und das Zero-Bit direkt am Ausgang der ALU abgegriffen, also die Ergebnisbits $E_0 \ldots E_3$ zur Sign-, Zero-Bit-Bildung herangezogen. Allerdings muß nun noch der Befehl RR beachtet werden, bei dem das Ergebnis einer Operation ja *nur* im Akku vorliegt, die Ergebnisbits $E_0 \ldots E_3$ also nicht zur Sign-, Zero-Bit-Bildung herangezogen werden können, sondern nur $ACC_0 \ldots ACC_3$. Daher geschieht die Auswahl der zur Sign- bzw. Zero-Bit-Bildung herangezogenen Ergebnisse mit einem 4-Bit Multiplexer, der für $ST_8 = 1$ (RR) den Akkumulatorinhalt und sonst die Ergebnisbits $E_0 \ldots E_3$ auswählt.

Damit werden nun das Carry-Bit und das Overflow-Bit (über eine entsprechende Logik) direkt am Ausgang der ALU abgenommen und beide dann über je ein UND-Gatter mit ST_8 verknüpft und auf der positiven Taktflanke ins Statusregister übernommen. Das Sign- und das Zero-Bit werden entweder direkt am Ausgang der ALU oder bei Ausführung des RR-Befehls am Ausgang des Akkus abgenommen. Bei Ausführung des CSA-Befehls wird das Statusregister nicht getaktet, um die Statusinformation bei diesem Befehl nicht zu ändern. Das Statusregister ist ein positiv flankengetriggertes, während das Akku-Register ein negativ flankengetriggertes Register ist. Dies ist aus folgendem Grund sehr wichtig: Das Carry- und das Overflow-Bit, die ja praktisch gleichzeitig mit dem Ergebnis der ALU entstehen, müssen in das Statusregister übernommen werden, *bevor* das Ergebnis der ALU in den Akku gelangt. Denn der Akku ist ein einfaches Register, d. h. seine Information liegt dauernd an seinem Ausgang an und damit als Operand A auch sofort am Eingang der ALU. Aus diesem Grunde ändert sich nach Abspeicherung des Ergebnisses der ALU dieses sofort wieder, und eine Gewinnung der Statusbits käme zu falschem Ergebnis.

Bild 10.19 zeigt die Zusammenschaltung aller bisher besprochenen Einheiten. Man erkennt deutlich die Struktur wieder, wie sie bei der Diskussion des prinzipiellen Aufbaus des Mikroprozessors dargestellt wurde: Operand A steht im Akku, und das Resultat der Verknüpfung der Operanden A und B kommt in den Akku. Um Sprünge ausführen zu können, werden die Statusbits erzeugt und im Statusregister abgespeichert. Zur Steuerung der Abläufe werden 10 Steuerleitungen benötigt. $ST_1 \ldots ST_4$ setzen die True-

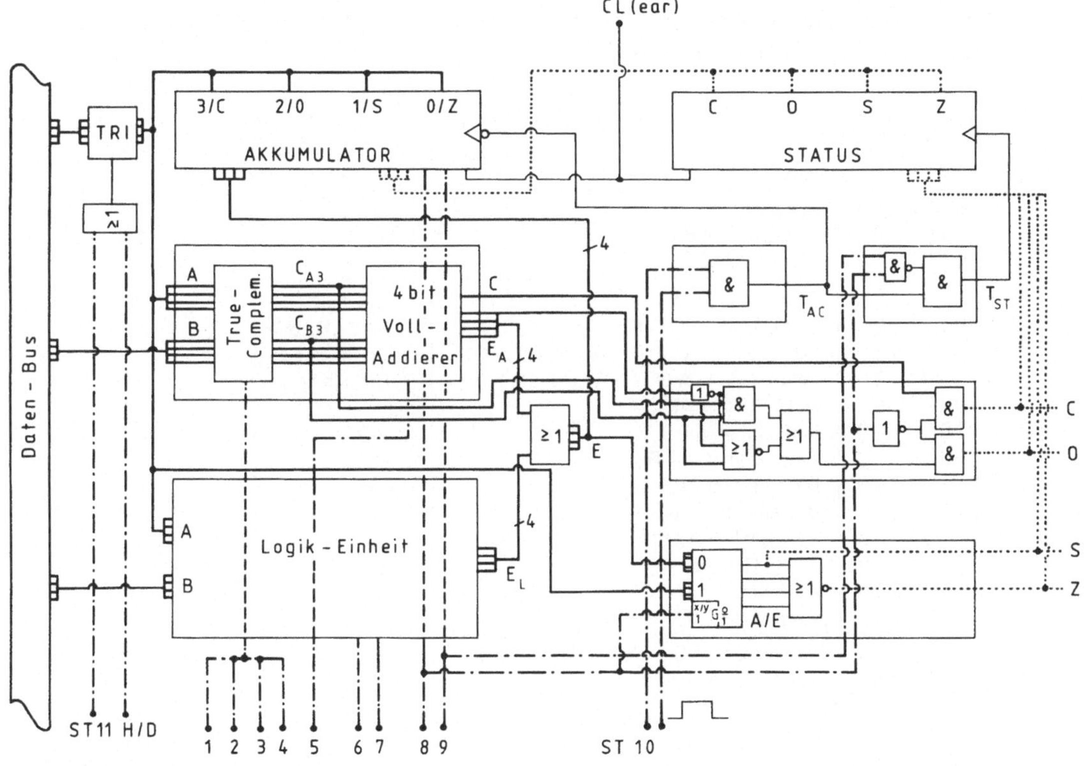

Bild 10.19 Zusammenschaltung der ALU mit dem Akku, dem Statusregister sowie der Schaltung zur Erzeugung der Statusbits

Complement-Schaltkreise, ST_5 erlaubt 1 bzw. 0 hinzuzuaddieren, ST_6, ST_7 steuern die Logikeinheit und ST_8, ST_9 setzen den Multiplexer zur Bestimmung des Sign-, Zero-Bits. Die Steuerleitung 10 muß gesetzt werden, wenn der Akku durch das Taktsignal getaktet werden soll.

Neu hinzugekommen ist der Datenbus, über den der Datenverkehr mit dem Speicher und der Peripherie abgewickelt wird. Über diesen Datenbus wird der Operand B aus dem Datenspeicher geholt bzw. von der Peripherie zur Verfügung gestellt. Daher ist der Datenbus mit B verbunden. Ferner muß der Inhalt des Akkus auf den Datenbus gegeben werden können, z. B. zur Speicherung eines Ergebnisses im Speicher oder zur Ausgabe an die Peripherie. Dazu dient ein Tristate-Puffer (in Bild 10.19 "Tri" genannt). Dieser Tristate-Puffer wird über zwei weitere Steuerleitungen ST_{11} und H/D, die über ein ODER-Gatter verknüpft sind, angesteuert. Die Steuerleitung H/D (HALT-DMA) wird vom w. u. zu besprechenden DMA-Controler bedient und zunächst einfach auf 1 gelegt, solange der DMA-Controler nicht angeschlossen ist. Wird dann ST_{11} auf 1 gesetzt, ist der "TRI"-Puffer gesperrt, und der Akku kann nicht mit dem Datenbus kommunizieren. Wird ST_{11} auf 0 gesetzt, dann bekommt der Tri-Baustein ein 0-Signal angeboten, und der Akku gibt seinen Inhalt auf den Datenbus.

Ferner sei noch darauf hingewiesen, daß Akku- und Status-Register eine gemeinsame CLEAR-Leitung besitzen, über die beide Register gelöscht werden können.

Mit der in Bild 10.19 dargestellten Einheit lassen sich folgende Befehle ausführen, s. Bild 10.20.

Dabei sind die redundanten Kombinationen nicht mitaufgeführt, sie werden auch im anschließend zu besprechenden Steuerwerk eliminiert.

Steuerleitungen 1 2 3 4 5 6 7 8 9	Befehl	Mnemonic
0 1 0 1 0 0 0 0 0	$\langle AKKU \rangle \wedge B$	AND
0 1 0 1 0 0 1 0 0	$\langle AKKU \rangle \vee B$	OR
0 1 0 1 0 1 0 0 0	$\langle AKKU \rangle \veebar B$	EXOR
1 0 0 1 0 1 1 0 0	Einerkompl. $\langle AKKU \rangle \, \hat{=} \, \langle \overline{AKKU} \rangle$	NEG $\langle AKKU \rangle$
1 0 0 1 1 1 1 0 0	Zweierkompl. $\langle AKKU \rangle \, \hat{=} \, \langle \overline{AKKU} \rangle + 1$	COM $\langle AKKU \rangle$
1 1 0 1 1 1 1 0 0	Inkrement. $\langle AKKU \rangle \, \hat{=} \, \langle AKKU \rangle + 1$	INC $\langle AKKU \rangle$
1 1 0 0 0 1 1 0 0	Dekrement. $\langle AKKU \rangle \, \hat{=} \, \langle AKKU \rangle - 1$	DEC $\langle AKKU \rangle$
1 1 0 1 0 1 1 0 0	$\langle AKKU \rangle \rightarrow AKKU$	NOP
0 1 1 0 0 1 1 0 0	Einerkompl. $B \, \hat{=} \, \overline{B}$	NEG B
0 1 1 0 1 1 1 0 0	Zweierkompl. $B \, \hat{=} \, \overline{B} + 1$	COM B
0 1 1 1 1 1 1 0 0	Inkrement. $B \, \hat{=} \, B + 1$	INC B
0 0 1 1 0 1 1 0 0	Dekrement. $B \, \hat{=} \, B - 1$	DEC B
0 1 1 1 0 1 1 0 0	Lade $B \, \hat{=} \, B \rightarrow AKKU$	LD B
1 0 1 1 1 1 1 0 0	$B - \langle AKKU \rangle$	CAD $\langle AKKU \rangle$
1 1 1 0 1 1 1 0 0	$\langle AKKU \rangle - B$	CAD B
1 1 1 1 0 1 1 0 0	$\langle AKKU \rangle + B$	ADD
X X X X X X X 1 0	Rotiere $\langle AKKU \rangle$ rechts	RR
X X X X X X X 1 1	Kopiere Status in den AKKU	CSA

$X \, \hat{=} \,$ nicht relevant

Bild 10.20 Wahrheitstabelle (Befehlssatz) der in Bild 10.19 dargestellten Einheit: ALU, AKKU, STATUS

Man entnimmt der Tabelle: Für die logischen Befehle werden nur ST_6, ST_7 benötigt, die restlichen werden nicht geändert. Bei den arithmetischen Befehlen werden nur $ST_1 \ldots ST_5$ benötigt und $ST_6 \ldots ST_9$ unverändert gelassen, und für CSA und RR werden nur ST_8, ST_9 gebraucht. Dieser „Befehlssatz" besteht aus 16 verschiedenen Befehlen. Alle Befehle lassen sich überprüfen und die Funktionsabläufe in ALU, Akku und Status verfolgen, wenn die entsprechenden Steuerleitungen von Hand gesetzt und die Zustände an den entsprechenden Leuchtdioden abgelesen werden.

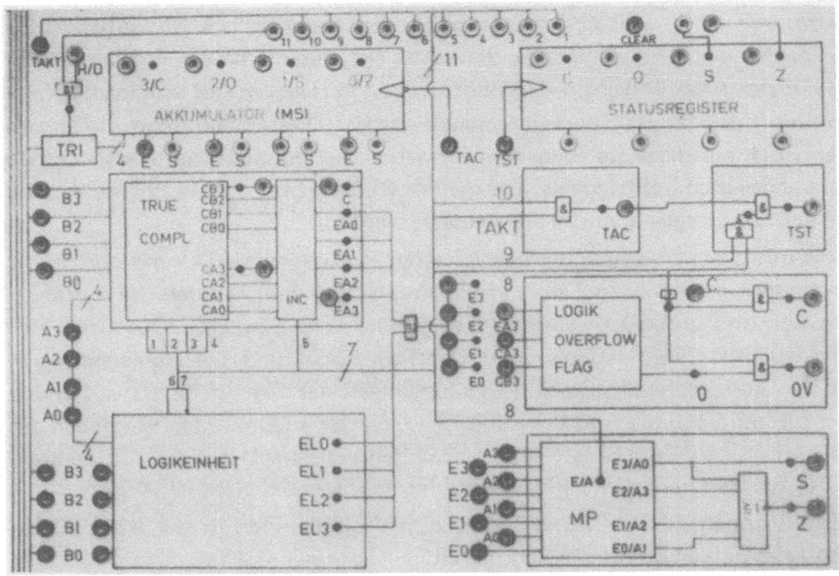

Bild 10.21 Blockschaltbild und Frontplatte des ALU-, Akku-, STATUS-Kastens

Bild 10.21 zeigt ein Bild der Frontplatte dieses Teils des Modell-Mikroprozessors, der ALU, Akku und Statusteil enthält. Legt man an die Eingänge für die Operanden A und B ein Bitmuster an und setzt die Steuerleitungen $ST_1 \ldots ST_5$ entsprechend dem in der Tabelle des Bildes 10.20 angegebenen Code, so kann die Funktion der Arithmetikeinheit untersucht werden. Das Ergebnis wird durch Leuchtdioden in den Leitungen zu $E_{A0} \ldots E_{A3}$ C angezeigt. Da zur Statusbildung die Informationen E_{A3}, C_{A3}, C_{B3} und C benötigt werden, stehen diese an entsprechenden Buchsen zur Verfügung, und ihr Bitmuster wird durch Leuchtdioden ebenfalls angezeigt.

Beim Übergang zur Arithmetisch-Logischen Einheit (ALU), braucht keine externe Beschaltung zwischen den $E_{A0} \ldots E_{A3}$ und den $E_{L0} \ldots E_{L3}$ vorgenommen werden, da die Ergebnisse intern ODER- verknüpft werden. Allerdings ist eine Verbindung zwischen den mit $B_0 \ldots B_3$ bezeichneten Buchsen der Logikeinheit notwendig. Dies kann durch direktes Verbinden geschehen, oder aber indem man diese Eingänge der Arithmetik- und Logikeinheit an den Datenbus anschließt und über diesen den gemeinsamen Operanden

B an die ALU aussendet. Für den Operanden A verfügen Arithmetik- und Logikeinheit über gemeinsame Buchsen.

Die Ergebnisbits der ALU werden über Leuchtdioden angezeigt und stehen an den Buchsen $E_0 \ldots E_3$ zur Verfügung, da sie zur Berechnung der Statusbits benötigt werden.

Als nächster Schritt kann die Funktion des Akkumulators überprüft werden, indem die Steuerleitungen ST_8 und ST_9 über die Buchsen 8 und 9 gesetzt werden. Über die mit E und S bezeichneten Buchsen werden ihm die einzulesenden Bits zugeführt. Auf der negativen Flanke des an der mit TAC bezeichneten Buchse angelegten Taktsignals werden diese Bits eingelesen. Dabei stellen E die Ergebnis- und S die Statusbits dar. Der Inhalt des Akkus wird durch die Leuchtdioden angezeigt; dabei bedeutet z. B. 3/C entweder E_3 oder Carry, je nachdem, ob Ergebnis oder Statusbits eingelesen wurden. Für die Weiterverarbeitung steht der Akku-Inhalt an den Buchsen zur Verfügung. Auf die gleiche Weise kann die Funktion des Statusregisters untersucht werden. Dieses übernimmt die an den entsprechenden Buchsen angelegte Eingangsinformation auf der positiven Flanke des an die TST-Buchse angelegten Taktsignals. Über die mit CLEAR bezeichnete Buchse können das Akku- und das Statusregister auf 0 zurückgesetzt werden.

Nun können die mit gleichen Symbolen bezeichneten Buchsen der ALU und der für die Statusbit-Berechnung vorgesehenen Teile der Schaltung vorgenommen und das Zustandekommen der Statusbits untersucht werden. Es müssen dazu E_{A3}, C_{A3}, C_{B3} C mit den entsprechenden Buchsen für die Carry- und Overflow-Logik und die Ausgänge dieser Schaltung mit den entsprechend bezeichneten Eingängen des Statusregisters verbunden werden. Ferner müssen noch die $A_0 \ldots A_3$ und $E_0 \ldots E_3$ der ALU mit den Eingängen des Multiplexers für die Sign-, Zero-Berechnung verbunden werden. Dabei ist zu beachten, daß die $A_0 \ldots A_3$-Bits mit denen im Akku identisch sind (Operand steht im Akku!).

Verbindet man nun noch die TAC- und TST-Buchsen miteinander, ist der ALU, Akku-Status-Teil zum Anschluß an das Steuerwerk bereit.

10.1.5 Das Steuerwerk

Die ALU stellt in der beschriebenen Form eine Einheit dar, deren Schaltfunktion schon vielseitig variierbar ist. Durch das Nacheinanderanlegen von verschiedenen Bitmustern an die elf bisher verwendeten Steuerleitungen $ST_1 \ldots ST_{11}$ führt die ALU unterschiedliche Verknüpfungen aus. Sorgt nun eine entsprechende Schaltung, *das Steuerwerk,* dafür, daß die ALU mehrere solcher Verknüpfungen selbständig hintereinander ausführt, so wäre diese Einheit befähigt, wesentlich kompliziertere Schaltaufgaben zu lösen. So ließen sich z. B. aus mehreren Additionen die Multiplikation zusammensetzen, und aus fortgesetzten Additionen und Multiplikationen ließen sich kompliziertere Funktionen ausrechnen. Es könnten jedoch auch nicht-arithmetische Logikverknüpfungen für komplexe Regel- und Steueraufgaben erstellt werden. Die Reihenfolge der Verknüpfungen, also das Programm, nach dem sie ausgeführt werden, bestimmt allein der Anwender des Mikroprozessors.

Nun sind jedoch zur Durchführung eines Programmbefehls fast immer mehrere Schritte erforderlich. So muß z. B. für die Addition des Operanden B zum Inhalt des Akku (= Operand A) zunächst der Speicherplatz, unter dem B zu finden ist, adressiert werden. Dies wiederum geschieht in mehreren Schritten, da die Adresse aus 8 Bits besteht, jeder Speicherplatz jedoch nur 4-Bit-Datenworte beinhaltet, so daß die Adresse für den Operanden B auf zwei Speicherplätzen im Arbeitsspeicher steht und erst zusammengesetzt werden muß. Das bedeutet, daß für die Durchführung eines jeden *Makrobefehls*, wie „Addiere", „Transportiere", „Springe nach ..." usw. die Steuerleitungen ST_1 ... ST_{11} mehrmals nacheinander gesetzt werden müssen, also mehrere „Mikrobefehle" notwendig sind. Diese Mikrobefehle sind für denselben Makrobefehl immer gleich. Sie können daher in einem Mikroprogrammspeicher abgelegt und von dort bei der Abarbeitung des Makrobefehls abgerufen werden. Da der Ablauf bei der Abarbeitung eines Makrobefehls immer der gleiche ist und damit der Anwender nicht jeden einzelnen Schritt in seinem Programm schreiben muß, was umständlich wäre und viel Arbeitsspeicherplatz benötigen würde, wird das Mikroprogramm in einem nur lesbaren Festwertspeicher (ROM) abgelegt. Zur Unterscheidung vom Arbeitsspeicher außerhalb des eigentlichen Prozessors nennt man diesen innerhalb des Prozessors im Steuerwerk befindlichen Speicher, der die Steuersignalkombination enthält, *Mikroprogrammspeicher*. Entsprechend nennt man jede Steuersignalkombination einen „Mikrobefehl".

Im vorliegenden Modellprozessor gehören im Mittel zu jedem Makrobefehl 6 Mikrobefehle. Bei einem Befehlssatz aus 16 Makrobefehlen sind es 96 Mikrobefehle, die sich in dem Mikroprogrammspeicher befinden. Der Op.-Code eines jeden Makrobefehls umfaßt wegen der 4-Bit-Struktur des Modellprozessors nur 4 Bit. Mit diesen 4 Bits können jedoch nicht die Adressen aller Mikrobefehle im Mikroprogrammspeicher angesprochen werden, da der Mikroprogrammspeicher 96 Speicherplätze enthält, sondern es sind hierfür 7 Bit (2^7 = 128) erforderlich. Diese Codewandlung von dem 4 Bit breiten Makrobefehlscode in die 7 Bit breite Anfangsadresse des dem Makrobefehlscode entsprechenden Mikroprogramms geschieht mit Hilfe eines weiteren Festwertspeichers, des Decoders. Bei Anlegen einer 4 Bit breiten Adresse, dem Makrobefehl, an den Decoder, gibt dieser ein 7 Bit breites Bitmuster an einen Zähler, den sog. Mikroprogrammzähler. Dieser Zähler ist ein programmierbarer Zähler (wie er in Kap. 3.5 beschrieben wurde). Der Zähler wird vom Decoder gesetzt und gibt dieses Bitmuster als Anfangsadresse an den Mikroprogrammspeicher, der daraufhin wiederum ein entsprechendes Bitmuster an die Steuerleitungen ST_1 ... ST_{11} ausgibt. Nachdem der Zähler vom Decoder gesetzt wurde, ist er zunächst blockiert und kann nicht sofort neu gesetzt werden, sondern er wird nun bei jedem Taktimpuls um eins heraufgezählt. Damit wird die Adresse des Mikroprogrammspeichers um eins erhöht. Auf diese Weise wird das Mikroprogramm nacheinander abgearbeitet. Wenn der Zähler nun um ca. 6 Schritte heraufgezählt wurde, so ist das Mikroprogramm abgearbeitet, und es kann ein neuer Makrobefehl gestartet werden. Dazu muß jedoch der Zähler vom Zählmodus (bei jedem Takt um eins weiterzählen) in den Paralleleingabemodus (Übernahme eines parallelen Bitmusters) umgeschaltet werden. Dies geschieht dadurch, daß mit dem letzten Mikrobefehl eine 13. Steuerleitung ST_{13} (ST_{12} wird später beschrieben) vom Mikroprogrammspeicher bedient wird, die die Zählerumschaltung vornimmt, so daß die Abarbeitung eines neuen Makrobefehls möglich wird.

Zusammenfassend kann man sagen: Die Ablaufsteuerung, das Steuerwerk (engl. *Control Unit*, CU) besteht im wesentlichen aus einem Mikroprogrammspeicher (einem Festwertspeicher), in dem die entsprechenden Steuersignalkombinationen für jeden einzelnen Makrobefehl aufbewahrt werden. Hier stehen die Mikrobefehle alle nacheinander in der Reihenfolge ihrer Abarbeitung. Jeweils (im Mittel) 6 Mikrobefehle bilden ein Mikroprogramm, welches zur Abarbeitung eines Makrobefehls benötigt wird. Um einen solchen

Makrobefehl abzuarbeiten, benötigt man die Anfangsadresse des entsprechenden Mikroprogramms. Der Mikroprogrammspeicher muß dann auf diese Adresse gesetzt werden. Diese Aufgabe übernimmt ein programmierbarer Zähler, der wiederum die Anfangsadresse von einem Decoder übernimmt und dann bei jedem Takt einfach um eins weiterzählt, bis nach Abarbeiten des letzten Mikrobefehls über eine Steuerleitung der Zähltakt unterbrochen wird und der Zähler zur Übernahme einer neuen Anfangsadresse vorbereitet wird. Der Decoder setzt den 4-Bit-Befehlscode des Makrobefehls um in die 7-Bit-Anfangsadresse des zugehörigen Mikroprogramms. Bild 10.22 gibt die Frontplatte mit dem Blockschaltbild des Steuerwerkes wieder.

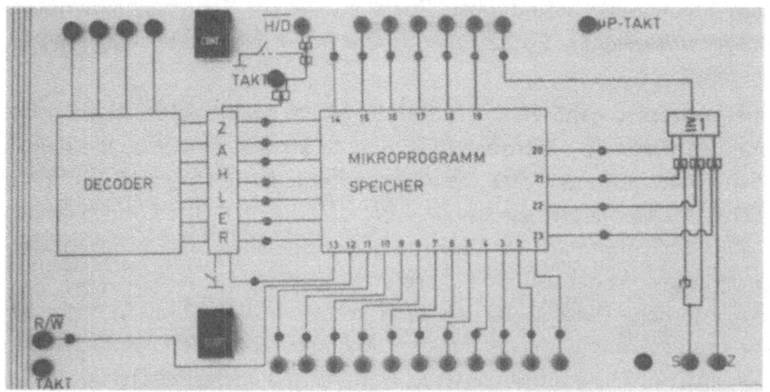

Bild 10.22 Blockschaltbild und Frontplatte des Steuerwerkes

10.1.6 Programmzähler, Befehls-,Adreßregister

Bis hierher wurde beschrieben, wie die Abarbeitung eines einzelnen Makrobefehls im Prozessor vor sich geht, wie die einzelnen Steuerleitungen gesetzt werden. Im folgenden soll beschrieben werden, wie eine ganze Reihe von Makrobefehlen, ein Benutzerprogramm, abgearbeitet wird.

Der Benutzer des Modellprozessors schreibt ein Programm, welches aus aufeinanderfolgenden Makrobefehlen besteht. Wie schon im allgemeinen Teil in Kap. 9 dargestellt, bestehen die Makrobefehle, mit Ausnahme von RR, CSA und "Halt" aus dem Operationscode und dem Adreßteil. Da die Befehle "Rechts Rotieren" (RR) und Übernahme der Statusbits in den Akkumulator (CSA) nur im Akku bzw. zwischen Akku und Statusregister ablaufen, bestehen diese Befehle nur aus dem Op.-Code. Der Operationscode ist 4 Bit breit, der Adreßteil des Befehls 8 Bit breit. Da pro Arbeitsspeicherplatz jedoch nur 4 Bit untergebracht werden können, muß der Adreßteil eines jeden Befehls auf 2 Plätze im Arbeitsspeicher verteilt werden.

Damit besteht jeder Befehl (bis auf die angegebenen Ausnahmen) aus drei 4-Bit-Worten. Um nun an einen Befehl eines Benutzerprogramms zu gelangen, muß der Arbeitsspeicher adressiert werden. Dies übernimmt der Programmzähler (engl. *Program Counter*, PC).

Der Programmzähler enthält also immer die aktuelle Adresse des gerade abzuarbeitenden Befehls. Ein Beispiel möge dies erläutern: Es soll z. B. als Operand A eine 4-Bit-Zahl in den Akkumulator geladen und anschließend mit einem Operanden B verknüpft werden. Der Ladebefehl soll nun betrachtet werden. Der Ladebefehl muß 1. den Op.-Code enthalten und 2. die Adresse, unter der dieser Operand im Arbeitsspeicher zu finden ist. Im Befehlssatz des Modellprozessors hat der Ladebefehl (engl. *Load*) das Bitmuster "0000", in mnemonischer Schreibweise abgekürzt, "LD". Der Operand A möge auf dem Platz mit der Adresse 0001 1111 = 1 F_{16} = 31_{10} stehen. Den Befehl "Lade den Operanden, der im Arbeitsspeicher auf Platz 31_{10} = 1 F_{16} steht, in den Akku" kann man abgekürzt schreiben: LD 1 F. Er hat das Bitmuster 0000/0001/1111 und steht auf 3 aufeinanderfolgenden Plätzen im Arbeitsspeicher.

Der Programmzähler hat dabei nun die Aufgabe, diese drei Speicherplätze nacheinander zu adressieren. Der Lade-Befehl möge irgendwo mitten in einem längeren Programm stehen:

PC	Befehl	Mnemonic	Funktion
.			
.			
17_{16}	0000	LD	Lade den Inhalt der
18_{16}	0001	1_{16}	Adresse 1 F_{16} in den
19_{16}	1111	F_{16}	Akkumulator
.			
.			
1 F_{16}	0001		Operand = 1_{10}

Dann ist der Inhalt des PC zunächst 17_{16}. Dieser Wert wird als Adresse an den Arbeitsspeicher ausgegeben, und dieser gibt den Inhalt des Platzes 17_{16}, eben das Bitmuster "0000", heraus. Dieses Bitmuster "0000" wird an den Decoder weitergegeben und das decodierte Bitmuster dann weiter über den Mikroprogramm-Zähler an den Mikroprogramm-Speicher, der, wie besprochen, daraufhin die entsprechenden Steuerleitungen setzt. Danach wird der Programmzähler um eins weitergezählt und steht damit auf 18_{16}, der neuen Arbeitsspeicherplatzadresse. Das Weiterzählen des PC wird vom Mikro-Programm geleistet, denn nach praktisch jedem Op.-Code steht immer eine Adresse, die aus dem Inhalt von zwei Speicherplätzen zusammengesetzt werden muß. Auf diesem Platz steht das Bitmuster 0001. Dies ist selbst *kein* Operand, sondern die obere Hälfte der Adresse eines Operanden, denn 1 F_{16} ist ja *die* Operandenadresse, unter der der Operand zu finden ist. Nun darf diese Adresse jedoch auf keinen Fall in den PC geladen werden, denn dann stünde ja dort eine ganz andere Zahl, und bei der Erhöhung um 1 wäre nicht mehr die 2. Hälfte der Operandenadresse erreichbar. Daher muß die Operandenadresse in einem Register zwischengespeichert werden, dem sogenannten *Adreßregister*. Also, wenn der Programm-Zähler auf 18_{16} steht, wird der Inhalt des Arbeitsspeicherplatzes 18_{16}, nämlich 0001 = 1_{16}, in die obere Hälfte des 8 Bit breiten Adreßregisters zwischengespeichert. Darauf wird der PC um eins erhöht und steht nun auf 19_{16}. Der Inhalt des Arbeitsspeicherplatzes mit der Adresse 19_{16} ist 1111 = F_{16}. Dieser wird dann als untere Hälfte der Operandenadresse in das Adreßregister geladen. Damit ist die Operandenadresse im Adreßregister vollständig zusammengesetzt. Diese darf nun nicht an den Programm-Zähler PC übergeben werden, weil dann wiederum die PC-Information verloren ginge und der nächste Befehl nicht mehr ausgeführt werden könnte. Der Inhalt des Adreßregisters muß daher direkt an den Arbeitsspeicher ausgegeben werden. Das Adreßregister und der PC müssen sich also den Zugang zum Arbeitsspeicher teilen, beide müssen sie in der Lage sein, diesen zu adressieren. Dies geschieht über einen Multiplexer. Es ist jedoch auch notwendig, daß der Inhalt des Adreßregisters vom PC übernommen werden kann, wenn nämlich Sprünge ausgeführt werden sollen. Ein Beispiel soll auch dies verdeutlichen:

PC	Befehl	Mnemonic	Funktion
.			
.			
.			
29_{16}	0100	JMP	Springe (unbedingt)
$2A_{16}$	0000	0_{16}	nach 09_{16}
$2B_{16}$	1001	9_{16}	

Hier zählt der PC zunächst wieder bis zu 29_{16} und adressiert diesen Speicherplatz 29_{16}, indem er sich über den Multiplexer Zugang zum Adreßbus verschafft. Der Speicher gibt $0100 = 4_{16}$ als Bitmuster für den Op.-Code JMP (Springe unbedingt) an den Befehlsdecoder. Darauf wird der PC um eins erhöht und der Speicherplatz $2A_{16}$ adressiert. Der Inhalt "0000" die obere Hälfte der Sprungadresse, wird wieder in die obere Hälfte des Adreßregisters geladen. Darauf wird wieder PC: = PC + 1 gebildet und der Inhalt der Speicheradresse $2B_{16}$ als untere Hälfte der Sprungadresse an das Adreßregister gegeben. Damit liegt die Sprungadresse, d. h. die Adresse, auf der der nächste Befehl steht, zusammengesetzt im Adreßregister vor. Diese neue Sprungadresse muß nun an den PC übergeben werden; denn nun muß ja, von dieser Adresse (09_{16} im Beispiel) ausgehend, der PC hochgezählt werden, bis das Unterprogramm abgearbeitet ist und z. B. eine neue Sprungadresse angegeben wird. Dieses Weiterzählen kann nicht vom Adreßregister übernommen werden, da dieses ja weiterhin Adressen zusammensetzen muß. Es muß also der Inhalt des Adreßregisters vom Programm-Zähler übernommen werden können. Der PC ist daher als 8 Bit programmierbarer Zähler, ähnlich wie der Mikroprogrammzähler, aufgebaut, der durch Setzen einer Steuerleitung bei jedem Mikroprozessor-Takt um 1 weiterzählt oder aber die 8 Bit breite Information vom Adreßregister übernimmt. Es muß jedoch beachtet werden, daß nicht bei jedem Mikroprozessor-Takt der PC um eins weitergezählt werden darf, denn es werden ja für jeden Makrobefehl etwa 6 Mikrobefehle benötigt. Da die Abarbeitung der Mikrobefehle vom Mikroprozessor-Takt getaktet wird, darf der PC frühestens nach jedem Ablauf eines Mikroprogramms um eins erhöht werden. Um dies zu realisieren, ist eine weitere Steuerleitung notwendig.

Faßt man die bisherigen Überlegungen zum Programmzähler und Adreßregister noch einmal zusammen, so erkennt man:

Es gibt für das Adreßregister zwei Arten von Adressen:

a) die Operandenadressen, das sind Adressen, unter denen die Operanden zu finden sind, und

b) die Sprungadressen, auf denen immer ein neuer Op.-Code steht.

Die Operandenadressen werden im Adreßregister zusammengesetzt und über den Multiplexer direkt an den Arbeitsspeicher weitergegeben, dieser gibt dann den entsprechenden Operanden auf den Datenbus und damit an die ALU.

Die Sprungadresse wird ebenfalls im Adreßregister zusammengesetzt, dann jedoch an den PC weitergegeben, und dieser adressiert dann den Arbeitsspeicher. Das Datum, das auf dem entsprechenden Speicherplatz steht, wird ebenfalls auf den Datenbus gegeben. Dieses Datum ist jedoch der Op.-Code eines neuen Befehls und muß daher an den Befehlsdecoder gelangen und nicht von der ALU übernommen werden. Daher wird dieses Datum im sog. *Befehlsregister* zwischengespeichert, s. w. u..

Man erkennt ferner, daß neben den 11 Steuerleitungen ST_1 bis ST_{11}, die für die ALU benötigt werden, und einer 13. Leitung ST_{13}, die den Mikroprogrammzähler vom reinen Zählmodus umschaltet zur Übernahme der 7-Bit-Information vom Decoder, weitere Steuerleitungen vom Mikroprogrammspeicher gesetzt werden müssen. Es wird eine Steuerleitung ST_{15}, s. Bild 10.22 benötigt, um bei der Zusammensetzung der Adressen die Übernahme in die obere und untere Hälfte des Adreßregisters zu gewährleisten. Ist ST_{15} auf 1 gesetzt, wird die obere Hälfte, ist ST_{15} auf 0 gesetzt, wird die untere Hälfte des Adreßregisters angesprochen. Übernommen wird bei jedem Taktsignal jedoch nur dann, wenn eine weitere Steuerleitung ST_{16} auf 1 gesetzt ist. Eine weitere Steuerleitung ST_{17} wird benötigt, um über den Multiplexer entweder dem PC oder dem Adreßregister Zugang zum Adreßbus zu verschaffen. Ist ST_{17} auf 1 gesetzt, wird der Arbeitsspeicher vom PC adressiert, ist ST_{17} auf 0 gesetzt, wird der Arbeitsspeicher vom Adreßregister adressiert. Aber auch für den PC werden Steuerleitungen gebraucht. Eine Steuerleitung ST_{19} bestimmt, ob der Inhalt vom Adreßregister übernommen werden soll oder nicht. ST_{19} = 1 bedeutet die Übernahme des Inhalts des Adreßregisters, ST_{19} = 0 hat zur Folge, daß der Inhalt des PC um eins erhöht wird, wenn dies zulässig ist. Ob dies zulässig ist oder ob das Mikroprogramm noch nicht abgearbeitet ist und somit der PC noch nicht weitergezählt werden darf, bestimmt ST_{18}.

Der PC darf jedoch nur dann die Information vom Adreßregister übernehmen, wenn Sprünge ausgeführt werden sollen. Soll ein Sprung ausgeführt werden, so wird der Ausgang des ODER-Gatters auf 1 gesetzt, und der PC übernimmt die Information vom Adreßregister. Da es 4 verschiedene Sprungbefehle gibt (JMP: Springe unbedingt, JP: Springe, wenn der Inhalt des Akku positiv ist, JN: Springe, wenn der Inhalt des Akkus negativ ist, JZ: Springe, wenn das Ergebnis des Akku 0 ist), müssen 4 weitere Steuerleitungen gesetzt werden, ST_{20} bis ST_{23}. ST_{20} = 1, wenn der JMP-, ST_{21} = 1, wenn der JP-, ST_{22} = 1, wenn der JN- und ST_{23} = 1, wenn der JZ-Befehl ausgeführt wird.

Damit müssen 23 Steuerleitungen vom Steuerwerk gesetzt werden, d. h. aber auch, daß der Mikroprogrammspeicher 23 Bit breite Speicherplätze aufweisen muß. Bild 10.23 zeigt die Frontplatte mit dem Blockschaltbild der PC-, Befehls-, Adreßregistereinheit.

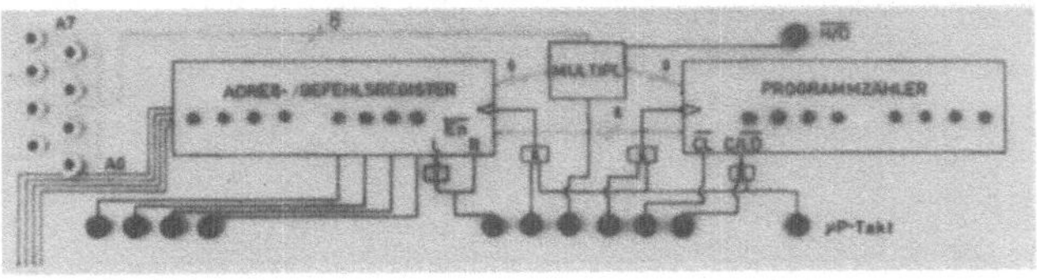

Bild 10.23 Blockschaltbild und Frontplatte des Programmzählers und des kombinierten Befehls-, Adreßregisters

10.1.7 Befehlsregister

Nun muß noch das *Befehlsregister* besprochen werden. Das Befehlsregister dient der Speicherung der Op.-Codes. Denn wenn der Arbeitsspeicher adressiert worden ist, gibt er seinen Inhalt auf den Datenbus. Von dort gelangt er an das Befehlsregister. Als solches dient in unserem Modell-Prozessor die untere Hälfte des Adreßregisters, s. Bild 10.23. Denn wenn der Op.-Code benötigt wird, stehen keine Adressen zur Zusammensetzung an. Daher wurde das Adreßregister mit dieser Doppelfunktion versehen. Damit ist der gesamte innere Aufbau des Mikroprozessors, bestehend aus dem Rechenwerk (Arithmetisch-Logische Einheit, Akku und Statuserzeugung und -Register) und dem Steuerwerk (Mikroprogrammspeicher, -Zähler, Decoder, PC, Adreß- und Befehlsregister) besprochen. Als Taktgenerator, der sich bei den meisten heutigen Prozessoren mit auf dem Chip integriert befindet, kann praktisch jeder Pulsgenerator mit TTL-Pegel verwendet werden, daher soll dieser hier nicht näher beschrieben werden.

11 Peripherie des Prozessors

Alle bisher besprochenen Teile des Modell-Mikroprozessors werden als zentral angesehen, und alles, was an diese Teile angeschlossen ist, wird zur Peripherie gerechnet.

11.1 Bussystem

Der Prozessor soll nicht nur mit dem Arbeitsspeicher, sondern auch mit Ein-/Ausgabeschaltungen, z. B. dem I/0-Port, dem DMA-Controller, sowie den externen zu steuernden Geräten wechselwirken. Dazu sind Daten-, Adressen- und Steuersignale zu übertragen. Zur Übermittlung dieser drei Signalarten verfügen Prozessoren meist nur über jeweils eine zugehörige Anschlußmöglichkeit, die sich mehrere Geräte teilen müssen. Die gemeinsame Leitung, über welche sie diese Informationen übermitteln, nennt man „Bus". Das Bussystem bietet den Vorteil der guten Übersichtlichkeit und leichten Erweiterbarkeit. Neue Peripheriegeräte werden „einfach" an dasselbe Bussystem angeschlossen. Es gibt Prozessoren, in denen ist der Daten- und Adreßbus zu einem einzigen Bussystem zusammengefaßt, und die Daten und Adressen werden im Multiplex-Verfahren übermittelt. In dem Modellprozessor gibt es einen 4 bit breiten Daten- und einen 8 bit breiten Adreßbus, die beide nach außen herausgeführt sind. Arbeitsspeicher, I/0-Port und DMA-Controller besitzen das gleiche Bussystem, können also sehr einfach mit dem des Prozessors wechselwirken. Da mehrere Geräte Zugriff zu dem Bus haben, müssen deren Informationen zeitlich nacheinander auf den Bus gegeben werden. Daher muß jedes an den Bus angeschlossene Gerät einen Tri-Stateausgang besitzen, um sich elektrisch vom Bus zu isolieren, wenn es keine Daten- bzw. Adressen senden oder empfangen will. Um angesprochen, d. h. adressiert werden zu können, benötigt jedes Gerät einen weiteren Eingang, den sog. Baustein-Auswahl-Eingang, Chip-select-Eingang.

Dieser Eingang wird von der Komponente mit dem höchsten Vorrang, im allgemeinen der Mikroprozessor, gesetzt. Dies bewirkt, daß der angesteuerte Baustein den hochohmigen Ruhezustand verläßt und somit Daten oder Adressen mit dem Bus austauschen kann.

11.2 Arbeitsspeicher

Das wichtigste periphere Teil ist der Arbeitsspeicher, denn dieser enthält das abzuarbeitende Programm. Um eine entsprechend hohe Arbeitsgeschwindigkeit zu erreichen, d. h. damit zwischen dem Anlegen der gewünschten Adresse und der Ausgabe des auf diesem Speicherplatz befindlichen Datums möglichst wenig Zeit vergeht, hat sich für die Wechselwirkung mit dem Mikroprozessor folgender Aufbau für den Arbeitsspeicher durchgesetzt, s. Bild 11.1 und Bild 8.1. Der Speicher besteht aus dem Adreßdecoder und der Speichermatrix, er ist wie eine Matrix mit 256 Plätzen à 4 bit organisiert. In Bild 11.1 ist nur ein Ausschnitt von 16×4 bit dargestellt. Die 256×4-Bit-Organisation bedeutet, daß 256

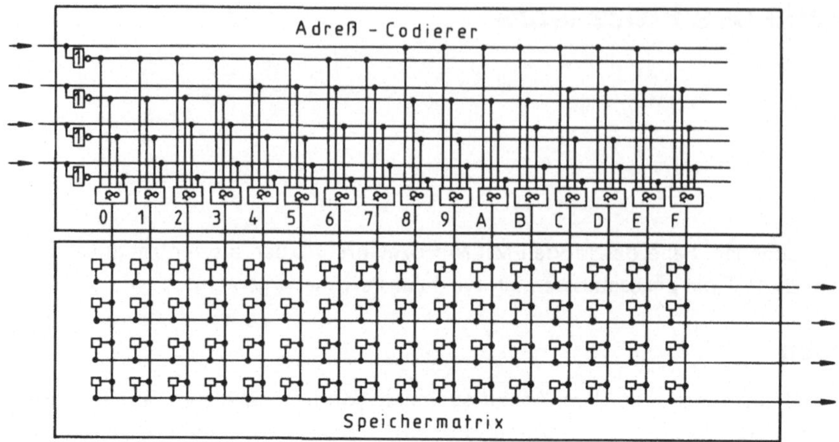

Bild 11.1 Prinzipieller Aufbau des 256 × 4-Bit Arbeitsspeichers

Worte à 4 bit in dem Speicher Platz haben. Wird eine bestimmte Spalte über ein bestimmtes Bitmuster, die Adresse, am Eingang des Adreßdecoders ausgewählt, so geben alle 4 Speicherelemente ihren Inhalt als ein 4-Bit-Wort über die entsprechenden Leitungen nach außen auf den Datenbus. Die Zugriffszeit, das ist die Zeit, die vergeht, bis nach Anlegen der Adresse das Datum auf dem Bus erscheint, liegt bei käuflichen Speichern heute meist zwischen 20 und 450 ns. Sie ist unabhängig davon, wo im Speicher sich das Wort befindet. Es kann also, ohne eine Reihenfolge zu beachten, in der gleichen Zeit zu jedem beliebigen Speicherplatz zugegriffen werden. Dies hat zu der Bezeichnung ,,Speicher mit wahlfreiem Zugriff'' geführt. In angelsächsischem Sprachgebrauch bezeichnet man einen solchen Speicher **R***andom* **A***ccess* **M***emory*, abgekürzt RAM. Da jedoch auch bei nur lesbaren Festwertspeichern in der gleichen Zeit zu einem beliebigen Speicherplatz zugegriffen werden kann, wird die Bezeichnung RAM heute nicht mehr in diesem Sinne gebraucht, sondern sie bezeichnet einen Speicher, den man lesen und in den man neue Informationen in vergleichbar kurzer Zeit neu einschreiben kann. Der Arbeitsspeicher eines Mikroprozessors muß immer ein Schreib-Lesespeicher sein.

In Bild 8.2 wurde die Einteilung von Speichern dargestellt.

Die für den Modellprozessor aufgebaute Einheit mit dem Arbeitsspeicher enthält ein Teilstück des Adreß- und des Datenbusses. Die Adressen sowie die Daten werden durch eine Leuchtdiodenanzeige angezeigt. Die ersten 4 Speicherplätze mit den Adressen 00 bis 03 sind für den I/O-Port (s.w.u.) reserviert. Durch eine ODER-Schaltung ist dafür gesorgt, daß der Chip-select-Eingang, $\overline{\text{Tri}}$ in Bild 11.2, nur gesetzt wird, wenn mindestens eine der Leitungen von 2 bis 7, also eine Adresse größer als 03, ausgewählt wurde.

Der Adreßbereich des Arbeitsspeichers umfaßt also nur noch 252 Plätze. Vor dem Schreib-/Lese Eingang ($\overline{\text{R/W}}$-Leitung) sorgt ein Multiplexer dafür, daß außer dem Mikroprozessor auch noch ein weiteres peripheres Teil, der DMA-Controler, Zugang zum Arbeitsspeicher erhält. Liegt die H/D-Leitung auf 1, erhält der DMA-Controler Zugang, sonst der Mikroprozessor. Dabei muß dann der DMA-Controler über die $\overline{\text{R/W}}$/D- und der Mikroprozessor über die $\overline{\text{R/W}}$-Leitung angeben, ob gelesen oder geschrieben werden soll, eine 1 bedeutet ,,Lesen'', eine 0 ,,Schreiben''.

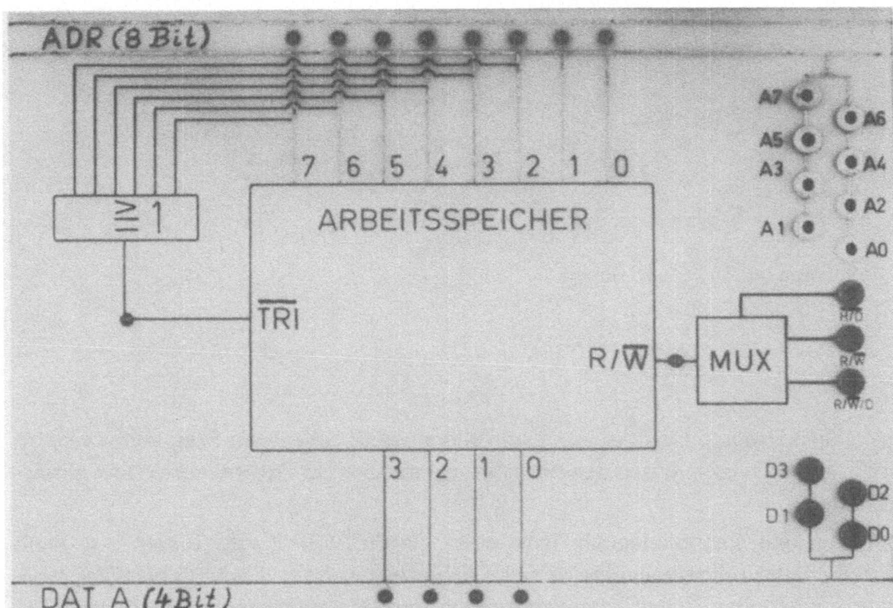

Bild 11.2 Blockschaltbild und Frontplatte des Arbeitsspeichers

Die Buchsen A_0 bis A_7 müssen mit den entsprechenden des Prozessor-Adreßbusses und die Buchsen D_0 bis D_3 mit denen des Prozessor-Datenbusses verbunden werden.

In dieser Ausbaustufe, Mikroprozessor und Arbeitsspeicher, läßt sich das System schon zur Abarbeitung von Programmen einsetzen. Dabei kann ein solches Programm mit variierbarer Taktfrequenz selbständig ablaufen, oder es lassen sich im Einzelschritt-Betrieb, von Hand getaktet, die einzelnen Programmschritte einschließlich Mikroprogramm-schritte bei der Abarbeitung bis ins Detail verfolgen.

Um dies zu verdeutlichen, soll im Folgenden ein kleines Programm geschrieben und die Abarbeitung im einzelnen nachvollzogen werden.

Da jedoch zuvor das Programm in den Arbeitsspeicher eingegeben werden muß, wurde eine einfache Bedienungseinheit entwickelt, die die Programmeingabe möglich macht. Diese soll zunächst vorgestellt werden.

11.3 Bedienungseinheit

Bild 11.3 zeigt die Frontplatte der Bedienungseinheit. Man erkennt im wesentlichen 8 Adreß-, 7 Datenbuchsen, eine mit R/W bezeichnete Buchse für die Schreib-/Leseleitung und die zugehörigen Leuchtdioden und Schalter, ferner eine 3 stellige 7-Segmentanzeige und 4 zugehörige Taster, sowie einen Schalter mit den Positionen "Setzen/Lesen" und "Programm-Eingabe". Mit diesem Betriebs-Wahlschalter werden die beiden Betriebsarten der Einheit ausgewählt.

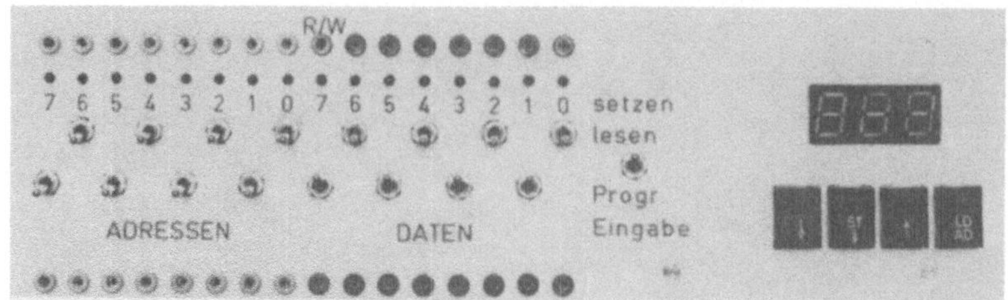

Bild 11.3 Frontplatte der Bedienungseinheit

Zur Eingabe eines Programms oder zur Kontrolle eines eingegebenen Programms werden die 8 Adreß- und 4 Datenbuchsen des Arbeitsspeichers und der Bedienungseinheit miteinander verbunden.

Bringt man nun den entsprechenden Schalter in die Position "Setzen/Lesen", so kann an den Adreßschaltern eine beliebige Adresse eingestellt werden. Dadurch wird der zugehörige Platz im Arbeitsspeicher adressiert, und an den 4 Leuchtdioden des Arbeitsspeichers oder an den Leuchtdioden der mit den Datenbuchsen des Arbeitsspeichers verbundenen Datenbuchsen der Bedienungseinheit kann der Inhalt dieses Speicherplatzes abgelesen werden.

Zur Eingabe eines Programms wird der Betriebsartenschalter in die Stellung "Programm-Eingabe" gebracht. In dieser Position stehen die 8 Adreßleitungen unter dem Einfluß eines binären Vorwärts-/Rückwärtszählers (s. Kap. 3.3) und können durch die Schalter von Hand nicht mehr gesetzt werden. Der Zähler wird durch die 4 Tasten bedient, und der Zählerstand, damit auch die aktuelle Adresse an den 8 Adreßleitungen, die den Arbeitsspeicher adressieren, wird in der Dezimalanzeige dargestellt. Durch Betätigen der Tasten "↑" oder "↓" kann nun der Zähler und damit die Adresse am Arbeitsspeicher herauf- bzw. heruntergezählt werden. Dabei wird die Schreib-/Leseleitung (R/W-) nicht betätigt, so daß der Speicherinhalt nicht geändert wird, sondern nur gelesen werden kann. Mit diesen beiden Tasten kann nun jeder beliebige Zählerstand zwischen 0 und 255 eingestellt werden, also auch die gewünschte Anfangsadresse, die den Speicherplatz für den 1. Programmbefehl angibt. Stand jedoch der Zähler z. B. auf der Zahl 125, so müßte die Taste "↓" 121 mal betätigt werden, um z. B. die Adresse 04 des Arbeitsspeichers auszuwählen. Dies läßt sich nun stark vereinfachen, indem man den Betriebsartenschalter auf "Setzen/Lesen" schaltet, an den Adreßschaltern dann die gewünschte Adresse 04_{16} einstellt und die Taste "LD AD" (Lade Adresse) betätigt. Dadurch wird die eingestellte Adresse in den Zähler übernommen. Setzt man den Betriebsartenschalter nun wieder zurück auf "Programmeingabe", kann von der eingestellten Anfangsadresse aus durch Betätigen der Taste "↓" oder "↑" beliebig vorwärts oder rückwärts gezählt werden.

Es ist nun die Eigenart des Modellprozessors, daß auf den Speicherplätzen 04_{10} und 05_{10} des Arbeitsspeichers die Adresse stehen muß, auf die der 1. Programmbefehl gebracht werden soll, (die Plätze 00 bis 03 sind für den I/O-Port reserviert, s. dort). Ein Beispiel möge die Programmeingabe erläutern.

Als Anfangsadresse für den 1. Programmbefehl soll z. B. $22_{10} = 16_{16} = 0001\ 0110_2$ gewählt werden. Dann muß also auf Speicherplatz 04_{10} des Arbeitsspeichers 0001_2 und auf Platz 05 des Arbeitsspeichers 0110_2 gebracht werden. Dazu wird also zunächst die Adresse 04, wie oben beschrieben, durch Betätigen der Taste "↑" bzw. "↓" oder durch das Setzen der entsprechenden Adreß-Schalter ($0000\ 0100 = 04_{16} = 04_{10}$) eingestellt. An den 4 Datenschaltern, die zu den mit den Datenbuchsen des Arbeitsspeichers verbundenen Datenbuchsen gehören, wird nun die obere Hälfte 0001_2 der Anfangsadresse eingestellt. Betätigen der Taste "St", *Store*, bewirkt nun, daß dieses Datum in den Arbeitsspeicher auf Platz 04 übernommen wird. Die Store-Taste bewirkt gleichzeitig, daß die R/W-Leitung richtig gesetzt wird. Beim Loslassen der Store-Taste wird der Zähler automatisch inkrementiert und zeigt nun 05 an. Auf diese Weise kann das gesamte Programm eingegeben werden. Sollen Speicherplätze übersprungen werden, weil deren Inhalt z. B. nicht geändert zu werden braucht, dann kann dies einfach durch Betätigen der Taste "↑" geschehen, denn diese setzt die R/W-Leitung nicht. Will man im Programm zurückgehen, so kann dies einfach durch Betätigen der Taste "↓" realisiert werden. Auf die gleiche Weise, durch Betätigen von "↑" oder "↓", kann auch sehr einfach die Programmeingabe noch einmal überprüft werden.

Zusammenfassend läßt sich sagen: Um eine beliebige Anfangsadresse einzustellen, muß der Betriebswahlschalter in Stellung "Setzen/Lesen" gebracht und an den Adreßschaltern das gewünschte Bitmuster für die Anfangsadresse eingestellt werden. Drücken der "LD AD"-Taste bewirkt dann die Übernahme dieser Anfangsadresse in den Zähler. Umschalten des Betriebs-Wahlschalters in die Stellung "Programm-Eingabe" bewirkt, daß die Potentiale an den Adreßbuchsen nun von dem Zähler bestimmt werden und damit als Adressen für den Arbeitsspeicher wirken. Durch die Tasten "↓" und "↑" kann der Inhalt des Zählers, ausgehend von dieser Anfangsadresse, Schritt für Schritt um eins erniedrigt bzw. erhöht und der Speicher entsprechend adressiert werden. Die Daten zu den zugehörigen Adressen werden an 4 Datenschaltern eingestellt (von den zugehörigen Leuchtdioden angezeigt) und beim Drücken der Taste "ST" vom Speicher übernommen.

Zum Überprüfen des geladenen Programms wird in der angegebenen Weise die Anfangsadresse eingestellt und dann durch Drücken der "↑" -oder "↓" -Tasten vorwärts- oder rückwärtsspringend an den zugehörigen Leuchtdioden des Arbeitsspeichers der Inhalt der Speicherplätze überprüft.

11.4 Proggrammbeispiel

Im Folgenden soll nun anhand eines einfachen Übungsprogramms der Befehlssatz des Modellprozessor angewendet und dabei durch Einzelschritt-Betrieb jeder einzelne Programmschritt verfolgt werden. Dadurch wird noch einmal die Wirkungsweise des Mikroprozessors und gleichzeitig das Programmieren in Maschinensprache verdeutlicht. Jedoch ist das Erstellen und Ausprobieren weiterer eigener Programme unerläßlich.

Adresse/PC	Op.-Code	Mnemonic	Funktion
00 bis 03 belegt durch I/0-Port			
04	1		←— Adresse des 1. Programmbefehls
05	6		
.	.		
.	.		
.	.		
16	0	LD	Lade Inhalt der Adresse $2F_{16}$
17	2	2	in den Akku
18	F	F	
19	9	CAD	Subtrahiere vom <Akku> den <2E>
1A	2	2	
1B	E	E	
1C	5	JZ	Springe, wenn <Akku> = 0 nach
1D	2	2	Adresse 22_{16}
1E	2	2	
1F	4	JMP	Springe unbedingt nach Adresse 19_{16}
20	1	1	
21	9	9	
22	8	ADD	Addiere zum <Akku> den <2E>
23	2	2	
24	E	E	
25	5	JZ	Springe, wenn <Akku> = 0 nach
26	1	1	Adresse 19_{16}
27	9	9	
28	4	JMP	Springe unbedingt nach Adresse 22_{16}
29	2	2	
2A	2	2	
.	.	.	.
.	.	.	.
.	.	.	.
2E	1	1	<2E> = 1
2F	0	0	<2F> = 0

Dabei bedeutet die Schreibweise <xy> = Inhalt von xy. Man erkennt, auf Platz 04 und 05 steht die Anfangsadresse des ersten Programmbefehls 16_{16}. Auf dieser Anfangsadresse steht der erste Op.-Code 0000. Er bedeutet, daß das Datum, welches unter der nachfolgenden Adresse $2F_{16}$ = $0010\,1111_2$ steht, in den Akku geladen werden soll. Auf den Platz $2F_{16}$ wurde eine 0 geschrieben, so daß nach Ausführung des Befehls sich 0000 im Akkumulator befindet. Der Op.-Code 9_{16} = 1001_2 bedeutet, daß die entsprechenden Steuerleitungen auf Komplementieren und Addieren, also Subtrahieren gesetzt werden. Vom Inhalt des Akkus, 0000, soll also der Inhalt der Adresse $2E_{16}$, nämlich 0001_2, abgezogen werden. Als Ergebnis steht dann 1111_2 im Akku. Dieses Ergebnis ist negativ und bedeutet in der Zweierkomplement-Arithmetik -1_{10}. Der nächste Befehl JZ besagt, daß, wenn der

Inhalt des Akkus 0000_2 ist, nach 22_{16} gesprungen werden soll. Da jedoch 1111_2 im Akku steht, ist sein Inhalt *nicht* 0, und dieser Befehl wird nicht ausgeführt. Der Op.-Code $4_{16} = 0100_2$ bedeutet, daß unbedingt nach 19_{16} gesprungen werden soll. Auf Platz 19_{16} steht jedoch wieder der schon bekannte Subtraktionsbefehl, und es wird wieder vom Inhalt des Akkus 0001_2 abgezogen. Das Ergebnis ist dann $1110_2 = -2_{10}$. Da der Inhalt des Akkus wieder nicht 0 ist, wird der nächste Befehl wieder übersprungen und darauf wieder vom Inhalt des Akkus 0001_2 abgezogen. Der Prozessor durchläuft also eine *Schleife* und subtrahiert von 1111_2 so lange eine 0001_2, bis im Akkumulator eine 0000 steht. Ist dies der Fall, so wird jetzt der Befehl mit dem Op.-Code 5_{15}, d.h. JZ wirksam, und das Programm verzweigt sich nach Adresse 22_{16}. Dort steht der Additionsbefehl mit dem Op.-Code 1000_2. Nun wird zum Inhalt des Akku der Inhalt der Adresse $2E_{16}$, also eine 0001_2 hinzuaddiert. Da der Inhalt des Akku damit wieder größer 0 wird, wird der nächste Befehl wieder nicht ausgeführt, und mit dem JMP-Befehl springt der Prozessor wieder auf Platz 22_{16} zurück und addiert wieder eine 1_{10}. Es wird also wieder eine Schleife durchlaufen und so lange eine 1_{10} hinzuaddiert, bis durch

$$\begin{array}{r} 1111_2 \\ + \underline{0001_2} \\ [1]0000 \end{array}$$

wieder 0000 im Akku steht und nun der Befehl auf Platz 22_{16}, nämlich JZ, ausgeführt werden muß. Damit kehrt das Programm an die Ausgangsadresse 19_{19} zurück, und der ganze Zyklus wird von vorn durchlaufen. Das Programm wirkt also wie ein diskreter Dreieckgenerator, es wird immer herunter- und wieder heraufgezählt, durch den Taktgenerator wird dabei die Zeitachse realisiert.

Dieses Programm wird mit dem Bedienungskasten in den Arbeitsspeicher eingegeben und kann dann, von Hand getaktet, Schritt für Schritt verfolgt werden:

Nach Druck auf die "Start-Taste" im Steuerwerk wird der Mikroprogrammzähler auf das erste Mikroprogramm "Start" gesetzt. Dabei geschieht folgendes:

Zahl der Schritte	"Start"	PC	Adreß-/Befehls-register (A/B-register)	Akku	Status-register COSZ
1.	PC wird gelöscht	00	- -	-	- - - -
2.	PC wird inkrementiert	01	- -	-	- - - -
3.	" " "	02	- -	-	- - - -
4.	" " "	03	- -	-	- - - -
5.	" " "	04	- -	-	- - - -
6.	<04> in höherwertige Seite des Adreß-registers, PC inkre-mentiert	04 05	1 - 1 -	- -	- - - - - - - -
7.	<05> in niederwertige Seite des Adreß-registers	05	16	-	- - - -

		PC	A/B-register	Akku	Status-register COSZ
8.	Übernahme <Adreß-register> in PC, d.h. Sprung zum Anfang des Programms	16	16	-	- - - -
9.	Adressieren des Arbeits-speichers und Übernahme des Datums (= Op.-Code des 1. Programmbefehls) in das Befehlsregister = niederwertige Seite des Adreßregisters	16	10	-	- - - -
10.	Mikroprogrammzähler wird auf neuen Wert gesetzt	16	10	-	- - - -

Damit ist die Startroutine abgeschlossen, und es beginnt die Abarbeitung des 1. Befehls
LD 2F. Nur der Startbefehl benötigt mehr als 6 Mikrobefehle.

"LD 2F"		PC	A/B-register	Akku	Status-register COSZ
11.	PC wird inkrementiert	17	10	- -	- - - -
12.	<17> wird in höher-wertige Seite des Adreß-registers eingespeichert,	17	20	- -	- - - -
	PC inkrementiert	18	20	- -	- - - -
13.	<18> wird in niederwer-tige Seite des Adreßre-gisters eingespeichert,	18	2F	- -	- - - -
	PC wird inkrementiert	19	2F	- -	- - - -
14.	<Adreßregister> wird auf den Adreßbus gegeben, Speicher adressiert, ALU auf Durchschieben gesetzt, Akku auf Übernahme des Speicherinhalts gesetzt	19	2F	0	- - - 1
15.	<19> eingelesen in Be-befehlsregister = nieder-wertige Seite des Adreß-registers	19	29	0	- - - 1
16.	Mikroprogrammzähler wird auf neuen Wert gesetzt				

"CAD 2 E":

Nr.	Beschreibung				
17.	PC wird inkrementiert	1A	29	0	- - - 1
18.	<1A> in höherwertige Seite des Adreßregisters eingelesen,				
	PC wird inkrementiert	1B	29	0	- - - 1
19.	<1B> wird in niederwertige Seite des Adreßregisters eingelesen,	1B	2E	0	- - - 1
	PC wird inkrementiert	1C	2E	0	- - - 1
20.	<Adreßregister> auf Adreßbus, Speicher wird adressiert, ALU auf Komplementieren und Addieren gesetzt, Akku zur Ergebnisübernahme freigegeben	1C	2E	F	- - 1 -
21.	<1C> wird in das Befehlsregister = niederwertige Seite des Adreßregisters eingelesen	1C	25	F	- - 1 -
22.	Mikroprogrammzähler wird auf neuen Wert gesetzt				

"JZ 22"

Nr.	Beschreibung				
23.	PC wird inkrementiert	1D	25	F	- - 1 -
24.	<1D> in höherwertige Seite des Adreßregisters eingelesen,				
	PC wird inkrementiert	1E	25	F	- - 1 -
25.	<1E> wird in niederwertige Seite des Adreßregisters eingelesen,	1E	22	F	- - 1 -
	PC wird inkrementiert	1F	22	F	- - 1 -
26.	Zero-Abfrageleitung wird auf 1 gesetzt (ergibt hier keinen Ladebefehl für den PC, da Z = 0)	1F	22	F	0010
27.	<1F> wird ins Befehlsregister eingelesen = niederwertige Seite des Adreßregisters	1F	24	F	0010

28.	Mikroprogrammzähler wird auf neuen Wert gesetzt	1F	24	F	0010

"JMP 19"

29.	PC wird inkrementiert	20	24	F	0010
30.	<20> wird in höherwertige Seite des Adreßregisters eingelesen,	20	14	F	0010
	PC wird inkrementiert	20	14	F	0010
31.	<21> wird in niederwertige Seite des Adreßregisters eingelesen,	21	19	F	0010
	PC wird inkrementiert	22	19	F	0010
32.	PC wird mit <Adreßregister> = 19 geladen	19	19	F	0010
33.	<19> wird ins Befehlsregister = niederwertige Seite des Adreßregisters geladen	19	19	F	0010
34.	Mikroprogrammzähler wird auf neuen Wert gesetzt	19	19	F	0010

Dieser Ablauf setzt sich fort, wobei in jedem Durchlauf der Programmschleife der Akku dekrementiert wird, bis im Akku 0000_2 erscheint. Danach ergibt sich bei dem bedingten Sprung "JZ" folgende Änderung (im Adreß-Befehlsregister befindet sich noch die Adresse 25):

"JZ 22"

383.	PC wird inkrementiert	1D	25	0	0001
384.	<1D> wird in höherwertige Seiten des Adreßregisters eingelesen, PC wird inkrementiert	1D	25	0	0001
385.	<1E> wird in niederwertige Seite des Adreßregisters eingelesen, PC wird inkrementiert	1E	22	0	0001
386.	Zero-Abfrageleitung wird auf 1 gesetzt (ergibt diesmal einen Ladebefehl für den PC, da Z = 1 ist)	1E	22	0	0001

387.	<22> wird ins Befehlsregister = niederwertige Seite des Adreßregisters eingelesen	22	2$\underline{8}$	0	0001
388.	Mikroprogrammzähler wird auf neuen Wert gesetzt	22	2$\underline{8}$	0	0001

"ADD 2E"

389.	PC wird inkrementiert	23	28	0	0001
390.	<23> wird in höherwertige Seite des Adreßregisters eingelesen, PC wird inkrementiert	23	2$\underline{8}$	0	0001
		24	2$\underline{8}$	0	0001
391.	<24> wird in niederwertige Seite des Adreßregisters eingelesen, PC wird inkrementiert	24	2E	0	0001
		25	2E	0	0001
392.	<Adreßregister> wird an Speicher durchgeschaltet, ALU wird auf ADDIEREN gestellt, Akku wird zur Ergebnisübernahme freigegeben	25	2E	1	0000
393.	<25> wird ins Befehlsregister = niederwertige Seite des Adreßregisters eingelesen	25	2$\underline{5}$	1	0000
394.	Mikroprogrammzähler wird auf neuen Wert gesetzt	25	25	1	0000

"JZ 19"

395.	PC wird inkrementiert	26	25	1	0000
396.	<26> wird in höherwertige Seite des Adreßregisters eingelesen, PC wird inkrementiert	26	1$\underline{5}$	1	0000
		27	15	1	0000
397.	<27> wird in niederwertige Seite des Adreßregisters eingelesen, PC wird inkrementiert	27	19	1	0000
		28	19	1	0000
398.	Zero-Abfrageleitung wird auf 1 gesetzt (ergibt keinen Ladebefehl, da Z = 0)	28	19	1	0000

399.	<28> wird in das Befehls- register = niederwertige Seite des Adreßregisters eingelesen	28	<u>14</u>	1	0000
400.	Mikroprogrammzähler wird auf neuen Wert gesetzt	28	14	1	0000

"JMP 22"

401.	PC wird inkrementiert	29	14	1	0000
402.	<29> wird in höher- wertige Seite des Adreß- registers eingelesen,				
	PC wird inkrementiert	2A	<u>24</u>	1	0000
403.	<2A> wird in nieder- wertige Seite des Adreß- registers eingelesen	2A	22	1	0000
404.	PC wird mit < Adreß- register> geladen	22	22	1	0000
405.	Mikroprogrammzähler wird auf neuen Wert gesetzt.				

Das Programm addiert nun wieder so lange 0001 zum Inhalt des Akku, bis dort 1111 und dann durch weitere Addition eine 1J 0000 erscheint. Darauf verzweigt der JZ 19-Befehl das Programm wieder in die Subtraktionsschleife. Damit wurde das gesamte Programm einmal sehr ausführlich im Einzelschritt-Betrieb (*single step*) durchgegangen. In dem Modellprozessor läßt sich sogar das Mikroprogramm in allen Einzelheiten und das zugehörige Setzen der 23 Steuerleitungen verfolgen, wenn man daran interessiert ist.

Mit Hilfe des Taktgenerators kann man die einzelnen Schritte natürlich auch bei variabler Taktfrequenz betrachten, dabei wird besonders das Vorwärts- und Rückwärtszählen an den Leuchtdioden im Akku sichtbar.

Um sich davon zu überzeugen, daß der Wechsel zwischen Schleifen im Programm (Vorwärts-, Rückwärtszählen) tatsächlich von den bedingten Sprungbefehlen aus geschieht, kann man die Lade-Steuerleitung (C/LD) des Programmzählers fest mit L-Potential verbinden. Dazu muß die Start-Taste gedrückt gehalten werden. Läßt man sie los, läuft der Prozessor über beide Schleifen hinweg, da der Programmzähler keinen Sprungbefehl mehr ausführen kann (da er nicht mehr gesetzt wird). Da sich eventuell am Anschluß an das Programm im Programmspeicher noch von vorhergehenden Programmen zufällig unerwünschte Speicherbefehle befinden können, die den Inhalt des abzuarbeitenden Programms ändern würden, sollte am Programmende immer ein Haltbefehl stehen.

11.5 I/O-Port

Der bisher beschriebene Modellprozessor kann Operandendaten nur dann verarbeiten, wenn sie sich im Arbeitsspeicher befinden. Zur Erfassung von Meßwerten oder zur Abgabe von Daten, z. B. als Steuerbefehle an periphere Geräte, ist es jedoch notwendig, daß der Prozessor über den Datenbus mit externen Geräten wechselwirken kann. Dies ließe sich dann sehr einfach realisieren, wenn diese externen Geräte vom Prozessor wie der Arbeitsspeicher behandelt werden könnten. Sie müßten also bei Anlegen einer entsprechenden Geräteadresse in einer mit der Zykluszeit des Arbeitsspeichers vergleichbar kurzen Zeit ihr Datum auf den Datenbus ausgeben oder Daten vom Mikroprozessor über diesen empfangen. Für Geräte, die dazu nicht in der Lage sind, weil sie z. B. die Daten in einem anderen Format oder anderem zeitlichen Rhythmus ausgeben bzw. empfangen, müssen entsprechende Anpassungsschaltungen, sog. Interfaceschaltungen, verwendet werden.

Die wohl wichtigste Schaltung dieser Art ist die Ein-/Ausgabeschaltung, genannt In/Out-Port oder kurz I/O-Port. Man findet auch die Bezeichnungen PIO (*Peripheral* In-Out-Schaltung), PIA (*Peripheral* Interface Adapter) und VIA (*Versatile* Interface Adapter).

Im folgenden soll ein Modell-I/O-Port beschrieben und auf diese Weise die prinzipielle Funktionsweise kommerzieller I/O-Ports verdeutlicht werden. Der Modell-I/O-Port ermöglicht, wie alle kommerziellen I/O-Ports auch, einen asynchronen parallelen Datentransfer *bidirektional* zwischen dem Modell-Prozessor und externen Geräten.

Der Datentransfer ist asynchron, da die peripheren Geräte und der Prozessor in den meisten Fällen nicht die gleiche Taktfrequenz besitzen. Aus diesem Grunde dürfen die Daten von den peripheren Geräten nicht einfach zu beliebigen Zeiten, z. B. der Zeit ihrer Entstehung, auf den Datenbus des Prozessors gelegt werden, da nicht gewährleistet ist, daß das bezogen auf die Peripherie asynchron arbeitende Prozessorsystem zur Aufnahme von Daten bereit ist. Denn es könnte z. B. ein gerade auf dem Datenbus stattfindender Datentransfer zwischen einem inneren Register und dem Arbeitsspeicher empfindlich gestört werden.

Umgekehrt darf natürlich auch der Mikroprozessor nicht zu jeder beliebigen Zeit Daten zur Übermittlung an die Peripherie auf den Datenbus legen, da die peripheren Geräte nicht zu beliebigen Zeiten bereit sind, diese Daten zu übernehmen, sie könnten also verloren gehen.

Daher verfügen alle I/O-Ports über Speicher, sog. Ein-/Ausgabe-(E-/A-)Puffer, in denen die zu übertragenden Daten zunächst zwischengespeichert werden können, bis entweder das Mikroprozessorsystem oder ein peripheres Gerät bereit ist, diese abzurufen. Käufliche I/O-Ports besitzen meist sogar mehrere Pufferspeicher für die Eingabe und für die Ausgabe, dabei kann sogar softwareseitig, d. h. vom Programm her, bestimmt werden, welches Register als Ein- bzw. Ausgaberegister fungieren soll. In den meisten für Steuerungszwecke oder zur Meßdatenerfassung eingesetzten Mikroprozessor-Systemen wird der Notwendigkeit zur Übertragung vieler Daten dadurch Rechnung getragen, daß die Ein-/Ausgabe-Register vom Mikroprozessor wie Arbeitsspeicherplätze adressiert werden können. Man nennt diese Arbeitsweise im Angelsächsischen *memory mapped I/O*. Dies macht natürlich Logikschaltungen für die Adreßdekodierung notwendig und hat den Nachteil, daß die hierfür reservierten Adressen nicht für die Adressierung von Plätzen im Arbeitsspeicher zur Verfügung stehen.

Die Einrichtung noch so bequem adressierbarer E/A-Puffer allein reicht jedoch noch nicht für den asynchronen Datenverkehr zwischen dem Mikroprozessor und peripheren Geräten aus. Denn damit die Peripherie bzw. der Mikroprozessor darüber unterrichtet sind, wann die in den E/A-Puffern abgelegten Werte von der jeweils anderen Seite ausgelesen wurden, so daß *neue* Daten in das I/O-Port eingegeben werden dürfen, und der Mikroprozessor bzw. die Peripherie die alten Daten nicht überschreibt bzw. noch einmal liest, müssen folgende Anforderungen an einen asynchronen Datentransfer mittels I/O-Port gestellt werden:

1. Der Mikroprozessor muß imstande sein, der Peripherie mitzuteilen, daß er ein Datum in den E/A-Puffer zum Auslesen durch das periphere Gerät eingeschrieben bzw. ein von der Peripherie dort abgelegtes Datum gelesen hat, so daß dieses nicht mehr benötigt wird und überschrieben werden kann.
2. Die peripheren Geräte müssen in der Lage sein, dem Mikroprozessor anzuzeigen, daß sie Daten in den E/A-Puffer zum Auslesen durch den Mikroprozessor eingeschrieben bzw. ein vom Mikroprozessor dort eingeschriebenes Datum ausgelesen haben, so daß dieses nicht mehr benötigt wird und überschrieben werden kann.

Man nennt einen solchen Zyklus der gegenseitigen Unterrichtung über die Ablage und die Entnahme von Daten einen *Handshake-Zyklus*, s.w.u.. Ein international genormtes Verfahren zur Datenübertragung nach obigem Verfahren ist als sog. IEC-Schnittstelle nach DIN IEC 66.22 (oder amerikanisch IEEE 488) bekannt.

Ein solches Handshake-Verfahren erfordert sog. E/A-Steuerleitungen und den jeweiligen Zustand anzeigende E/A-Statusflags (Flipflops). In käuflichen Systemen enthalten die Statusanzeigen häufig auch Informationen über die Art der Daten, die vom Mikroprozessor der Peripherie in den Ein-/Ausgabe-Puffer gegeben wurden.

Im folgenden soll nun beschrieben werden, wie der Modell-I/O-Port die oben angegebenen Anforderungen erfüllt.

Bild 11.4 zeigt das zugehörige vereinfachte Blockschaltbild, Bild 11.5 die Frontplatte des realisierten I/O-Ports.   Man erkennt, der Modell-I/O-Port verfügt über zwei E/A-Kanalpuffer, die im folgenden als Eingabe- und Ausgaberegister bezeichnet werden. Das Eingaberegister dient ausschließlich der Zwischenspeicherung von Daten, die von peripheren Geräten an das Mikroprozessor-System übergeben werden sollen, während das Ausgaberegister nur solche Daten zwischenspeichert, die das Mikroprozessor-System für die peripheren Geräte bereithält. Die Einrichtung dieser Ein- und Ausgaberegister ermöglicht das *gleichzeitige* Einschreiben und Auslesen von Daten sowohl durch den Mikroprozessor als auch durch die Peripherie. Die zugehörigen Statusflags, die anzeigen, ob neue Daten eingeschrieben und die alten ausgelesen wurden, werden von 1 Bit breiten Ein-/Ausgabestatusregistern (2 JK-Flipflops) gesetzt. Und zwar wird das Eingabestatusregister von der Peripherie auf 1 gesetzt, wenn von peripheren Geräten Daten in das Eingaberegister eingeschrieben wurden. Das Ausgabestatusregister wird vom Mikroprozessor auf 1 gesetzt, wenn er ein Datum in das Ausgaberegister eingeschrieben hat. Anschließend wird es von dem peripheren Gerät auf 0 zurückgesetzt, wenn es diese Daten ausgelesen und damit dem Mikroprozessor-System signalisiert hat, daß es zum Empfang neuer Daten bereit ist. Auf die Einrichtung eines zusätzlichen Statusregisters, welches Informationen über die Art der Daten enthält, wurde aus Gründen der Übersichtlichkeit verzichtet. Es wird davon ausgegangen, daß immer nur eine Art von Daten, Zahlen, zwischen Peripherie und Mikroprozessor-System ausgetauscht werden, denn alle Daten können als Zahlen dargestellt werden; wie diese interpretiert werden, hängt dann nur vom Empfänger ab.

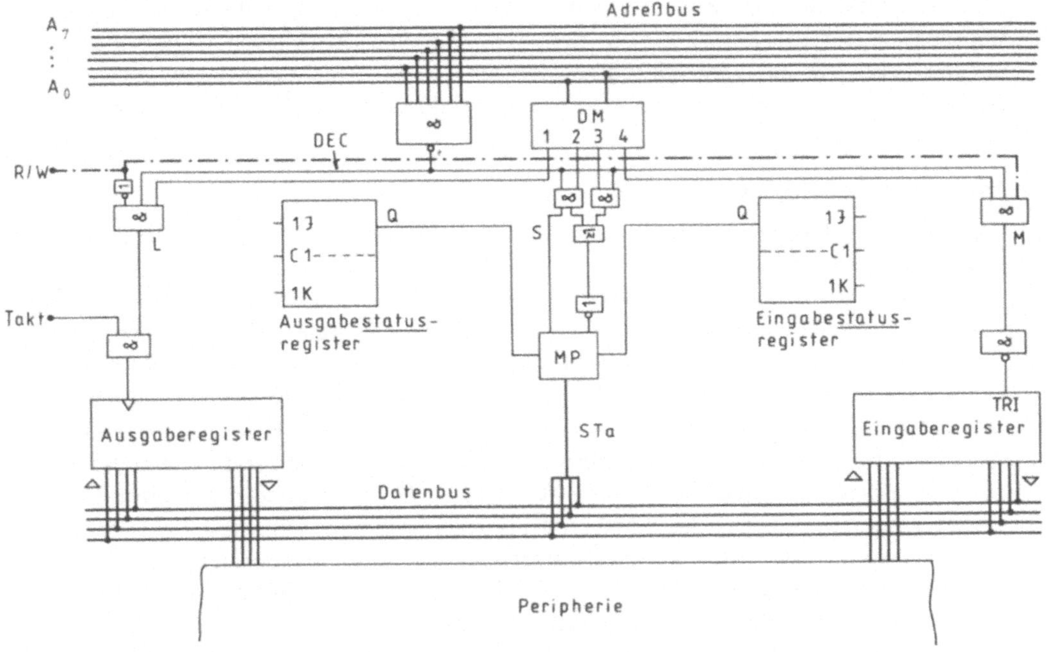

Bild 11.4 Vereinfachtes Blockschaltbild des Modell-I/O-Ports

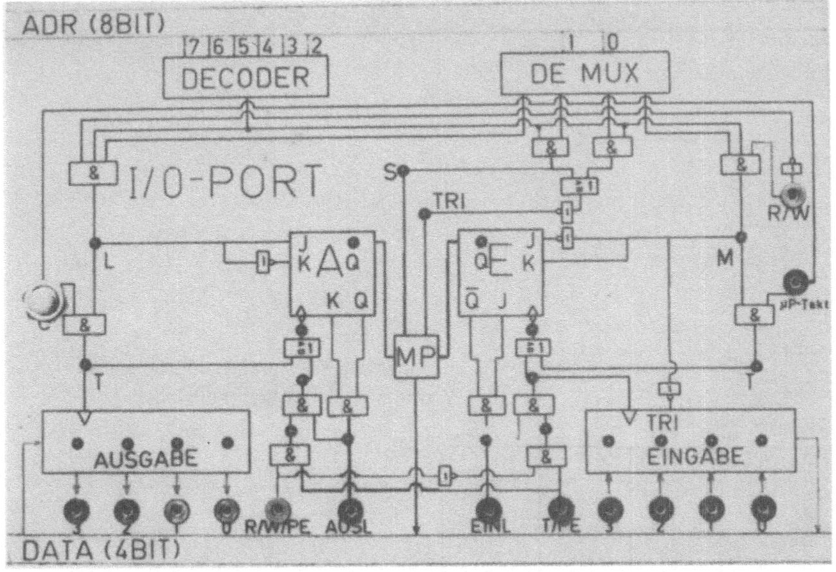

Bild 11.5 Vollständiges Blockschaltbild und Frontplatte des Modell-I/O-Ports

Weiterhin entnimmt man Bild 11.4, wie das Ein-/Ausgaberegister und das Ein-/Ausgabe-statusregister adressiert werden. Um dem weiter oben beschriebenen Wunsch nachzu-kommen, den I/O-Port vom Mikroprozessor aus wie den Arbeitsspeicher zu behandeln, wurden die ersten 4 Adressen des Arbeitsspeichers 00_{16} bis 03_{16} für die Register des I/O-Ports reserviert.

Adressierung des Eingaberegisters

Der Inhalt des Eingaberegisters gelangt dann auf den Datenbus und wird vom Mikro-prozessor gelesen, wenn auf den Tristate-Eingang des Eingaberegisters (im Bild nur mit "Tri" bezeichnet) eine 0 gegeben wird, am Ausgang M des 3-fach UND-Gatters also eine 1 erscheint. Befindet sich der Ausgang M auf 0, also der Tristate-Eingang des Eingabe-gisters auf 1, so sind die Ausgänge des Eingaberegisters gesperrt. Man erhält M = 1 und somit Tri = 0 (Daten werden auf den Bus gegeben), wenn die 3 Eingänge des UND-Gatters sich *alle* auf 1 befinden. Eine dieser 3 Leitungen ist die mit R/$\overline{\text{W}}$- bezeichnete Lese-/Schreibleitung. Diese wird vom Mikroprozessor auf 1 gesetzt, wenn er die Daten des Ein-gaberegisters lesen möchte. Der Zustand der 2. der 3 Eingangsleitungen des 3-fach-UND-Gatters wird vom Ausgang des 6-fach NOR-Gatters bestimmt. Dies liefert am Ausgang nur dann eine 1, wenn sich alle Adreßleitungen A_2-A_7 auf 0 befinden, also sich auf dem Adreßbus eine Adresse zwischen 00_{16} und 03_{16} befindet. Der Zustand der 3. der Ein-gangsleitungen des UND-Gatters schließlich wird vom Zustand des Ausgangs Nr. 4 des mit DM bezeichneten Demultiplexers oder auch 2 zu 4 Decoders bestimmt. Der Demulti-plexer decodiert die beiden Adreßleitungen A_0 und A_1. Bild 11.6 zeigt seine Schaltung und die zugehörige Wahrheitstabelle für seine 4 Ausgänge.

Man erkennt, der Ausgang 4 des Demultiplexers ist im Zustand 1, wenn $A_0 = A_1 = 1$ sind, also die Adresse 3_{10} auf dem Adreßbus liegt.

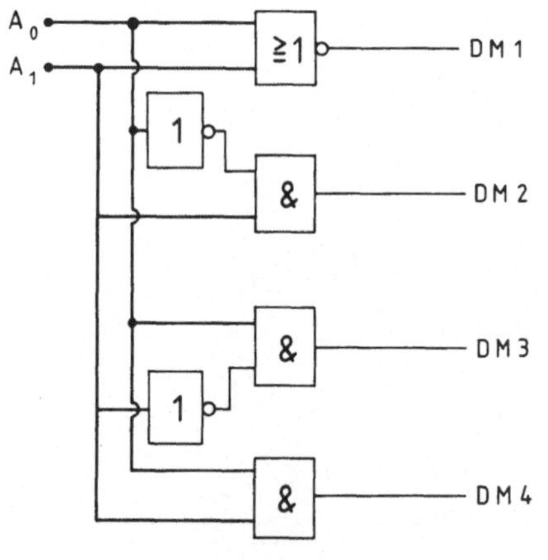

Bild 11.6

Schaltung des Adreß-Demultiplexers
mit zugehöriger Wahrheitstabelle

A_0	A_1	DM1	DM2	DM3	DM4
0	0	1	0	0	0
0	1	0	1	0	0
1	0	0	0	1	0
1	1	0	0	0	1

b)

Das Eingaberegister besitzt also die Adresse 0000 0011 = 3_{10}. Es wird adressiert und gibt seine Daten auf den Datenbus, wenn die $R/\overline{W}$-Leitung vom Mikroprozessor auf 1, d. h. auf "Lesen" gesetzt und die Adresse 3_{10} auf den Adreßbus gegeben wird.

Adressierung des Ein-/Ausgabestatusregisters

Die Ausgänge des Ein- und Ausgabestatusregisters (die Ausgänge Q der JK-Flipflops) werden einem mit MP bezeichneten Multiplexer zugeführt, s. Kapitel 5. Dieser schaltet den Eingabestatus auf den Datenbus durch, wenn an seinem mit Tri bezeichneten Eingang eine 0 liegt, und er schaltet den Ausgabestatus durch zum Datenbus, wenn sich an seinem mit S bezeichneten Eingang eine 1 befindet. Ob der S-Eingang eine 1oder der Tri-Eingang eine 0 führt, wird allein von der entsprechenden Adresse auf dem Adreßbus bestimmt. Führt der Ausgang 3 des Demultiplexers eine 1, dies ist der Fall bei der Adresse 0000 0010 = 2_{10}, s. Tabelle des Bildes 11.6, so führt der Tri-Eingang des Multiplexers eine 0, und das Eingabestatusregister ist ausgewählt. Dieses besitzt also die Adresse 2_{10}. Das Ausgabestatusregister ist ausgewählt, wenn der Ausgang 2 des Demultiplexers eine 1 führt, das ist der Fall, wenn die Adresse 00000001 = 1_{10} auf dem Adreßbus liegt, s. Tabelle des Bildes 11.6

Adressierung des Ausgaberegisters

Die Adressierung des Ausgaberegisters erfolgt analog zu der des Eingaberegisters. Es übernimmt die vom Mikroprozessor auf den Datenbus gegebenen Daten, wenn der mit L bezeichnete Ausgang des UND-Gatters *und* das Mikroprozessor-Taktsignal eine 1 führen. Der Ausgang L befindet sich auf 1, wenn die $R/\overline{W}$-Leitung eine 0 führt, das entspricht dem Modus "Schreiben", und wenn der Ausgang 1 des Demultiplexers eine 1 führt, das entspricht der Adresse 00000000 = 0_{10}. Das Ausgaberegister wird also mit der Adresse 0_{10} angesprochen.

Damit bekommen die ersten vier Adressen des Arbeitsspeichers nun folgende Bedeutung:

0000 0000 = 0_{10} Ausgaberegister
0000 0001 = 1_{10} Ausgabestatusregister
0000 0010 = 2_{10} Eingabestatusregister
0000 0011 = 3_{10} Eingaberegister

Funktionsbeschreibung

Zur Beschreibung der Funktionsweise der Gesamtschaltung sei von dem Zustand ausgegangen, daß alle 4 Register gelöscht wurden.

Im Ruhezustand führen die Ausgänge der Master Slave-Flipflops der Ein-/Ausgabestatusregister $Q = 0$, $\overline{Q} = 1$. Beim Eintreffen des nächsten Taktimpulses übernehmen sie die Zustände, die dann zu diesem Zeitpunkt an den JK-Eingängen anliegen. Es wird dann also $Q = J$ und $\overline{Q} = K$ für $J \neq K$.

Ist $M = 0$, so führt die Leitung "Einlesen" ("Einl." in Bild 11.5) eine 1, da das UND-Gatter über $\overline{M}$ und $\overline{Q}$ eine 1 auf beiden Eingängen erhält. Dies signalisiert der Peripherie, daß sie ein Datum in das Eingaberegister einschreiben kann. Soll dies geschehen, setzt das periphere Gerät die $R/\overline{W}$/P-Leitung, d. h. die Lese-/Schreibleitung der Peripherie, auf 0 (= Schreiben) und legt das einzuschreibende Datum an den Eingang des Eingaberegisters.

Wird dann die Taktleitung der Peripherie T/P auf 1 gesetzt, so wird das Eingaberegister getaktet, da am Ausgang R des UND-Gatters eine 1 erscheint ($R = R/\overline{W}/P \land T/P \land \overline{M} \land \overline{Q}$ = 1 für R/$\overline{W}$/P = 1, TP = 1, M = 0, $\overline{Q}$ = 1). Die Daten werden also auf der positiven Flanke des peripheren Taktsignals ins Eingaberegister übernommen. Mit R = 1 wird gleichzeitig auch das JK-Flipflop, das Eingabestatusregister, getaktet. Da wegen M = 0 gilt J = 1, K = 0, wird auf der negativen Flanke des peripheren Taktsignals dieser Zustand in den Ausgang übernommen, und es gilt nun Q = 1 und $\overline{Q}$ = 0. Durch $\overline{Q}$ = 0 wird über die Einleseleitung (Einl.) der Peripherie mitgeteilt, daß der Einlesevorgang beendet ist und kein weiteres Datum ins Eingaberegister gebracht werden kann.

Dieses Datum, welches von der Peripherie ins Eingaberegister geschrieben wurde, muß nun vom Mikroprozessor ausgelesen werden. Dazu muß der Prozessor zunächst erfahren, daß von der Peripherie ein Datum für ihn im Eingaberegister abgelegt wurde. Er muß also das Eingabestatusregister abfragen. Dazu legt er die Adresse 0000 0010 = 2_{10} auf den Adreßbus. Dadurch wird, wie weiter oben ausführlich beschrieben wurde, der Tri-Eingang des Multiplexers auf 0 gesetzt und der Ausgangszustand Q des Eingabestatusregisters auf den Datenbus gelegt. In diesem Falle, Q = 1, erscheint also auf dem Datenbus 1111, da die eine Ausgangsleitung des Eingabestatusregisters mit allen vier Datenleitungen verbunden ist. Dieser Zustand wird in den Akkumulator übernommen. Im Programm muß nun der Inhalt des Akkumulators abgefragt werden. Befinden sich, wie im vorliegenden Fall, lauter "1", also eine negative Zahl im Akku, so bedeutet dies, daß ein Datum im Eingaberegister für den Mikroprozessor zur Abholung bereitsteht. Um dieses Datum auszulesen, muß der Mikroprozessor das Eingaberegister adressieren und das Datum auslesen. Dazu gibt er die Adresse 0000 0011 = 3_{10} des Eingaberegisters auf den Adreßbus und setzt die R/$\overline{W}$-Mikroprozessor-Leitung auf 1, d.h. "Lesen", ganz analog dem Arbeitsspeicher-Lesevorgang. Dadurch geht der Ausgangszustand des 3-fach UND-Gatters von M = 0 auf M = 1, und somit wird der Tristate-Eingang "Tri" des Eingaberegisters auf 0 gesetzt, und das im Eingaberegister stehende Datum gelangt auf den Datenbus und in den Akkumulator des Mikroprozessors. Dadurch, daß wieder M = 1 gilt, liegt nun am J-, K-Eingang des Master Slave-Flipflops J = $\overline{M}$ = 0, K = 1. Wegen M = 1 wird das JK-Flipflop dann mit dem nächsten Taktimpuls des Mikroprozessors getaktet, und auf der negativen Flanke wird der Zustand J = 0, K = 1 in den Ausgang übernommen, und es wird Q = 0, $\overline{Q}$ = 1. Danach wird wieder M = 0 (das Eingabestatusregister ist nicht mehr adressiert), und über $\overline{Q}$ = 1, $\overline{M}$ = 1 wird die Einleseleitung der Peripherie "Einl." wieder auf 1 gesetzt und damit der Peripherie mitgeteilt, daß der Mikroprozessor das Datum ausgelesen hat und sie ein neues Datum ins Eingaberegister schreiben kann.

Der Mikroprozessor kann nun das eingelesene Datum verarbeiten und soll das Ergebnis dieses Prozesses dann über das Ausgaberegister der Peripherie mitteilen. Dazu muß der Mikroprozessor zunächst das Ausgabestatusregister abfragen, ob er dieses Ergebnis in das Ausgaberegister einschreiben darf, ob die Peripherie das vorhergehende Datum auch gelesen hat. Wenn nicht, muß er warten oder ein anderes Programm bearbeiten. Der Mikroprozessor fragt also zunächst den Zustand des Ausgabestatusregisters ab, indem er die zugehörige Adresse 0000 0001 = 1_{10} auf den Adreßbus legt. Dadurch geht der Ausgang Nr. 2 des Demultiplexers auf 1, und es wird S = 1, so daß der Ausgang Q des Ausgabestatusregisters auf den Datenbus gelangt. Gemäß der Voraussetzung, daß im Ausgangszustand alle Registerinhalte gelöscht sein sollen, gilt Q = 0. Also gelangt 0000 in den

Akkumulator des Mikroprozessors. Per Programm muß nun abgefragt werden, ob der $\langle Akku \rangle = 0$ ist. Ist er 0 wie im vorliegenden Fall, bedeutet dies, daß der Mikroprozessor das Ergebnis seiner Operation in das Ausgaberegister einschreiben darf. Es soll an dieser Stelle schon darauf hingewiesen werden, obgleich dies w.u. ausführlich diskutiert wird, daß der Mikroprozessor das Ergebnis der Verarbeitung des aus dem Eingaberegister ausgelesenen Datums erst im Arbeitsspeicher zwischenspeichern muß, bevor er den Zustand des Ausgabestatusregisters in den Akkumulator übernimmt, denn sonst würde es ja überschrieben.

Um nun das Ergebnis in das Ausgaberegister einschreiben zu können, muß dieses zunächst adressiert werden. Dazu legt der Mikroprozessor die Adresse 0000 0000 = 0_{10} des Ausgaberegisters auf den Adreßbus und setzt die $R/\overline{W}$-Leitung auf 0, d.h. "Schreiben". Dadurch geht der Ausgang des 3-fach UND-Gatters von L = 0 auf L = 1 über, und bei dem nächsten Takt des Mikroprozessors wird $T' = 1$ und das Ausgaberegister getaktet, so daß die Daten auf dem Datenbus (d.h. den $\langle Akku \rangle$) in das Ausgaberegister übernommen werden.

Durch $T' = 1$ wird gleichzeitig das Master-Slave-Flipflop, das Ausgabestatusregister, getaktet, und auf der negativen Flanke des Mikroprozessor-Taktes wird der JK-Eingangszustand J = 1, K = 0 an den Ausgang genommen, und es wird jetzt Q = 1, $\overline{Q}$ = 0. Geht L von 1 auf 0 zurück, das Ausgaberegister wird nicht mehr adressiert, dann wird die Auslesezustandsleitung für die Peripherie, "Ausl.", auf 1 gesetzt und damit gleichzeitig der Peripherie mitgeteilt, daß für sie ein Datum vom Mikroprozessor zum Auslesen im Ausgaberegister bereitsteht. Um dieses auszulesen, setzt die Peripherie die $R/\overline{W}/P$-Leitung auf 1, d.h. "Lesen". Dadurch kann das periphere Gerät die Daten aus dem Ausgaberegister übernehmen. Mit dem nächsten Taktimpuls wird dann N = $R/\overline{W}/P \wedge TP \wedge$ "Ausl" = 1 (für $R/\overline{W}/P$ = TP = "Ausl." = 1) und das Ausgabestatusregister getaktet. Es übernimmt dann J = 0, K = 1, so daß wieder Q = 0, $\overline{Q}$ = 1 gilt. Dadurch wird die Ausl.-Leitung wieder auf 9 zurückgesetzt und dem Mikroprozessor signalisiert, daß die Peripherie den Inhalt des Ausgaberegisters gelesen hat und neue Daten eingegeben werden dürfen. Damit ist ein Ein-/Ausgabezyklus abgeschlossen und der Ausgangszustand wiederhergestellt.

Mit dem hier ausführlich dargestellten Datentransfer ist der Leser neben dem synchronen und asynchronen mit einem weiteren Verfahren der Datenübertragung zwischen zwei Geräten, dem einfachsten Handshake-Verfahren, dem sogenannten 2-Draht-Handshake-Verfahren, bekannt geworden. In diesem 2-Draht-Handshake-Verfahren können immer nur 2 Geräte miteinander Daten austauschen, ein Sender und ein Empfänger, oder, wie man meist sagt, ein *Listener* (Hörer, Empfänger) und ein *Talker* (Sprecher, Sender). Dabei können jedoch auch beide, wie oben beschrieben, ihre Rollen vertauschen. Über einen Datenbus werden die Daten ausgegeben. Dies ist jedoch nur möglich, wenn der Listener seine Empfangsbereitschaft über eine **Ready For Data**-(RFD-)Leitung anzeigt. Der Sender überwacht diese Leitung und übergibt die Daten, wenn der RFD-Zustand dies zuläßt. Hat der Listener sie übernommen, teilt er dies dem Talker durch den Zustand einer weiteren, einer **Data Accepted**-(DAC-)Leitung mit. Dadurch weiß der Talker, daß er neue Daten senden darf. Den RFD- bzw. DAC-Zuständen entsprechen in unserem Beispiel, dem Datentransfer zwischen Mikroprozessor und einem peripheren Gerät über den I/O-Port, die Ein-/Ausgabestatusregister-Zustände. Listener und Talker sind wechselseitig der Mikroprozessor und das periphere Gerät.

Sollen mehrere Listener mit einem Talker zusammenwirken, dann wird das Handshake-Verfahren komplexer. Eine Beschreibung übersteigt den Rahmen dieses Buches und muß der zahlreichen Originalliteratur über den IEC-Bus entnommen werden.

Im folgenden wird ein Vorschlag für ein Programm gemacht, welches den programmierten Datentransfer zwischen Mikroprozessor und Peripherie über den Modell-I/O-Port verdeutlicht:

Adresse	Befehl	Kommentar
04	0	Anfangsadresse für den 1. Programmbefehl
05	6	
06	LD	Lade den <02> = <Eingabestatusregister> in den Akku
07	0	Adresse des Eingabestatusregisters
08	2	
09	JZ	Springe auf Adresse 06 zurück, wenn <Akku> Null ist
0A	0	(Eingabestatus = 0 bedeutet, es befindet sich noch kein neues Datum im Eingaberegister, daher durchläuft der Mikroprozessor so lange eine Schleife bis <Akku> = 1)
0B	6	
0C	LD	Lade <03> = <Eingaberegister> in den Akku
0D	0	Adresse des Eingaberegisters
0E	3	
.	.	In diesem Bereich führt der Mikroprozessor mit dem <Eingaberegister> Operationen durch, das Ergebnis steht danach im Akku
.	.	
.	.	
z.B. 20	ST	Speichere den <Akku> = Ergebnis der vorhergegangenen Verarbeitung in dem Arbeitsspeicher auf Platz 40
21	4	
22	0	
23	LD	Lade <01> = <Ausgabestatusregister> in den Akku
24	0	Adresse des Ausgabestatusregisters
25	1	
26	JN	Springe auf Adresse 23 zurück, wenn <Akku> negativ
27	2	(Eine 1 im Ausgabestatusregister bedeutet 1111 = negative Zahl = $(-1)_{10}$ im Akku und heißt: Es darf noch nicht ins Ausgaberegister geschrieben werden)
28	3	
29	LD	Lade <40> wieder in den Akku
2A	4	
2B	0	
2C	ST	Speichere <Akku> = <40> auf Adresse 00 = Ausgaberegister
2D	0	Adresse des Ausgaberegisters
2E	0	
2F	JMP	Springe unbedingt wieder auf die Anfangsadresse 06 zurück
30	0	
31	6	

Am Ende des Buches befindet sich der vollständige Schaltplan des I/O-Ports. In dem Modell-Mikroprozessor-System mit I/O-Port wird nun das oben angegebene Programm in den Arbeitsspeicher des Prozessors geladen. In dem Verarbeitungsteil möge z.B. das aus dem Eingaberegister gelesene Datum um 1 erhöht werden oder einmal rechts rotiert werden oder dergl.. Danach werden über ein Low-Signal an der Clear-Buchse C alle Registerinhalte gelöscht, d.h. auf 0 gesetzt und anschließend das Programm gestartet. Man stellt dann fest, daß der Mikroprozessor immer nur die 1. Schleife durchläuft, da sich noch kein Datum im Eingaberegister befindet und das Eingabestatusregister immer 0 zeigt. Man kann nun z.B. per Hand ein Datum an die Eingangsbuchsen des Eingaberegisters legen und anschließend die R/$\overline{W}$/P-Leitung auf 0, d.h. "Schreiben" legen. Nach dem Takten über die T/P-Buchse stellt man fest:

1. Auf der positiven Flanke des T/P-Signals wird das an das Eingaberegister angelegte Datum eingelesen.
2. Der Eingabestatus wird auf der negativen Flanke des T/P-Signals auf 1 gesetzt, das entspricht dem ''Data ready''-Signal für den Mikroprozessor.
3. Der Mikroprozessor verläßt jetzt die 1. Schleife und liest dieses Datum aus dem Eingaberegister aus und löscht das Eingabestatusregister wieder, so daß die mit "Einl." bezeichnete Leitung wieder auf 1 liegt. Dies interpretiert die Peripherie als "Data accepted"-Signal, und es kann z.B. per Hand wieder ein neues Datum eingegeben werden.

Alle diese Zustände können im Einzeltaktbetrieb (*single step*) an den zugehörigen Leuchtdioden abgelesen und verfolgt werden.

4. Der Mikroprozessor verarbeitet das eingelesene Datum nun gemäß den Programmbefehlen.
5. Das Ergebnis dieser Operation wird im Arbeitsspeicher auf Platz 40 abgespeichert, damit das Ergebnis der Abfrage des Ausgabestatusregisters in den Akku geladen werden kann.
6. Da das Ausgabestatusregister sich noch im gelöschten Zustand befindet, steht keine negative Zahl im Akku, und es darf ins Ausgaberegister eingeschrieben werden.
7. Der Mikroprozessor holt das Ergebnis seiner Verarbeitung vom Arbeitsspeicherplatz 40 in den Akku zurück und schreibt es dann gleichzeitig ins Ausgaberegister. Dabei wird dann der Ausgabestatus auf 1 gesetzt, was die Peripherie als "Data ready"-Signal auffassen und das Datum dann dem Ausgaberegister entnehmen darf. Dazu müssen natürlich die R/$\overline{W}$/P- und T/P-Leitungen entsprechend gesetzt werden.

Danach beginnt der gesamte Zyklus von vorn.

11.6 DMA-Controler

Der in dem vorhergehenden Kapitel beschriebene Handshake-Transfer über den I/O-Port ist naturgemäß nicht sehr schnell, denn alle Daten, die von einem peripheren Gerät in den Arbeitsspeicher des Prozessors eingeschrieben oder von dort ausgelesen werden sollen, gehen über den I/O-Port und den Akku des Prozessors. Sollen daher ausschließlich sehr viele Daten schnell in den Arbeitsspeicher eingelesen oder von dort ausgelesen werden, d.h. ohne daß sie im Mikroprozessor sofort verarbeitet werden, so ist der Handshake-

Transfer des I/O-Ports zu langsam, denn das Peripheriegerät muß immer so lange warten, bis der Mikroprozessor in Ausführung seines Programms das Datum entgegennimmt oder ausgibt. Daher wäre es besser, wenn das periphere Gerät unter Umgehung des Prozessors einen direkten Zugriff zum Arbeitsspeicher bekäme, um seine Daten dort abzulegen oder von dort abzuholen. Eine solche Art des Datenaustausches nennt man „direkten Speicherzugriff‚‘ und eine solche Schaltung, einen solchen Interface Baustein, der diese Aufgabe übernehmen kann, nennt man DMA-Controler (Direct Memory Access-Controler).

Es sind zwei Arten von DMA-Transfers verbreitet:

1. DMA-Transfer nach dem "Cycle Steeling" Verfahren

Soll der DMA-Transfer erfolgen, sperrt auf ein Anforderungssignal der Pheripherie (DMA Request) der DMA-Controler den Prozessortakt und veranlaßt den Prozessor, alle seine Ausgänge auf die Busse in den hochohmigen Zustand zu versetzen. Die Adressen für den Arbeitsspeicher werden nun von dem DMA-Controler erzeugt. Die einzulesenden oder auszugebenden Daten können nun über den Controler zwischen Peripheriegerät und Arbeitsspeicher ausgetauscht werden.

Der DMA-Controler „stiehlt" bei dieser Art des Datenaustausches dem Mikroprozessor etwas seiner Zeit; daher stammt die Bezeichnung "cycle steeling" (Taktzeit stehlen). Weil der DMA-Controler im Prinzip nur die Adressen des Arbeitsspeichers hochzuzählen braucht, kann er den beschriebenen Datenaustausch sehr viel schneller durchführen als der Mikroprozessor, der pro ein- oder auszulesendes Datum immer einen Befehlszyklus durchlaufen muß.

2. „Simultaner" DMA-Transfer

Hier greift der DMA-Controler immer dann auf den Speicher zu, wenn der Mikroprozessor dies nicht tut. Dabei wird zwar dem Mikroprozessor keine Zeit gestohlen, jedoch wird der DMA-Transfer häufiger unterbrochen, nämlich immer dann, wenn der Mikroprozessor die Busse benötigt. Der simultane DMA-Transfer ist also immer dann sinnvoll, wenn die Zeit für den Transfer in der Größenordnung der Zugriffsintervalle des Prozessors liegt, oder aber wenn ein wichtiges Programm nicht unterbrochen werden darf.

Der Schaltungsaufwand zur Realisierung eines simultanen DMA-Transfers ist natürlich größer als der für den Transfer nach dem cycle steeling Verfahren, denn für den simultanen DMA-Transfer ist immer die Kenntnis des momentanen Status des Prozessors notwendig.

Da der vorher beschriebene Modell-Prozessor nicht in der Lage ist, Vorinformationen über seinen zukünftigen Status eines Befehlszyklusses zu geben, wurde ein DMA-Controler realisiert, der nach dem cycle steeling Verfahren arbeitet.

Hauptbestandteil des Modell-DMA-Controlers ist ein programmierbarer Zähler, der während des Daten-Transfers die Adressen des Arbeitsspeichers liefert. Bild 11.7 zeigt das Blockschaltbild in Form der Frontplatte des Modell-DMA-Controlers. Die zum Zähler gehörenden Schalter gestatten das Einstellen der Anfangsadresse des für den DMA-Transfer gewünschten Bereichs des Arbeitsspeichers. Käufliche DMA-Controler besitzen dazu interne Register, die per Programm über den Mikroprozessor geladen werden können.

Zum Starten eines DMA-Transfers muß das periphere Gerät eine "1" an die DMA-Requestleitung (REQ) anlegen. Will das periphere Gerät Daten aus dem Speicher auslesen, so muß es die R/$\overline{\text{W}}$/D-Leitung ebenfalls auf "1" setzen, will es Daten in den Speicher einschreiben, muß es die R/$\overline{\text{W}}$/D-Leitung auf "0" legen.

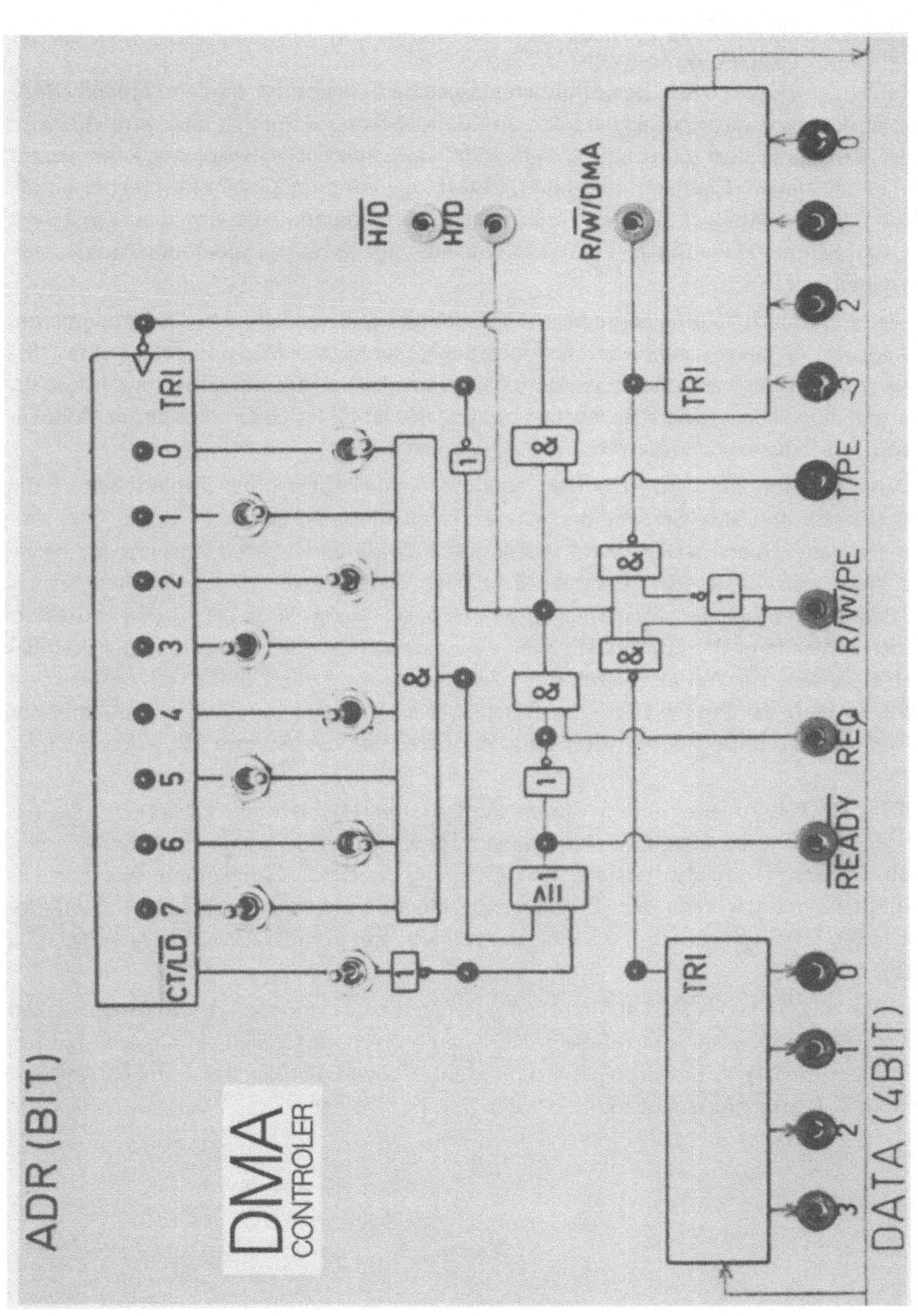

11.7 Frontplatte des DMA-Controlers

Das DMA-Request Signal bedient am Mikroprozessor die Taktunterbrechung und die Tri-State Ausgänge zum Adreß- und Datenbus. Da die Peripherie im allgemeinen nicht mit dem Prozessortakt synchron arbeitet, wurde eine eigene Taktleitung (T/P) vorgesehen. Diese taktet den Zähler des Controlers.

Das Ende des durch DMA beeinflußbaren Speicherbereichs ist in dem Modell-DMA-Controler der letzte Arbeitsspeicherplatz, also der der Adresse 255. Ist diese erreicht, wird dies der Peripherie über die Leitung "READY" mitgeteilt. Die Peripherie kann darauf ihren Takt einstellen. Geschieht dies nicht, so sorgt die vor dem Zähler angebrachte Logikschaltung für die Abblockung des Peripherietaktes. Darüberhinaus gibt diese, gesteuert durch das Schreib-/Lese-Signal ($R/\overline{W}/P$), entweder die Eingangs- oder die Ausgangsleitungstreiber frei.

Eine weitere Logikschaltung sorgt für die zeitrichtige Einkopplung bzw. Rücknahme des DMA-Request Signals, nämlich auf der positiven Flanke des Mikroprozessortaktes. Sie soll hier nicht näher beschrieben werden, da sie speziell für das Modellsystem aufgebaut wurde und keine allgemeinere Bedeutung besitzt, (sie ist in der Gesamtansicht des Modell-Mikroprozessorsystems sichtbar, Bild A11 im Anhang).

Zur Demonstration des DMA-Transfers stellt man zunächst an den Zählerschaltern die Anfangsadresse des DMA-Speicherbereichs ein. Legt man den Schalter "Ct/$\overline{Ld}$" des programmierbaren Zählers in die untere Position (Leuchtdiode leuchtet), so wird der eingestellte Wert vom Zähler übernommen. Erst nach Zurücksetzen dieses Schalters ist ein DMA-Request freigegeben. Das Anlegen des Request-Signals unterbricht den Prozessortakt, der Zählerstand des DMA-Controlers erscheint auf dem Adreßbus, und der Peripherietakt setzt sich zur Weiterschaltung des Zählers des Controlers durch. Ist Adresse 255 erreicht, so läuft der Prozessor weiter. Der DMA-Controler ist vom Daten- und Adreßbus abgekoppelt. Der DMA-Request darf auch vor Erreichen der Adresse 255 zurückgenommen werden.

Käufliche DMA-Controler sind in ihrem Aufbau meist wesentlich komplexer. Sie besitzen eine Anzahl von Registern, welche vom Prozessor geladen oder abgefragt werden können. Dadurch ist eine softwareseitige Festlegung des DMA-Speicherbereiches möglich. Bei simultanem DMA kann dem Prozessor die Möglichkeit eingeräumt sein, Informationen über den jeweiligen Zustand des Transfers zu erhalten und darauf zu reagieren (,,DMA im Fluge fangen").

Damit sind alle Teile des Modell-Mikrocomputersystems beschrieben. Im folgenden sollen nun noch die peripheren Schaltkreise beschrieben werden, mit denen ein Mikrocomputersystem beim Einsatz in Steuerungen am meisten zu wechselwirken hat, nämlich Analog-/Digital- bzw. Digital-/Analog-Wandler.

12 Analog-Digital-Wandler

Das in den vorherigen Kapiteln beschriebene Mikroprozessorsystem verarbeitet, wie alle Mikroprozessoren, nur digitale Daten. Beim Einsatz solcher Systeme taucht daher immer wieder das Problem auf, analoge und digitale Größen ineinander umzuwandeln. Denn viele Größen, die überwacht oder gesteuert werden müssen, wie z. B. die Temperatur, die Länge, die Geschwindigkeit, das Gewicht, elektrische Signale usw., liegen in analoger Form vor und müssen erst in digitale Signale umgeformt werden, um vom Mikroprozessor verarbeitet werden zu können. Deshalb erhalten *Analog-Digital-Converter* (ADC) und *Digital-Analog-Converter* (DAC) eine ständig zunehmende Bedeutung.

Im folgenden sollen nun ADC und DAC beschrieben werden, die mit dem Modellmikroprozessor zusammenarbeiten können. Dabei sollen die gleichen Prinzipien Beachtung finden, die auch der Beschreibung des Mikroprozessorsystems zugrunde lagen, nämlich die grundlegenden Begriffe, die bei der Analog-Digitalwandlung eine Rolle spielen, auf anschauliche und leicht verständliche Weise zu demonstrieren. Das sind die Auflösung, die Wandlungsrate, die maximal verarbeitbare Frequenz und Rundungsfehler.

Die ADC sollen zusammen mit dem Modellprozessor möglichst vielfältig einsetzbar sein, um die typischen Anwendungen der Kombination von ADC und Mikroprozessor demonstrieren zu können.

Die angegebenen Ziele und Absichten sprechen gegen Wandlertypen, die mit einer Kondensator-Umladung arbeiten, wie z.B. beim Dual-Slope-Verfahren. Diese Wandlertypen erreichen zwar eine hohe Genauigkeit und Auflösung, können aber wegen ihrer niedrigen Wandlungsrate (2–10 Messungen/s) keine schnell veränderlichen Signale verarbeiten. Sie werden daher bevorzugt in langsam arbeitenden Meßgeräten eingesetzt.

Die angegebenen Begriffe lassen sich besonders gut veranschaulichen, wenn die Ein- und Ausgangssignale der Wandler auf dem Schirm eines Oszilloskops dargestellt werden können. Flimmerfreie Oszillogramme erhält man jedoch erst bei Wiederholfrequenzen um 100 Hz. Um z. B. eine sinusförmige Wechselspannung nach der Verarbeitung mit einem ADC noch als Sinuswelle wiedererkennen zu können, müssen pro Periode etwa 20 Abtastungen vorgenommen werden können, s. z.B. Bild 12.0. In diesem Fall muß ein ADC also mindestens 2000 Messungen pro Sekunde durchführen können, also eine Wandlungsrate von 2000 Hz besitzen.

Eine Reihe von weiteren Experimenten läßt sich durchführen, wenn es gelingt, den gesamten Tonfrequenzbereich bis etwa 15 kHz zu verarbeiten.

Unter Berücksichtigung all dieser Gesichtspunkte kommen nur schnelle Wandlerverfahren für die Zusammenarbeit mit dem Mikroprozessor in Betracht, die z. B. nach folgenden Prinzipien arbeiten, s. Bild 12.1.

Der digitale Wert im Zähler bzw. Speicher wird von einem Digital-/Analogwandler in eine analoge Größe zurückverwandelt, die vom Komparator mit dem vorgegebenen Ana-

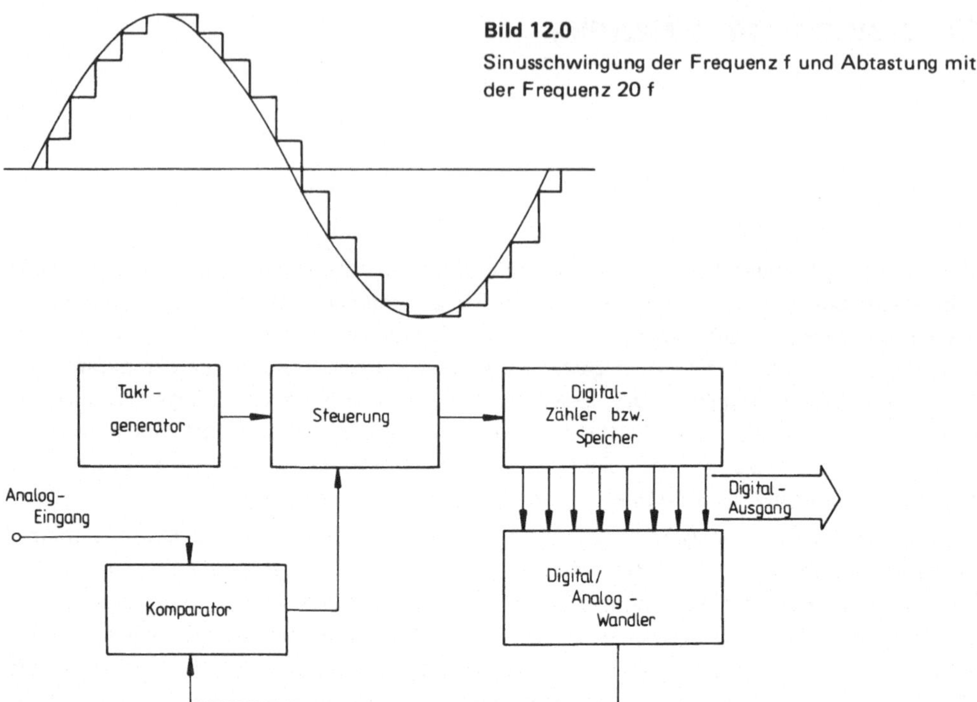

Bild 12.1 Prinzip der Modell-Analog-Digital-Wandler

log-Eingangswert verglichen wird. Der Komparator entscheidet, welcher der beiden analogen Werte der größere (bzw. kleinere) ist, und veranlaßt die Steuerung, den digitalen Wert im Zähler (bzw. Speicher) entsprechend zu korrigieren. Mit diesem Verfahren lassen sich mit einfachen Mitteln Wandlungsraten bis zu 100 kHz erreichen. Ein weiterer Vorteil dieser Wandler ist, daß ihre Funktion nicht auf der Umladung eines Kondensators beruht, sondern alle zeitlichen Abläufe allein vom Taktgenerator bestimmt werden. Die Taktsignale können auch mit einem Hand-Taster erzeugt werden. Der Ablauf eines Wandlungs-Prozesses läßt sich so beliebig verlangsamen, jederzeit anhalten und in allen Einzelheiten verfolgen (quasistatischer Betrieb).

12.1 Digital-Analog-Wandler

D/A-Wandler haben die Aufgabe, eine digital anliegende Information, meistens eine Zahl im Dual-Code, in eine entsprechende analoge Größe, also in einen Strom oder in eine Spannung, umzusetzen. Sie sind wesentlicher Bestandteil der A/D-Wandler, weil sie den Vergleichswert für die Komparatoren liefern (s. Bild 12.1). In den Modell-Wandlern wurde ein gebräuchlicher integrierter Typ μA 0801 der Fa. Fairchild eingesetzt, der auf dem Prinzip des invertiert betriebenen R/2R-Netzwerkes beruht. Zur gesonderten Betrachtung und zum besseren Verständnis solcher D/A-Wandler wurde ein R/2R-Netzwerk und ein D/A-Wandler-Baustein für Versuchszwecke aufgebaut. Der D/A-Wandler-Baustein enthält den gleichen integrierten Schaltkreis, der auch in den A/D-Wandlern eingesetzt wird und eine zum Betrieb notwendige Referenz-Spannungsquelle (10 Volt). Dieser Baustein wird auch benötigt, wenn man die digitalen Ausgangswerte der A/D-Wandler auf dem Oszilloskop darstellen oder über einen Lautsprecher hörbar machen will.

12.1.1 Das R/2R-Netzwerk

Die digitale Information wird durch die Stellung der Schalter S_1 bis S_6 repräsentiert. Das Netzwerk wurde aus Metallfilm-Widerständen mit 1 % Toleranz aufgebaut. Der Wert 2R entstand durch Reihenschaltung zweier Widerstände. Die Anschlüsse A, B, C und D können verschieden beschaltet werden, was sowohl den normalen Betrieb als auch den invertierten Betrieb des Netzwerkes ermöglicht.

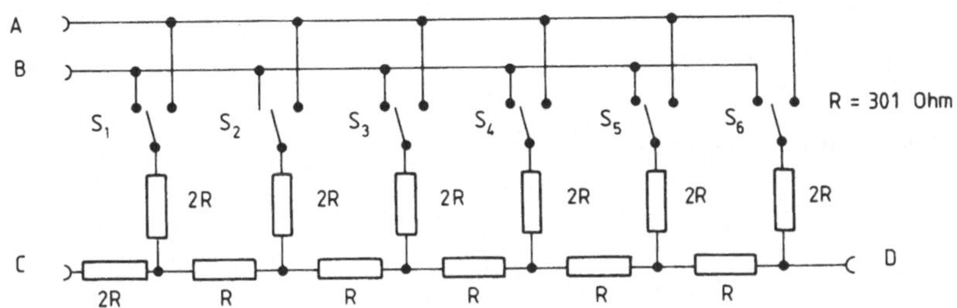

Bild 12.2 Das R/2R-Netzwerk

Normaler Betrieb des R/2R-Netzwerkes:

In dieser Betriebsart liegt die Referenzspannung U_{ref} am Anschluß A (oder B) und ein Lastwiderstand R_L an Punkt D, s. Bild 12.3, An R_L fällt die Ausgangsspannung U_a ab. Die besondere Eigenschaft des R/2R-Netzwerkes besteht nun darin, daß die Ströme an den Knotenpunkten 1 bis 6 in jeder Richtung einen Widerstand von 2R sehen (R_L = 2R ist hier vorausgesetzt), s. Bild 12.3. Der Strom I_6, der über S_6 in das Netzwerk fließt, teilt sich deshalb in zwei gleichgroße Ströme 1/2 I_6 auf, die über das Netzwerk und über R_L abließen. Ströme, die über andere Schalter in das Netzwerk fließen, müssen eine um so größere Anzahl Knotenpunkte passieren, je weiter „hinten" sie liegen. Der Strom über S_3 muß die Knotenpunkte 3, 4, 5 und 6 passieren und trägt deshalb nur zu $\dfrac{1}{2^4} = \dfrac{1}{16}$ zum Gesamtstrom durch R_L bei.

Der Gesamtstrom durch R_L setzt sich daher aus binär gewichteten Teilströmen zusammen.

Definiert man b_i = 0, wenn der Schalter S_i an Masse liegt, und b_i = 1, wenn S_i an U_{ref} liegt, erhält man

$$U_a = \frac{2}{3}\,(32\,b_6 + 16\,b_5 + 8\,b_4 + 4\,b_3 + 2\,b_2 + b_1)\,\frac{U_{ref}}{64} \text{ bei } R_L = 2R \qquad (12.1)$$

b_1 ist das LSB (*Least Significant Bit*) und b_6 das MSB (*Most Significant Bit*).

Schreibt man $(32b_6 + 16b_5 + 8b_4 + 4b_3 + 2b_2 + b_1)$ als Zahl im Binär- bzw. Dual-Code (zur Basis 2), gilt:

$$U_a = \frac{2}{3}\,(b_6 b_5 b_4 b_3 b_2 b_1)\,\frac{U_{ref}}{64} \text{ bei } R_L = 2R \qquad (12.2)$$

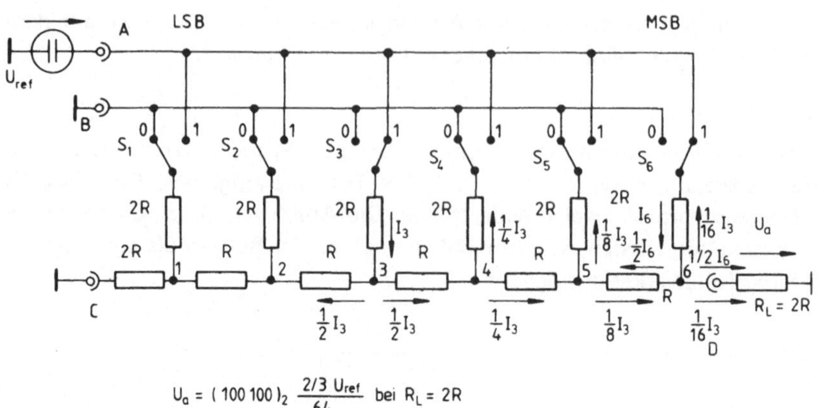

$$U_a = (\,100\,100\,)_2 \; \frac{2/3\,U_{ref}}{64} \;\; \text{bei } R_L = 2R$$

Bild 12.3 Normaler Betrieb des R/2R-Netzwerkes

In Bild 12.3 ist also $U_a = \dfrac{2}{3}\,(32 + 4)\,\dfrac{U_{ref}}{64}$.

Die Tatsache, daß in 12.2 außer $(b_6 b_5 b_4 b_3 b_2 b_1)$ auch U_{ref} als Faktor auftritt, bezeichnet man als multiplizierende Eigenschaft des D/A-Wandlers. Der Innenwiderstand des Netzwerkes ist unabhängig von der Stellung der Schalter und beträgt R. Der Innenwiderstand der Referenz-Spannungsquelle kann gegenüber R vernachlässigt werden. Punkt D ist deshalb ein echter Spannungsausgang, den man mit beliebigen Werten für R_L belasten kann, ohne die binäre Wichtung der einzelnen Ströme über die Schalter bzw. die Linearität des Netzwerkes zu beeinflussen. Ist R_L gegenüber R sehr hochohmig, beträgt die maximale Ausgangsspannung $\dfrac{63}{64}\,U_{ref}$ (alle $b_i = 1$). Der Faktor 2/3 in Gl. (12.1) und Gl. (12.2) berücksichtigt den Spannungsabfall einer Spannungsquelle mit dem Innenwiderstand R bei einer Belastung mit 2R.

Invertierter Betrieb des R/2R-Netzwerkes

In dieser Beschaltung liegt die Referenzspannung an Anschluß D. Der Strom, den die Referenz-Spannungsquelle in das Netzwerk speist, teilt sich an jedem der Knotenpunkte 6 bis 1 in zwei gleich große Ströme, die entweder über C oder über die Ausgänge A und B abfließen. A und B sind hier Stromausgänge. Sie müssen beide niederohmig abgeschlossen werden, um eine gute Linearität des Netzwerkes zu gewährleisten. Eine Besonderheit dieser Betriebsart sind die zwei komplementären Ausgänge. Weil die Stromverteilung im Netzwerk unabhängig von der Stellung der Schalter ist, ist die Summe $I_A + I_B$ konstant. Es gilt:

$$I_A = (32b_6 + 16b_5 + 8b_4 + 4b_3 + 2b_2 + b_1)\,\frac{U_{ref}}{64\,R} \tag{12.3}$$

$$I_B = (32\overline{b_6} + 16\overline{b_5} + 8\overline{b_4} + 4\overline{b_3} + 2\overline{b_2} + \overline{b_1})\,\frac{U_{ref}}{64\,R} = \frac{63\,U_{ref}}{64\,R} - I_A$$

mit $\overline{b_i} = 1$, wenn $b_i = 0$, und $\overline{b_i} = 0$, wenn $b_i = 1$.

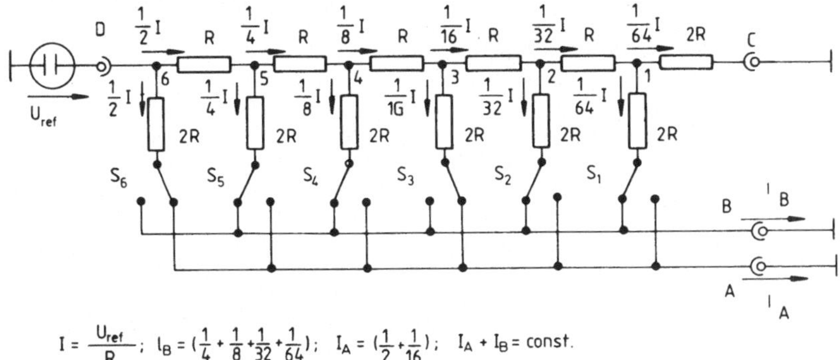

$$I = \frac{U_{ref}}{R}; \quad I_B = (\frac{1}{4} + \frac{1}{8} + \frac{1}{32} + \frac{1}{64}); \quad I_A = (\frac{1}{2} + \frac{1}{16}); \quad I_A + I_B = const.$$

Bild 12.4 Inverser Betrieb des R/2R-Netzwerkes

Praktisch alle monolithisch integrierten D/A-Wandler beruhen auf dem Prinzip des R/2R-Netzwerkes. Die Tatsache, daß nur die Widerstandswerte R und 2R benötigt werden, ist ein großer Vorteil bei der Integration. In invertiert betriebenen Netzwerken ist außerdem mit der Stromverteilung auch die Verlustleistung im Netzwerk konstant, was sich positiv auf die Stabilität auswirkt. Ein weiterer Vorteil bei der Integration invertiert betriebener R/2R-Netzwerke sind die besseren Eigenschaften von Stromschaltern gegenüber Spannungsschaltern. Weil keine Kapazitäten umgeladen werden müssen, haben Stromschalter kürzere Schaltzeiten, und man erreicht kürzere Einschwingzeiten der Ausgangsströme.

12.1.2 Der D/A-Wandlerbaustein

Der D/A-Wandlerbaustein stellt einen D/A-Wandler mit einer Auflösung von 8 Bit dar. Er enthält den gleichen integrierten Schaltkreis, μA 0801 der Fa. Fairchild, der auch in den A/D-Wandlern eingesetzt wird, und die zum Betrieb notwendige Referenzspannungsquelle (10 V). Zum Betrieb wird außerdem eine symmetrische ± 15 Volt Spannungsversorgung benötigt.

Die Digitaleingänge D_1 bis D_8 sind für den Anschluß von TTL-Signalen ausgelegt. D_1 ist das MSB, D_8 ist das LSB. Die Ausgänge I_0 und $\overline{I_0}$ entsprechen den beiden Stromausgängen des R/2R-Netzwerkes, die aber durch den Einsatz von Transistoren als Stromquellen im IC sehr hochohmig sind, so daß Lastwiderstände bis zu 10 kOhm angeschlossen werden können, ohne die Linearität des Wandlers nennenswert zu verschlechtern. Die Ströme I_0 und $\overline{I_0}$ fließen in den Wandler hinein, die Spannungen an den Lastwiderständen sind also negativ. Diese Verhältnisse entsprechen einer negativen Referenzspannung beim invertierten Betrieb des diskret aufgebauten R/2R-Netzwerkes.

Die Beziehungen für I_0 und $\overline{I_0}$ lauten:

$$I_0 = -\frac{U_{ref}}{5\,k\Omega} \frac{1}{256} (b_1 b_2 b_3 b_4 b_5 b_6 b_7 b_8)_2$$

$$\overline{I_0} = -\frac{U_{ref}}{5\,k\Omega} \frac{1}{256} (\overline{b}_1 \overline{b}_2 \overline{b}_3 \overline{b}_4 \overline{b}_5 \overline{b}_6 \overline{b}_7 \overline{b}_8)_2 = -\frac{U_{ref}}{5\,k\Omega} - I_0$$

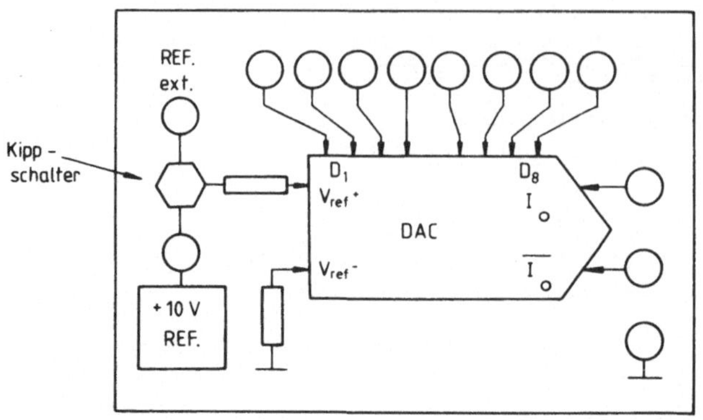

Bild 12.5

Frontplatte des D/A-Wandlerbau-
steins

Benutzt man die interne Referenz von 10 Volt, beträgt der maximale Ausgangsstrom an-
nähernd − 2 mA.

Versuche mit dem D/A-Wandlerbaustein

Für eine einwandfreie Funktion des Wandlers müssen immer beide Ausgänge I_0 und $\overline{I_0}$ beschaltet werden. Nicht benötigte Ausgänge können einfach mit Masse verbunden werden.
Die einfachste Möglichkeit zeigt Bild 12.6.

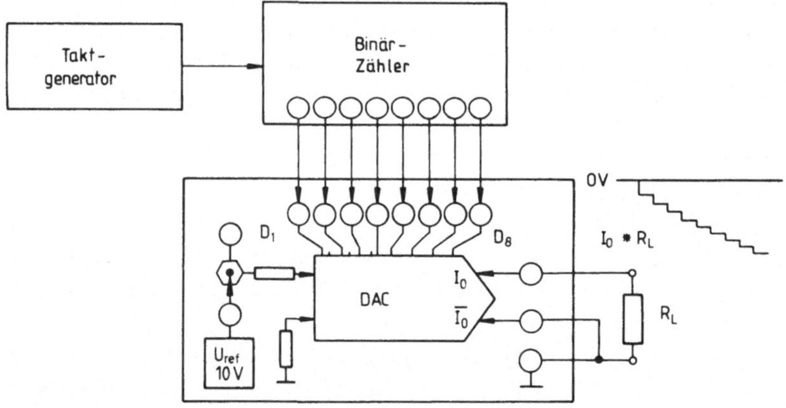

Bild 12.6 Versuche mit dem D/A-Wandlerbaustein

Bei einem Lastwiderstand von R_L = 500 Ohm liegt die Ausgangsspannung zwischen 0 V
und − 1 V.

Verbindet man die Digitaleingänge des Wandlers mit einem Binär-Zähler, s. Bild 12.6,
nimmt die Ausgangsspannung an R_L mit zunehmendem Zählerstand immer größere negative Werte an, bis sie beim Überlauf des Zählers auf 0 Volt zurückspringt. Bei ausreichend hoher Taktfrequenz (25 kHz) kann man auf einem Oszilloskop eine sägezahnförmige Spannung mit treppenartigem Verlauf beobachten. Die Treppenstufen entsprechen
den 256 möglichen Zählerständen, zu denen der Wandler einen entsprechenden Strom erzeugt. Die Gleichförmigkeit der einzelnen Treppenstufen und die Linearität des Anstiegs
sind ein direktes Maß für die Qualität des Wandlers.

Ein Wandler mit geringerer Auflösung als 8 Bit läßt sich simulieren, indem man nicht alle Eingänge D_1 bis D_8 benutzt. Legt man z. B. D_8, D_7, D_6 auf ein festes Potential, beträgt die Auflösung nur noch 5 Bit, und die Treppenspannung wird gröber.

Wird der $\overline{I}_0$-Ausgang mit einem Widerstand abgeschlossen, hat die Treppenspannung eine aufsteigende Flanke.

Um den Wandler mit einer externen Referenz-Spannungsquelle versorgen zu können, muß die interne Referenz abgeschaltet werden. Auf diese Weise ist eine Überprüfung der multiplizierenden Eigenschaften des Wandlers möglich. Durch geeignete Wahl der Referenzspannung kann der Bereich des Ausgangsstromes dem Verwendungszweck angepaßt werden. Sie darf sich jedoch nur im positiven Bereich von 0 Volt bis maximal 20 Volt bewegen. Dieser Versuch, s. Bild 12.7, demonstriert die multiplizierenden Eigenschaften des Wandlers. Die Referenzspannung ist nicht konstant, sondern wird von einem Sinussignal aus einem Funktionsgenerator moduliert. An R_L tritt die Modulationsspannung wieder auf, deren Amplitude ist jedoch zusätzlich von der Information an den Eingängen D_1 bis D_8 abhängig. Schließt man dort wieder einen Binär-Zähler an und taktet ihn synchron mit der Sinus-Spannung, erhöht sich der Zählerstand nach jeder Periode des Sinussignals um 1, und die Amplitude der Sinuswelle an R_L ist jedesmal etwas größer als die der vorherigen.

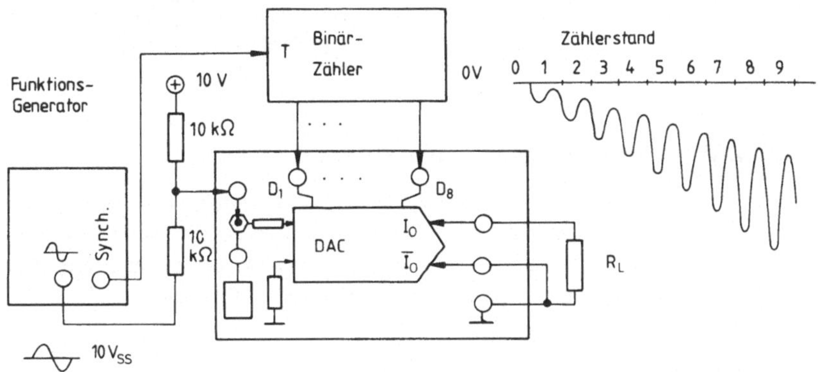

Bild 12.7 Demonstration der multiplizierenden Eigenschaften des D/A-Wandlers

Multiplizierende D/A-Wandler sind deshalb nicht nur zur Umsetzung einer digitalen Information in einen analogen Strom oder in eine analoge Spannung geeignet, sondern erlauben auch die Amplitudenregelung analoger Signale durch eine digitale Größe.

In Verbindung mit Operationsverstärkern lassen sich auch niederohmige Spannungsausgänge realisieren, s. Bild 12.7 und 12.8.

Der Operationsverstärker speist einen gleichgroßen, zu I_0 entgegengerichteten Strom in R_F, um seinen invertierenden Eingang auf 0 Volt zu halten.

Durch Einbeziehung des Ausganges $\overline{I}_0$ kann U_{A2} sowohl positive als auch negative Werte annehmen. Im Bereich von 00000000 bis 01111111 ist U_{A2} negativ, weil dann $\overline{I}_0$ größer als I_0 ist. Im Bereich von 10000000 bis 11111111 sind die Verhältnisse gerade umgekehrt.

D_1 $\cdots$ D_8	U_{A1}	U_{A2}
0 0 0 0 0 0 0 0	0 V	$-\dfrac{U_{ref}}{5\,k\,\Omega} * R_F$
1 1 1 1 1 1 1 1	$\dfrac{U_{ref}}{5\,k\,\Omega} * R_F$	$+\dfrac{U_{ref}}{5\,k\,\Omega} * R_F$

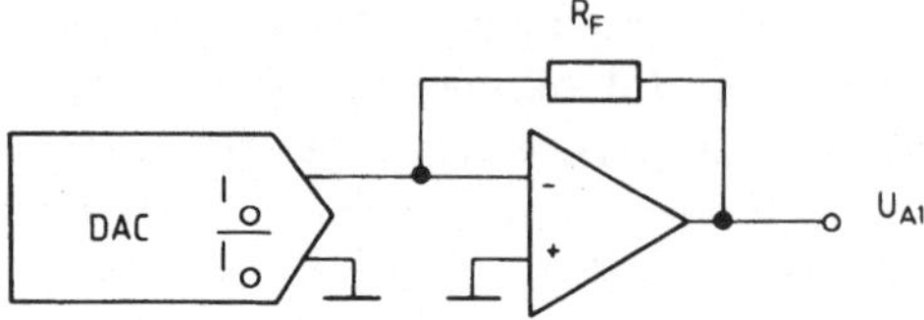

Bild 12.8

Niederohmiger Spannungsausgang eines DAC mit Hilfe eines Operationsverstärkers

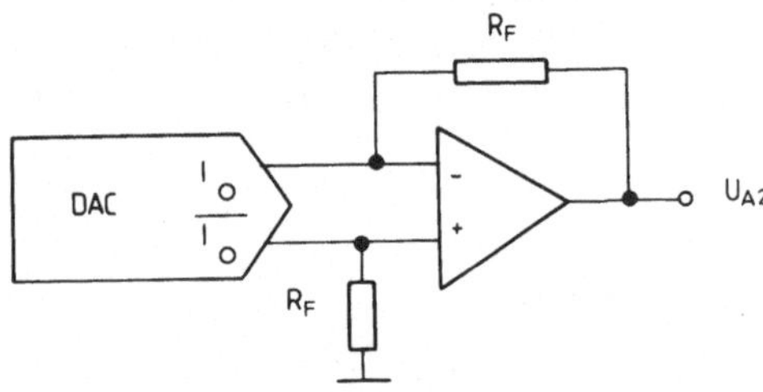

Bild 12.9

Durch Einbeziehung von $\overline{I_0}$ kann U_{A2} sowohl positive als auch negative Werte annehmen

12.2 Analog-Digital-Wandler nach dem Zählverfahren

Im folgenden werden zwei verschiedene A/D-Wandlertypen beschrieben. Beim ersten der A/D-Wandler wurde ein sehr einfaches Prinzip verfolgt, das im folgenden kurz beschrieben wird. Den zeitlichen Ablauf verschiedener Signale und Impulse veranschaulicht Bild 12.10. Bild 12.11 zeigt die Frontplatte mit dem Blockschaltbild des Wandlers.

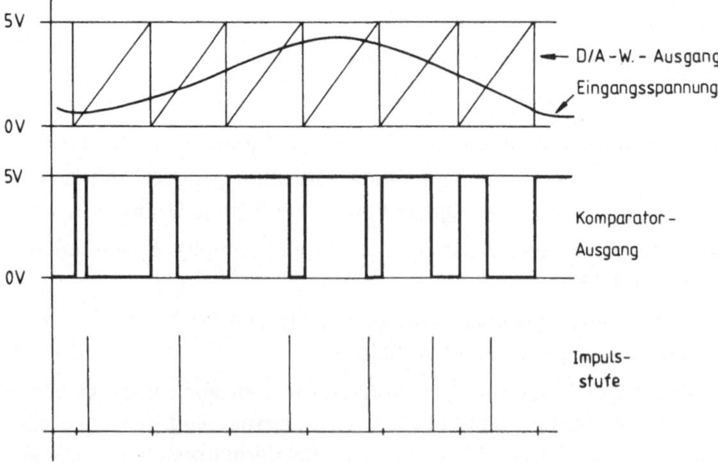

Bild 12.10 Verschiedene Signale und Impulse des A/D-Wandlers

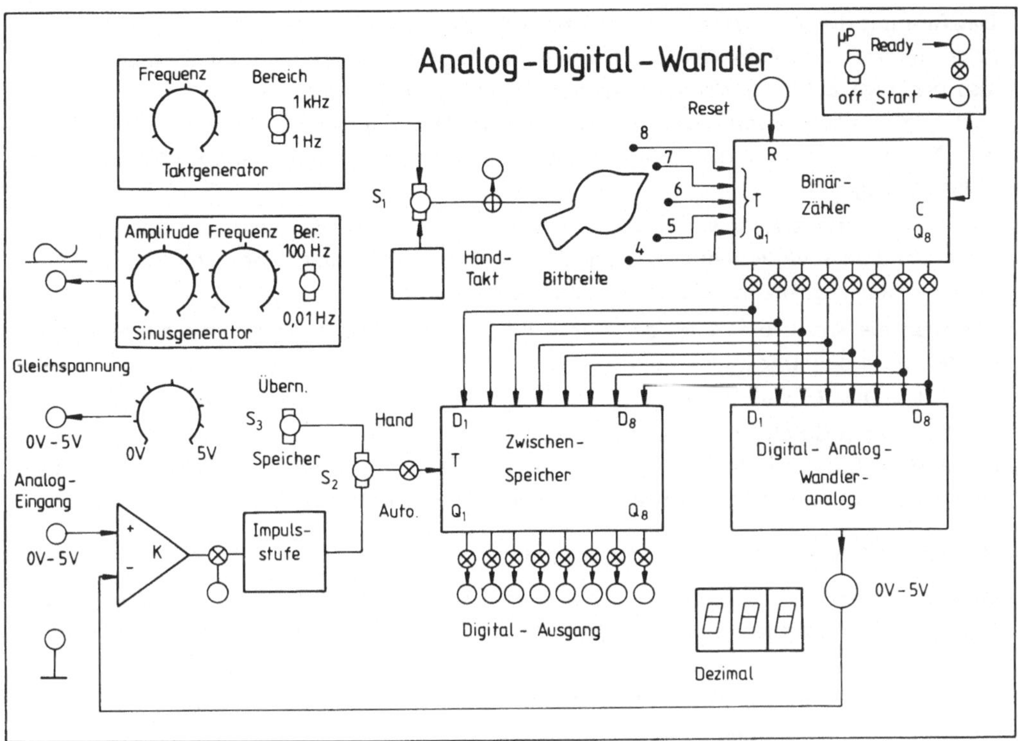

Bild 12.11 Frontplatte des zählenden Analog-Digital-Wandlers, ○ = Kontroll-Lampe

Ein Binär-Zähler erhält von einem Taktgenerator fortwährend Impulse und durchläuft kontinuierlich seinen Zählbereich von 00000000 bis 11111111 (256 Zählerzustände, Schalter "Bitbreite" auf 8). Nach Erreichen des Zählerstandes 11111111 (255) beginnt ein neuer Durchlauf bei 00000000. Die Ausgänge Q_1 bis Q_8 des Zählers (s. Bild 12.11) sind mit einem D/A-Wandler verbunden, der mit einem Operationsverstärker nach Bild 12.8 beschaltet ist. Man erhält deshalb eine positive sägezahnförmige Spannung, die auf den − Eingang des Komparators gelangt. Dem Zählerstand 00000000 entspricht eine Spannung von 0 Volt und dem Zählerstand 11111111 entspricht eine Spannung von 5 Volt. Diese Spannung vergleicht der Komparator nun ständig mit der eigentlichen Eingangsspannung des A/D-Wandlers, die am + Eingang liegt. Übersteigt die Ausgangsspannung des D/A-Wandlers die Eingangsspannung, wechselt der Komparator seinen Ausgangszustand, und die Kontroll-Lampe am Ausgang des Komparators erlischt.

Jedesmal wenn dieser Wechsel des Komparator-Zustandes erfolgt, gibt die Impulsstufe einen kurzen Impuls auf den Takteingang des Zwischenspeichers, der ebenfalls an den Ausgängen Q_1 bis Q_8 des Binär-Zählers angeschlossen ist. Auf diese Weise wird der Zählerstand, jedesmal wenn die Ausgangsspannung des D/A-Wandlers die Eingangsspannung am + Eingang des Komparators übersteigt, vom Zwischenspeicher übernommen und bis zum nächsten Impuls festgehalten bzw. gespeichert.

Das Resultat der A/D-Wandlung kann zusätzlich auf einer 3stelligen Sieben-Segment-Anzeige dezimal abgelesen werden. Die digitale Repräsentation der Eingangsspannung ist also diejenige Zahl, bei der die Ausgangsspannung des D/A-Wandlers sie zum erstenmal übersteigt. Anders ausgedrückt: Sie ist diejenige Zahl, die der Stufe in der treppenförmigen Ausgangsspannung des D/A-Wandlers entspricht, die kurz oberhalb der Eingangsspannung liegt.

Bei allen Überlegungen wurde vorausgesetzt, daß sich die Eingangsspannung während eines Wandlungszyklus nicht zu stark ändert. Diese Bedingung läßt sich erfüllen, wenn man die Taktfrequenz des Wandlers ausreichend hoch wählt.

Will man die Abläufe anhand der Kontroll-Lampen verfolgen, eignet sich nur eine konstante Gleichspannung als Eingangsspannung.

Dieser Wandler-Typ wird wegen seines einfachen Aufbaues überall da eingesetzt, wo an die Wandlungs-Geschwindigkeit keine hohen Anforderungen gestellt werden. Dies ist häufig beim Einsatz in Mikroprozessor-Systemen der Fall, zumal das Mikroprozessor-System die Funktion des Zählers und des Speichers mitübernehmen kann.

Versuche mit dem zählenden Analog-/Digitalwandler

Bei der Konzeption des Wandlers wurde darauf geachtet, daß die Wirkungsweise und die Funktion der einzelnen Einheiten getrennt und möglichst unabhängig voneinander studiert werden kann.

Die übrigen Einzelheiten des A/D-Wandlers sollen nun anhand der Versuche, die die einzelnen Funktionseinheiten ermöglichen, beschrieben werden:

Bei allen im folgenden beschriebenen Versuchen muß der Schalter der μP-Steuereinheit (rechts oben) in der Position "off" stehen. Ferner muß der Wandler mit einer symmetrischen $\pm$ 15 Volt Spannung ($\pm$ 250 mA) und einer + 5 Volt Spannung (1 A) versorgt werden.

Die erste Funktionseinheit umfaßt den Taktgenerator, den Binär-Zähler und den D/A-Wandler und entspricht damit dem Aufbau nach Bild 12.6 mit der Operationsverstärker-Beschaltung nach Bild 12.8.

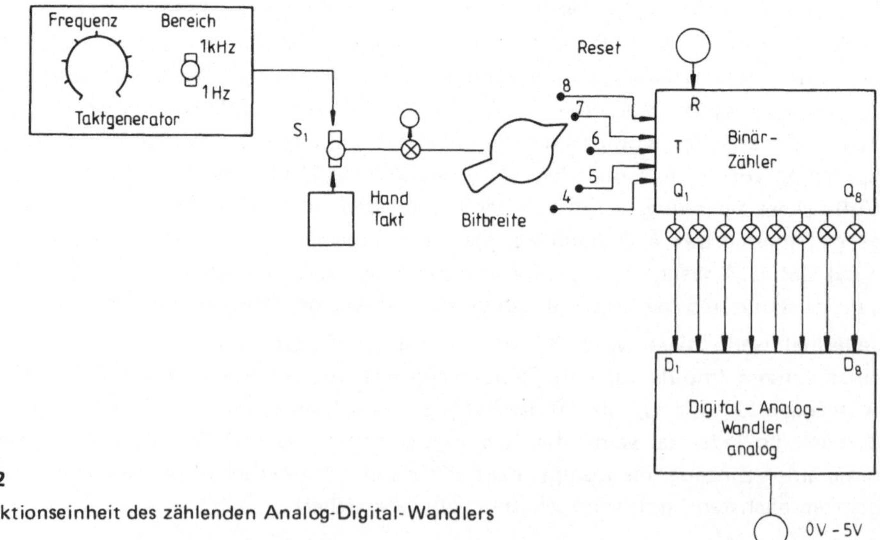

Bild 12.12

Erste Funktionseinheit des zählenden Analog-Digital-Wandlers

Der Taktgenerator des A/D-Wandlers gibt in der Position "1 Hz" des Bereichsschalters Frequenzen von 0,5 Hz bis 1200 Hz und in der Position "1 kHz" Frequenzen von 500 Hz bis 1,2 MHz ab. Die Taktsignale werden durch eine Leuchtdiode sichtbar gemacht und stehen über eine Buchse für Meß- und andere Zwecke zur Verfügung.

Über den Schalter "Bitbreite" gelangen die Taktsignale auf den Binär-Zähler. Der Zählerstand wird ebenfalls von Leuchtdioden angezeigt. Mit dem Taster "Reset" kann der Zähler auf 00000000 zurückgesetzt werden. Der D/A-Wandler ist wie in Bild 12.6 direkt an den Binär-Zähler angeschlossen.

Wenn der Binär-Zähler vom Taktgenerator kontinuierlich mit Taktimpulsen versorgt wird, kann man mit dem Oszilloskop am Analog-Ausgang des D/A-Wandlers eine von 0 V bis 5 V aufsteigende Treppenspannung beobachten (am Taktgenerator 1 kHz-Bereich wählen). Die Anzahl der Treppenstufen hängt von der Stellung des Schalters "Bitbreite" ab. In der Position "8" arbeiten Zähler und Wandler mit der größtmöglichen Auflösung von 8 Bit, und die Zahl der Treppenstufen, die der Anzahl der möglichen Zählerstände entspricht, beträgt $2^8 = 256$. In den übrigen Positionen des Schalters "Bitbreite" werden eine entsprechende Anzahl der unteren Datenleitungen (von Q_8 an aufwärts) mittels zwischengeschalteter UND-Gatter auf einen niedrigen Pegel (logisch "0") gehalten. Dieses "Ausschalten" der unteren Bits ist auch an den Leuchtdioden an den Zählerausgängen Q_8, Q_7, Q_6 und Q_5 „sichtbar". In Position "4" des Schalters "Bitbreite" bleiben die 4 unteren Leuchtdioden (Q_8, Q_7, Q_6, Q_5) dunkel, und die Treppenspannung am Ausgang des D/A-Wandlers hat nur noch eine Auflösung von 4 Bit, bzw. nur noch $2^4 = 16$ Stufen.

Der Schalter "Bitbreite" erlaubt es also, durch "Ausschalten" der unteren Bits einen Zähler und einen D/A-Wandler mit geringerer Auflösung als 8 Bit zu simulieren. Dies geschieht hier auf die gleiche Weise, wie im Versuch nach Bild 12.6 beschrieben, indem die unteren Datenleitungen auf einem festen Wert gehalten werden.

Diese Möglichkeit hätte im Prinzip auch durch Überbrücken der unteren Zählerstufen des Binär-Zählers realisiert werden können. Die Taktimpulse würden dann direkt auf die 2., 3., 4. oder 5. Stufe gelangen. Damit ist allerdings ein weiterer Effekt verknüpft. Ein vollständiger Zählerdurchlauf würde nicht mehr immer die gleiche Anzahl Taktimpulse benötigen. In Position "4" des Schalters "Bitbreite" würde der Zähler bereits nach 16 Taktimpulsen wieder auf 00000000 zurückspringen und einen Durchlauf beginnen.

Beim "Ausschalten" der unteren Bits kann der Taktgenerator immer mit der ersten Teilerstufe des Binär-Zählers verbunden bleiben. Der Zähler benötigt immer 256 Taktimpulse für einen vollständigen Durchlauf, und die Frequenz der Treppenspannung am Ausgang des D/A-Wandlers beträgt immer 1/256 der Taktfrequenz am Eingang des Binär-Zählers.

So können die beiden Parameter "Auflösung" und "Geschwindigkeit" unabhängig voneinander verändert werden, was einer Veranschaulichung dieser Begriffe bei entsprechenden Versuchen sehr entgegen kommt.

Mit dem Schalter S_1 kann der Zähler vom Taktgenerator getrennt und von Hand getaktet werden. So kann man den Zähler anhalten bzw. am Ausgang des D/A-Wandlers bestimmte Spannungen einstellen.

Auch können so der Zählvorgang, wie auch alle anderen Abläufe des A/D-Wandlers beliebig verlangsamt werden. Die zweite Funktionseinheit besteht als wichtigstes Element aus dem Komparator und der Impulsstufe, dem Gleichspannungsgeber und dem D/A-

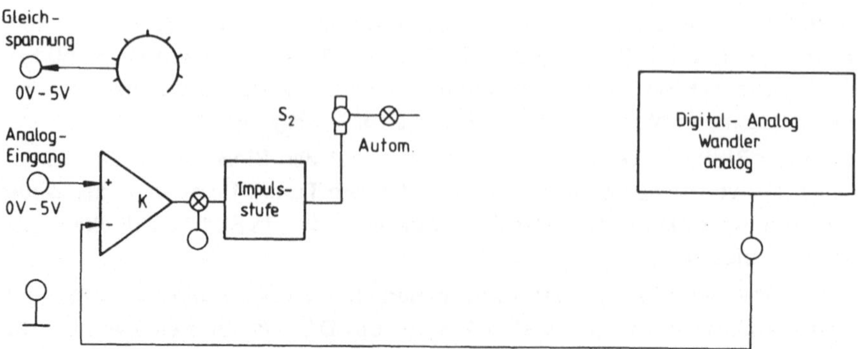

Bild 12.13 Zweite Funktionseinheit des zählenden Analog-Digital-Wandlers

Wandler. Ziel ist es, die Funktion des Komparators und der Impulsstufe zu demonstrieren.

Der D/A-Wandler hat hier — wie auch der Gleichspannungsgeber — nur die Aufgabe, die Eingänge des Komparators mit bestimmten Signalen zu versorgen. Dazu muß der Gleichspannungsgeber, der ebenfalls eine Gleichspannung zwischen 0 Volt und 5 Volt abgibt, mit dem + Eingang des Komparators verbunden werden.

Man kann nun mit dem D/A-Wandler eine feste Spannung auf den —Eingang des Komparators geben (Zähler auf Handtakt schalten) und am + Eingang den Bereich von 0 Volt bis 5 Volt mit dem Potentiometer des Gleichspannungsgebers durchfahren. Der Ausgangszustand des Komparators wird von einer Leuchtdiode angezeigt, kann aber auch über eine Buchse für Meßzwecke entnommen werden. Der Ausgang des Komparators ist "1" (LED leuchtet), wenn die Spannung am + Eingang größer als die Spannung am — Eingang ist; er ist"0"(LED dunkel) im umgekehrten Fall.

Verbindet man den Taktgenerator wieder mit dem Binär-Zähler, tritt am Ausgang des D/A-Wandlers wieder eine treppenförmig ansteigende Spannung auf, und man kann jetzt die Spannung am + Eingang als feste Bezugsgröße betrachten. Bei ausreichend hoher Taktfrequenz zeigt ein Oszilloskop, das am Komparator-Ausgang angeschlossen ist, eine Rechteck-Schwingung, die von der Spannung am + Eingang pulsbreitenmoduliert wird, s. Bild 12.10 .

Die Impulsstufe arbeitet nur beim Betrieb mit dem Taktgenerator. Um den Impuls beim Wechsel des Komparators von "1" nach "0" am Takteingang des Zwischenspeichers beobachten zu können, muß S$_2$ in Position "Autom." stehen. Die Taktfrequenz darf dabei nicht zu hoch liegen (unter 50 Hz), weil sonst das Aufleuchten der LED zu kurz und nicht mehr sichtbar ist.

Die normale Position des Schalters S$_2$ ist"Autom.". In Stellung"Hand"kann der Zwischenspeicher mit Schalter S$_3$ gesteuert werden. Die Impulsstufe hat dann keinen Einfluß mehr auf den Zwischenspeicher.

Steht S$_3$ in Stellung"Übern.",erscheinen die Informationen an den Eingängen D$_1$ bis D$_8$ unmittelbar an den Ausgängen Q$_1$ bis Q$_8$. Der Speicher ist"transparent". In dem Moment,

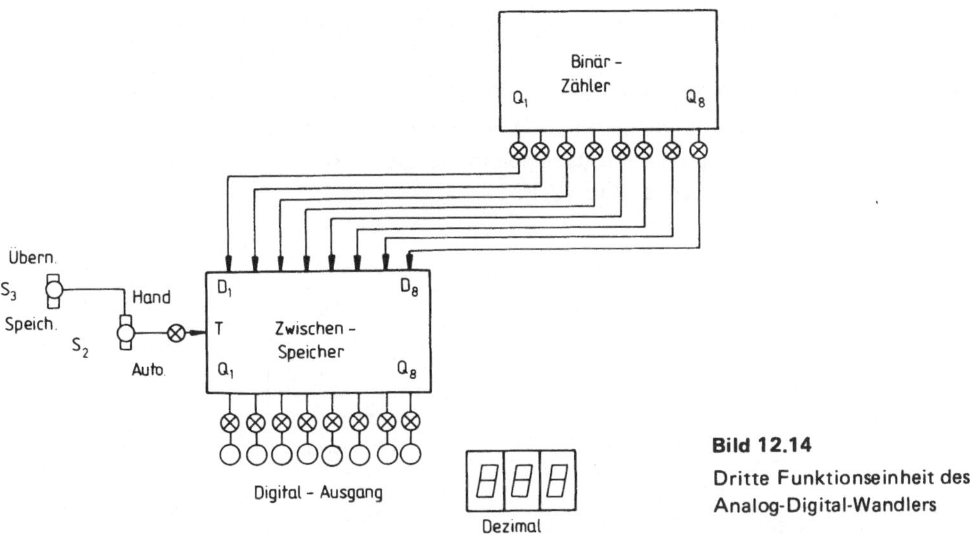

Bild 12.14

Dritte Funktionseinheit des
Analog-Digital-Wandlers

in dem S_3 von "Übern." auf "Speich." umgeschaltet wird, bleiben die Daten an den Speicherausgängen unabhängig von den Eingangsdaten konstant und werden gespeichert. Den Binär-Zähler taktet man dabei zweckmäßigerweise so, daß man den Zählvorgang noch optisch verfolgen und die Daten an Speichereingang und Speicherausgang vergleichen kann.

Die Daten am Speicherausgang werden zusätzlich auf einer 3-stelligen Sieben-Segment-Anzeige dezimal angezeigt. In Stellung "Übern." hat man so z. B. eine direkte Gegenüberstellung des binären Zählvorganges und der üblichen dezimalen Zahlendarstellung.

Bei Verringerung der Auflösung mit dem Schalter "Bitbreite" sind die LED-Anzeigen an den Zähler- und Speicher-Ausgängen als 7-, 6-, 5- oder 4-stellige binäre Anzeige zu sehen. Die dezimale Auslesung hat deshalb einen entsprechend verringerten Anzeigebereich. Während er bei 8-Bit-Auflösung von 0 bis 255 reicht, beträgt er in den übrigen Fällen 0 bis 127, 63, 31 oder 15.

Experimente mit dem zählenden A/D-Wandler

Zum Betrieb des Systems als A/D-Wandler muß S_2 wieder in Position "Autom." stehen. Wählt man Taktfrequenzen im 1-Hz-Bereich oder taktet per Hand, können alle Signale und das Zusammenspiel der einzelnen Funktionseinheiten anhand der LED-Anzeigen verfolgt werden.

Als Meßspannung kann zunächst wieder der eingebaute Gleichspannungsgeber dienen. Bei hohen Taktfrequenzen folgen die Daten am Digital-Ausgang und die Dezimal-Anzeige praktisch unmittelbar der Eingangsspannung. Bei Verringerung der Auflösung auf 7, 6, 5 oder 4 Bit wird die Anzeige entsprechend gröber.

Der eingebaute Sinusgenerator kann ebenfalls als Meßspannungsgeber benutzt werden. Seiner Ausgangsspannung ist bereits eine Gleichspannung von 2,5 Volt überlagert, so daß er direkt mit dem Analog-Eingang des Wandlers verbunden werden kann. Frequenz und Amplitude der Sinusspannung sind regelbar. Bei Frequenzen im Bereich "0.01 Hz" kann man am Auf- und Abzählen der Dezimalanzeige das Ergebnis der A/D-Wandlung beobachten.

Um die Ausgangsdaten des Wandlers auch bei schnell veränderlichen Eingangssignalen beobachten zu können, kann man den D/A-Wandler-Baustein an den Ausgang des A/D-Wandlers anschließen und die Ausgangsspannung des D/A-Wandler-Bausteins auf einem Oszilloskop sichtbar machen, s. Bild 12.15 .

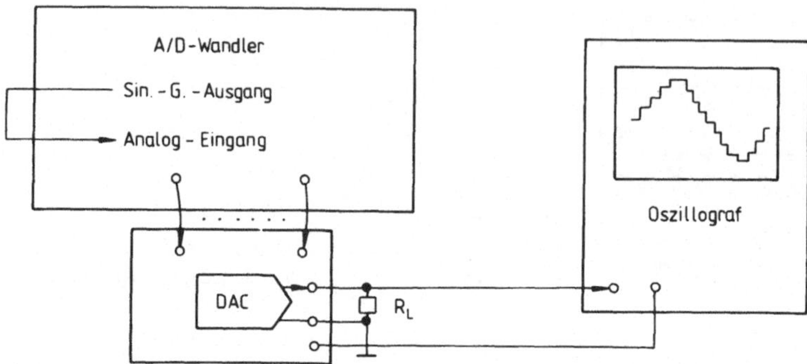

Bild 12.15 Darstellung der Ausgangsspannung des A/D-Wandlers mit Hilfe des DAC auf dem Schirm eines Oszilloskops

Um eine 100-Hz-Sinusspannung noch einwandfrei mit einer Auflösung von 8 Bit verarbeiten zu können, muß der A/D-Wandler mit maximaler Taktfrequenz betrieben werden.

Bei Verringerung der Auflösung auf 7, 6, 5 und 4 Bit wird die Darstellung der Sinuswelle gröber. Ebenso lassen sich Auswirkungen zu geringer Wandlungs-Geschwindigkeit und zu geringer Amplitude am Wandler-Eingang anschaulich machen. Damit ein vollständiger Wandlungs-Zyklus ablaufen kann, muß der Komparator-Ausgang von "1" nach "0" wechseln können. Wenn die Eingangsspannung zu hoch ist (größer als 5 Volt), kann dieser Wechsel nicht stattfinden und somit die Impulsstufe nicht ausgelöst werden. Der letzte Wert bleibt deshalb am Speicher-Ausgang und in der Dezimal-Anzeige stehen. Die gleiche Situation kann eintreten, wenn der Wandler sich bei 8 Bit Auflösung nahe am oberen Anzeigebereich befindet und die Auflösung heruntergeschaltet wird. Durch das "Abschalten" der unteren Datenleitungen kann der D/A-Wandler bei Auflösung 7, 6, 5 oder 4 Bit nicht mehr ganz 5 Volt erreichen.

Die Funktion der μP-Steuereinheit und deren Anwendung wird in Kapitel 12.4 beschrieben.

12.3 Analog-Digital-Wandler nach dem "Wägeverfahren"

Das Wäge-Verfahren, auch sukzessive Approximation genannt, hat in der Praxis eine sehr große Bedeutung, da es im Verhältnis zum Aufwand am leistungsfähigsten ist. Nach diesem Prinzip sind A/D-Wandler in IC-Form erhältlich, die bei 8 Bit Auflösung eine Umsetzung in etwa 100 ns durchführen können.

Der aufgebaute Modell-Wandler, s. Bild 12.16, erreicht bei 8 Bit Auflösung eine Wandlungs-Rate von 100 kHz, bzw. eine Umsetzung in 10 μs, was für die Demonstration des Prinzips und für eine Reihe von Experimenten völlig ausreicht.

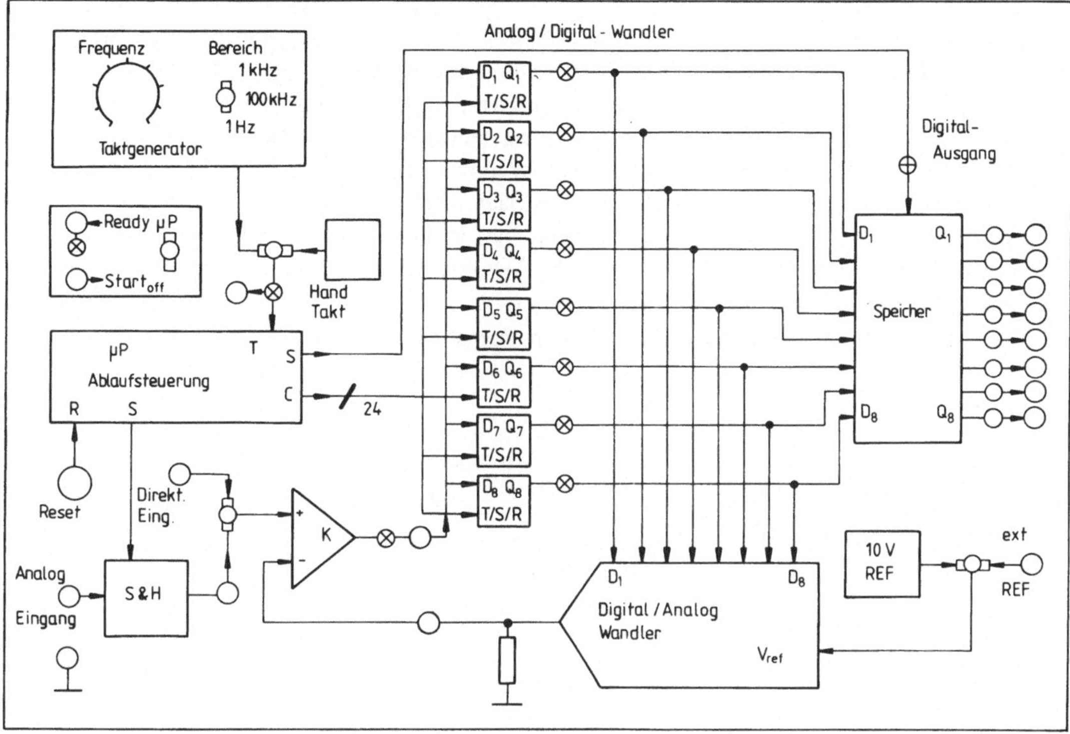

Bild 12.16 Frontplatte und Blockschaltbild des "Wäge-Wandlers"

Der Aufbau weicht in wesentlichen Punkten von dem unter Kap. 12.2 beschriebenen Wandler ab. Der D/A-Wandler bekommt seine Daten nicht mehr von einem Zähler, sondern von 8 Flipflops, die von der Ablaufsteuerung einzeln und unabhängig voneinander getaktet und gesetzt bzw. rückgesetzt werden können. Die dazu nötigen 24 Taktleitungen von der Ablaufsteuerung zu den Flipflops wurden im Blockschaltbild nur angedeutet, um die Übersicht nicht unnötig zu erschweren. Der Grundgedanke des Wäge-Verfahrens ist es, daß jeder der 256 möglichen Ausgangswerte durch eine Abfolge von nur 8 Schritten erreicht werden kann. Durch geeignetes Setzen der Flipflops erzeugt der D/A-Wandler Vergleichsspannungen in der Weise, daß die Ausgangsinformation des Komparators nacheinander die Wertigkeit der einzelnen Bits bestimmt. Eine Auflösung von 8 Bit erreicht man dadurch schon nach 8 Taktimpulsen — im Gegensatz zu 256 Taktimpulsen beim zählenden Wandler nach 12.2. Ein zusätzlicher Taktimpuls ist nötig, um das 8-Bit-Wort bis zur nächsten Umsetzung zwischenzuspeichern und die Ablaufsteuerung wieder in den Ausgangszustand zu versetzen. Insgesamt werden also nur 9 Taktimpulse für eine Umsetzung benötigt, worauf die hohe Geschwindigkeit im Vergleich zu den Zählverfahren beruht.

Ein Wandlungszyklus beginnt damit, daß die Ablaufsteuerung die Flipflops auf den Wert 01111111 setzt. Der entsprechende Spannungswert, den der Digital-/Analogwandler liefert, wird vom Komparator mit der Eingangsspannung verglichen. Liegt die Eingangsspannung höher, liefert der Komparator "1", liegt sie niedriger, liefert er "0". Mit dem nächsten Taktimpuls wird diese Information im ersten Flipflop gespeichert, während das zweite Flipflop zurückgesetzt wird. In den 8 Flipflops steht nun $b_1$0111111, und der Komparator entscheidet die Wertigkeit des zweiten Bits. Dieser Wert wird mit dem dritten Taktimpuls in das zweite Flipflop geschrieben, gleichzeitig wird das dritte Flipflop zurückgesetzt. Nach dem dritten Taktimpuls steht in den Flipflops $b_1 b_2$011111. Der gleiche Vorgang wiederholt sich noch sechs Mal, bis nach dem 9. Taktimpuls alle Zustände, die der Komparator nacheinander eingenommen hat, in den Flipflops und schließlich auch im Ausgangsspeicher stehen. Damit ist ein Wandlungszyklus beendet, und die Ablaufsteuerung beginnt wieder mit Schritt 1.

Bild 12.17 veranschaulicht noch einmal diesen Vorgang für Schritt 1 bis 5.

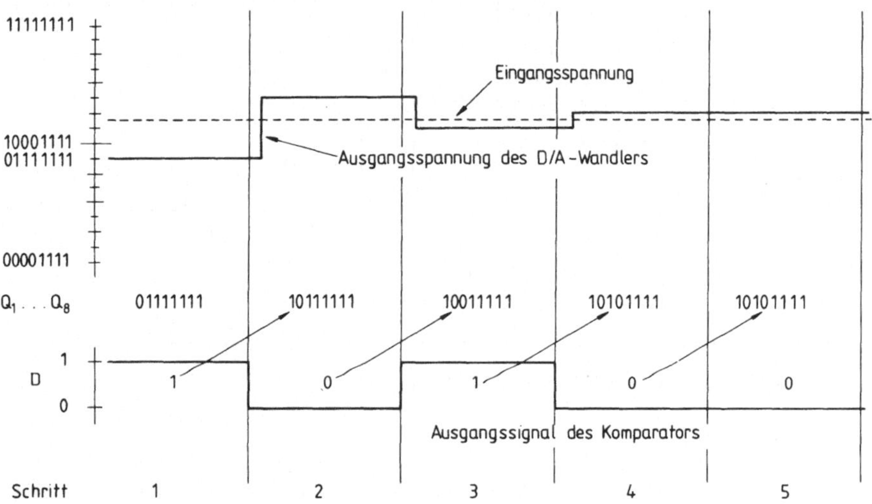

Bild 12.17 Signal-Verläufe des "Wäge-Wandlers"

Im Handel sind sogenannte "Sukzessive Approximations Register" erhältlich, die die Funktion der Flipflops und der Ablaufsteuerung übernehmen. Außer einem Taktgenerator sind nur noch der Digital-/Analogwandler und der Komparator nötig, um mit diesen Registern einen voll funktionsfähigen Analog-/Digitalwandler aufzubauen.

Versuche mit dem "Wäge-Wandler"

Auch dieser Wandler benötigt ± 15 V und + 5 V Versorgungsspannung.

Zum Betrieb ohne µP muß der Schalter der µP-Steuereinheit in Stellung "off" stehen.

Für erste Versuche kann man eine Gleichspannung an den Direkt-Eingang legen, die zwischen 0 Volt und − 2 Volt liegen muß. Nach Betätigen des Reset-Tasters läßt sich der oben beschriebene Funktionsablauf mittels der Kontroll-Lampen am Komparator-Ausgang und an den Flipflop-Ausgängen bei verschiedenen Eingangsspannungen beobachten. Die Taktimpulse kann man dem Taktgenerator im 1-Hz-Bereich entnehmen oder per Hand erzeugen. Wählt man Taktfrequenzen im 1-kHz-Bereich, lassen sich die Ausgangsspannungen des D/A-Wandlers und des Komparators auf dem Oszilloskop darstellen. Auch hier empfiehlt es sich, mit hochohmigen Tastköpfen (10 MOhm) zu arbeiten, um Schwingneigungen zu vermeiden. Der Approximationsvorgang wird besonders deutlich, wenn man die D/A-Wandler-Ausgangsspannung bei sich langsam ändernden Eingangsspannungen beobachtet (Gleichspannung über Poti auf Direkteingang).

Im 100-kHz-Bereich lassen sich NF-Signale verarbeiten und akustische Experimente durchführen. Zur Rückgewinnung des NF-Signals eignet sich wieder der D/A-Wandler-Baustein.

Entnimmt man die Referenz-Spannung für den A/D-Wandler dem D/A-Wandler-Baustein, haben Schwankungen der Referenz-Spannung keine Auswirkungen mehr auf das Übertragungsverhalten des gesamten Systems. Zur Demonstration kann man sowohl den A/D-Wandler als auch den D/A-Wandler-Baustein mit einer veränderlichen Gleichspannung (über Poti) als Referenz verbinden. Auch beim A/D-Wandler darf die Referenz-Spannung 20 Volt nicht übersteigen.

Will man bei gegebener Taktfrequenz die nach dem Abtast-Theorem mögliche obere Frequenz-Grenze erreichen, muß das Eingangssignal über die S & H-Stufe (*Sample & Hold*-Stufe) auf den Wandler gegeben werden. Die S & H-Stufe erhält im ersten Schritt einen Impuls von der Ablaufsteuerung und hält die Eingangs-Spannung für den Komparator während eines Wandlungs-Zyklus konstant. Ihre Wirkungsweise kann als Quantisierung im Zeitbereich ebenfalls auf dem Oszilloskop beobachtet werden.

Das als Folge des Rundungsfehlers auftretende Quantisierungs-Rauschen läßt sich bei Signalen mit geringem Oberwellenanteil, z. B. einem 100-Hz-Sinus-Signal, hörbar machen. Genügen Signalfrequenz und Abtast-Frequenz nicht dem Abtast-Theorem, treten ebenfalls Störkomponenten im Ausgangssignal auf. Die Abtastfrequenz des Wandlers beträgt 1/9 der Taktfrequenz.

Bei niedrigen Taktfrequenzen oder bei Hand-Takt sollte man immer den Direkt-Eingang benutzen, weil sich sonst das Driften der S & H-Stufe bemerkbar machen könnte.

12.4 Versuche in Verbindung mit dem Modell-Mikroprozessor

Bis hierher wurde die Funktionsweise von D/A-Wandlern und A/D-Wandlern demonstriert. Ein weiteres Ziel war es, mit den Wandlern Peripherie-Elemente für den bereits vorhandenen Modell-Mikroprozessor zu schaffen und das Zusammenspiel und die Einsatzmöglichkeiten von Wandler-Prozessor-Kombinationen aufzuzeigen.

12.4.1 Modell-Prozessor und Digital-Analog-Wandlerbaustein

Der D/A-Wandler-Baustein eignet sich natürlich auch dazu, Daten, die der Prozessor über den I/O-Port ausgibt, in eine Spannung oder einen Strom umzuwandeln.

Beim Anschluß des D/A-Wandlers, und auch bei Versuchen mit den A/D-Wandlern, muß man darauf achten, daß die Numerierung der Datenleitungen beim Prozessor und bei den Wandlern voneinander abweicht. Bei D/A- und A/D-Wandlern ist es üblich, das MSB mit D_1 zu bezeichnen, während bei Rechnern das LSB mit D_0 bezeichnet wird und zum MSB hin aufwärts gezählt wird, s. Bild 12.18.

Auf diese Weise kann mit dem Prozessor die Helligkeit von Glühlampen, die Drehzahl von Elektromotoren u.a. geregelt werden. In den meisten Fällen wird man den Ausgangs-

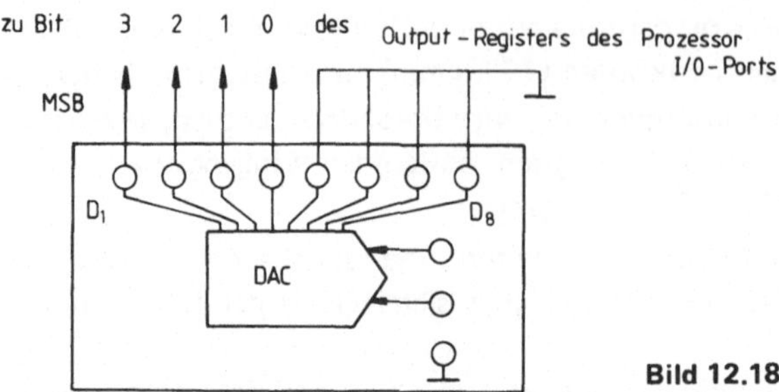

Bild 12.18

strom des D/A-Wandlers vorverstärken müssen, da er nur 2 mA bzw. 4 mA bei 20 V Referenz-Spannung beträgt.

Der D/A-Wandler-Baustein erlaubt ferner das "Sichtbar-Machen" einfacher Rechner-Demonstrations-Programme. Das in Bild 12.19 aufgelistete Programm entspricht dem in Kap. 11.4 ab Seite 106 beschriebenen Programm. Es läßt den Akkumulator des Rechners die Zahlen 0 bis 15 abwechselnd in aufsteigender und abfallender Reihenfolge durchlau-

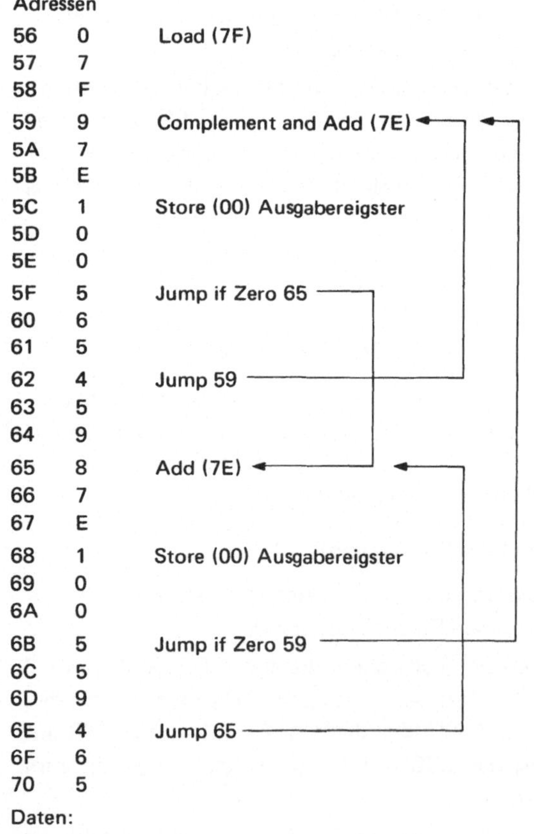

Adressen

56	0	Load (7F)
57	7	
58	F	
59	9	Complement and Add (7E)
5A	7	
5B	E	
5C	1	Store (00) Ausgabereigster
5D	0	
5E	0	
5F	5	Jump if Zero 65
60	6	
61	5	
62	4	Jump 59
63	5	
64	9	
65	8	Add (7E)
66	7	
67	E	
68	1	Store (00) Ausgabereigster
69	0	
6A	0	
6B	5	Jump if Zero 59
6C	5	
6D	9	
6E	4	Jump 65
6F	6	
70	5	
Daten:		
7E	1	
7F	0	

Bild 12.19

"Dreieck-Generator", Demonstrations-programm mit Ausgabe über I/O-Port und D/A-Wandler-Baustein

fen. Die I/O-Port-Befehle bewirken, daß die Zahlen außerdem noch in das Ausgabe-Register des I/O-Ports gelangen. Bei ausreichend hoher Rechner-Geschwindigkeit läßt sich das Auf- und Abwärtszählen über den D/A-Wandler-Baustein auf einem Oszilloskop in Form einer auf- und absteigenden dreieckförmigen Treppenspannung sichtbar machen. Man bekommt so sehr schnell einen ersten Eindruck von der Wirkungsweise des Programms.

12.4.2 Modell-Prozessor und Analog-Digital-Wandler

Die unter Kap. 12.2 und 12.3 beschriebenen Wandler verfügen über eine Mikroprozessor-Steuereinheit, die die Kommunikation mit einem Mikroprozessorsystem ermöglicht.

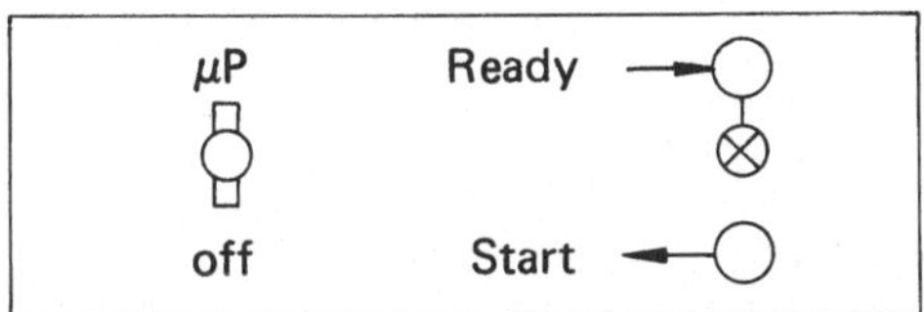

Um die Einheit in Betrieb nehmen zu können, muß der Schalter in der Position "µP" stehen. Die Wandler laufen dann nicht mehr kontinuierlich, sondern müssen durch einen Impuls auf den Start-Eingang gestartet werden. Der Wandlungs-Zyklus wird mit der positiven Flanke (Wechsel von 0 nach 1) des Startimpulses ausgelöst. Nachdem ein Wandlungs-Zyklus durchlaufen wurde, stoppt der Wandler und wartet auf den nächsten Startimpuls. Als Rückmeldung an das µP-System wechselt der Ready-Ausgang von "0" nach "1", und die Ready-Lampe signalisiert den Wartezustand des Wandlers.

Mit Hilfe der µP-Steuereinheit ist bei dem unter Kap. 12.2 beschriebenen Wandler eine weitere Betriebsart möglich, die in Kapitel 12.2 noch nicht beschrieben wurde. Man kann den Starteingang auch mit dem Taktgenerator des Wandlers verbinden und so ständig Startimpulse auf die µP-Steuereinheit geben. Die Folge ist, daß der Wandler jetzt auch bei eingeschalteter µP-Steuereinheit kontinuierlich arbeitet, allerdings mit dem Unterschied, daß die benötigte Zeit für einen Wandlungs-Zyklus jetzt von der Höhe der Eingangsspannung abhängt. Gibt man ein Sinussignal auf den Wandlereingang, erfolgt eine Umsetzung in den unteren Bereichen der Sinuswelle wesentlich häufiger als in der oberen Halbwelle. Der Grund für dieses Verhalten ist, daß das Ready-Signal schon in dem Moment gegeben wird, wenn der Binär-Zähler des Wandlers den entsprechenden Digitalwert erreicht hat. Der Zähler braucht nicht mehr den restlichen Zahlenbereich zu durchlaufen, sondern wird zurückgesetzt und kann anschließend sofort für den nächsten Zyklus gestartet werden.

Diese Betriebsart kann von Vorteil sein, wenn es auf eine hohe Wandlungs-Geschwindigkeit ankommt. Sie wurde in Kap. 12.2 deswegen nicht beschrieben, weil eine veränderliche Zyklus-Dauer mit dem Grundsatz, alle Parameter unabhängig voneinander verändern zu können, nicht im Einklang steht. Bei ersten Experimenten könnte diese Betriebsart wegen der ungleichmäßigen Wandler-Geschwindigkeit u. U. zu Mißverständnissen führen oder zumindest das Verständnis erschweren.

Der eigentliche Zweck der µP-Steuereinheit ist es, zusammen mit einem µP-System einen sog. Handshake-Betrieb realisieren zu können. Hierunter versteht man den kontrollierten Austausch von Daten zwischen µP und Peripherie wie er in Kap. 11.5 beschrieben wurde. Der Datenaustausch erfolgt nur dann, wenn der Prozessor bereit ist, Daten aufzunehmen, bzw. wenn die Peripherie ein neues Datum anbietet. So wird vermieden, daß bei verschiedenen Arbeitsgeschwindigkeiten von Prozessor und Peripherie Daten verloren gehen, bzw. vom Prozessor versäumt werden oder das gleiche Datum vom Prozessor mehrmals eingelesen und bearbeitet wird.

Ein solcher Handshake läßt sich beim Modell-Rechner mit Hilfe des Einlese-Status-Registers und des Auslese-Impulses durchführen. Den dazugehörigen Versuchsaufbau zeigt Bild 12.20.

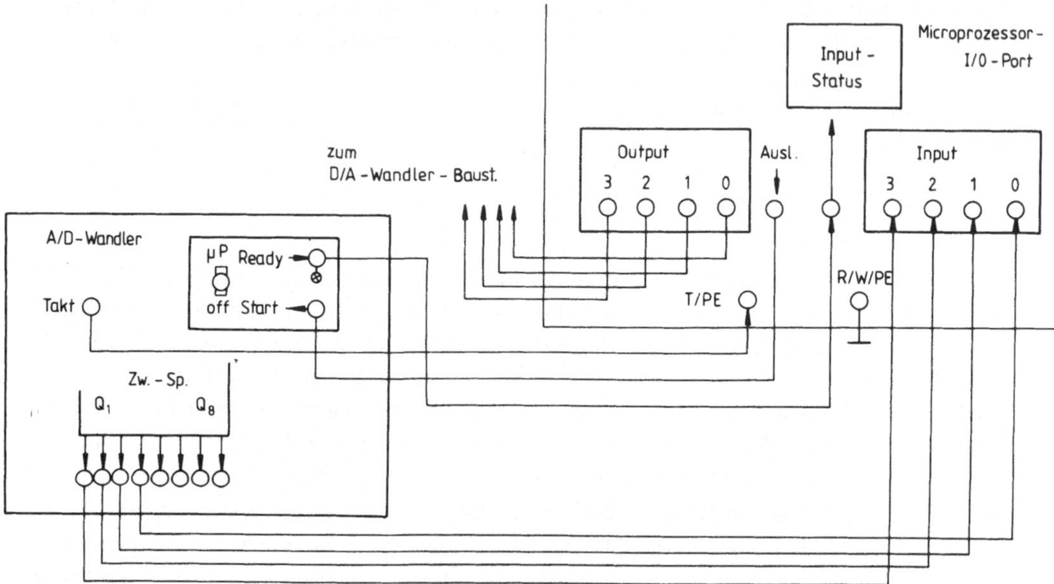

Bild 12.20 Anschluß des A/D-Wandlers für den Handshake-Betrieb
An den T/PE-Eingang des I/O-Ports muß nicht unbedingt der Takt des Wandlers gelegt werden; er kann auch mit dem Takt des Prozessors verbunden werden. In jedem Fall muß aber R/$\overline{\text{W}}$/PE mit "0" verbunden, bzw. auf Masse gelegt werden

Durch Abfragen des Eingabe-Status, s. Bild 12.21, kann der Prozessor feststellen, ob der Wandler seinen Zyklus beendet hat — d. h. ob ein neuer Wert für die Eingabe zur Verfügung steht — oder nicht. Erst wenn der A/D-Wandler das Ready-Signal gibt, verläßt der Prozessor die Abfrage-Schleife.

Nach der Bearbeitung des Datums durch das Programm gibt der Prozessor den Wert in das Ausgabe-Register. Über den dort angeschlossenen D/A-Wandler-Baustein und über ein Oszilloskop läßt sich das Ergebnis sichtbar machen. Der Takt des Modell-Rechners sollte hierzu 500 kHz oder mehr betragen.

Der Auslese-Impuls, der beim Store (00)-Befehl erzeugt wird, startet den nächsten Zyklus des Wandlers.

Als Beispiel für einfaches "Signal-Processing" dienen die Programme in Bild 12.22 bis 12.26, die sich besonders gut mit dem Oszilloskop demonstrieren lassen, wenn man ein Sinus-Signal auf den Eingang des A/D-Wandlers gibt.

Adresse	Op.-Code	
06	0	Load (02) — Eingabe-Status
07	0	(Ready Signal)
08	2	
09	5	Jump if Zero
0A	0	
0B	6	
0C	0	Load (03) — Eingabe Register
0D	0	
0E	3	
	*	

Be- und Verarbeitung des Datums

	*	
xy	1	Store (00) — Ausgabe-Register
	0	(Auslese-Impuls
	0	startet Wandler)
	4	Jump 06 — Holen bzw. Warten
	0	auf das nächste Datum
	6	

Bild 12.21 Realisierung des Handshakes mit dem Modell-Rechner

Adresse	Op.-Code	
16	0	Load (03) Eingabe-Register
17	0	
18	3	
19	6	Jump if Negative 1F
1A	1	
1B	F	
1C	0	Load (26) = 8
1D	2	
1E	6	
1F	1	Store (00) Ausgabe-Register
20	0	
21	0	
22	4	Jump 16
23	1	
24	6	
DATA		
26	8	

Bild 12.22

Einweggleichrichtung bzw. Begrenzung des Eingabe-Wertes auf "8" nach unten

Adresse	Op.-Code	
46	0	Load (03) Eingabe-Register
47	0	
48	3	
49	6	Jump if Negative 4F
4A	4	
4B	F	
4C	E	Negate (03) Eingabe-Register
4D	0	
4E	3	
4F	1	Store (00) Ausgabe-Register
50	0	
51	0	
52	4	Jump 46
53	4	
54	6	

Bild 12.23

Vollweggleichrichtung bzw. Invertierung aller Eingabe-Werte kleiner 8

Adressen	Op.-Code	
36	0	Load (03) Eingabe-Register
37	0	
38	3	
39	E	Negate (03)
3A	0	
3B	3	
3C	1	Store (00) Ausgabe-Register
3D	0	
3E	0	
3F	4	Jump 36
40	3	
41	6	

Bild 12.24

Invertierung

Adressen	Op.-Code	
06	0	Load (03) Eingabe-Register
07	0	
08	3	
09	B	And (20) = E
0A	2	
0B	0	
0C	2	Rotate Right
0D	1	Store (00) Ausgabe-Register
0E	0	
0F	0	
10	4	Jump 06
11	0	
12	6	
DATA		
20	E	

Bild 12.25

Amplituden-Halbierung

Adressen	Op.-Code	
06	0	Load (03) Eingabe-Register ◄─┐
07	0	
08	3	
09	2	Rotate Right
0A	2	Rotate Right
0B	2	Rotate Righ
0C	1	Store (00) Ausgabe-Register
0D	0	
0E	0	
0F	4	Jump (06) ──────────────────┘
10	0	
11	6	

Bild 12.26

Amplitudenverdopplung; nur Eingabe-Werte kleiner "8" sind erlaubt

Der Einfachheit halber wurde bei diesen Programmen auf den Handshake verzichtet. Weitere denkbare Anwendungen wären:

- Das Überwachen von Grenzwerten.
- Das Steuern und Regeln von verschiedenen Größen und Funktionen.
- Code-Convertierung (Binär-Code mit Vorzeichen, Gray-Code, BCD-Code).
- Linearisierung von Sensor-Kennlinien.
- Übertragungsglieder mit komplizierten, nichtlinearen Kennlinien.
- Digitale Filter (erfordern einen leistungsfähigen Prozessor).

Als Beispiel für eine nichtlineare Kennlinie dient das in Bild 12.27 aufgelistete Programm, welches das Quadrat des Eingabe-Wertes berechnet. Bei der Entwicklung des Programms wurde darauf geachtet, daß die Abarbeitungszeit unabhängig vom Eingabe-Wert ist. Dadurch ist die Rate, mit der die Ergebnisse ausgegeben werden, auch ohne Handshake konstant.

Adressen	Op.-Code	
06	0 03	Load (03) Eingabe-Register
09	1 FD	Store (FD) Faktor
0F	D 09	Exor (09) = 0001
12	8 0A	Add (0A) = 1111
15	B FD	And (FD) Faktor
18	1 FE	Store (FE) Resultat low
1B	0 FD	Load (FD) Faktor
1E	9 FD	Add (FD) Faktor
21	1 FB	Store (FB) 2 × Faktor low
24	3	Copy Status into to Accu
25	B 12	And (12) = 1000
28	2 2 2	3 × Rotate Right
2B	1 FC	Store (FC) 2 × Faktor high
2E	0 FD	Load (FD) Faktor
31	2	Rotate Right
32	B 09	And (09) = 0001
35	D 09	Exor (09) = 0001
38	8 0A	Add (0A) = 1111
3B	1 FA	Store (FA) Maske

Bild 12.27

Quadrierprogramm mit konstanter Abarbeitungszeit und Ausgabe des höherwertigen Ergebnis-Teiles (Result high) über I/O-Port

Fortsetzung Bild 12.27

Adressen	Op.-Code	
3E	B FB	And (FB) 2 × Faktor low
41	8 FE	Add (FE) Resultat low
44	1 FE	Store (FE) Resultat low
47	3	Copy Status into to Accu
48	B 12	And (12) = 1000
4B	2 2 2	3 × Rotate Right
4E	8 FC	Add (FC) 2 × Faktor high
51	B FA	And (FA) Maske
54	1 FF	Store (FF) Resultat high
57	0 FD	Load (FD) Faktor
5A	2 2	2 × Rotate Right
5C	1 F9	Store (F9) Zwischenspeicher
5F	B 08	And (08) = 0011
62	1 FC	Store (FC) 4 × Faktor high
65	B 09	And (09) = 0001
68	D 09	Exor (09) = 0001
6B	8 0A	Add (0A) = 1111
6E	1 FA	Store (FA) Maske
71	B 2D	And (2D) = 1100
74	B F 9	And (F9) Zwischenspeicher
77	8 FE	Add (FE) Resultat low
7A	1 FE	Store (FE) Resultat low
7D	3	Copy Status to Accu
7E	B 12	And (12) = 1000
81	2 2 2	3 × Rotate Right
84	8 FC	Add (FC) 4 × Faktor high
87	B FA	And (FA) Maske
8A	8 FF	Add (FF) Resultat low
8D	1 FF	Store (FF) Resultat high
90	0 FD	Load (FD) Faktor
93	2	Rotate Right
94	1 F9	Store (F9) Zwischenspeicher
97	E 12	Negate (12) = 1000
9A	B F9	And (F9) Zwischenspeicher
9D	1 FC	Store (FC). 8 × Faktor high
A0	0 FD	Load (FD) Faktor
A3	2 2	2 × Rotate Right
A5	B 09	And (09) = 0001
A8	D 09	Exor (09) = 0001
AB	8 0A	Add (0A) = 1111
AE	1 FA	Store (FA) Maske
B1	B 12	And (12) = 1000
B4	B F9	And (F9) Zwischenspeicher
B7	8 FE	Add (FE) Resultat low
BA	1 FE	Store (FE) Resultat low
BD	3	Copy Status to Accu
BE	B 12	And (12) = 1000
C1	2 2 2	3 × Rotate Right
C4	8 FC	Add (FC) 8 × Faktor high
C7	B FA	And (FA) Maske
CA	8 FF	Add (FF) Resultat high
Cd	1 FF	Store (FF) Resultat high
D0	1 00	Store (00) Ausgabe Register
D3	4 06	Jump 06 Restart

Variablen-Speicher:

F9	Zwischenspeicher
FA	Maske
FB	n × Faktor low
FC	n × Faktor high
FD	Faktor
FE	Resultat low
FF	Resultat high

Der Effekt auf ein Sinus-Signal ist allerdings nicht deutlich sichtbar, weil nur die vier höherwertigen Bits des insgesamt acht Bit umfassenden Ergebnisses ausgegeben werden können. Einen deutlich sichtbaren Effekt kann man erwarten, wenn über einen Multiplexer und einen Zwischenspeicher auch die vier niederwertigen Bits auf den D/A-Wandler-Baustein gegeben werden und die maximale Auflösung von acht Bit voll ausgenutzt wird.

Steht ein 8-Bit-Rechner zur Verfügung, sind diese Vorkehrungen natürlich nicht erforderlich.

13 Schaltungstechnische Realisierung

Dieses Kapitel widmet sich der schaltungstechnischen Realisierung der in den vorigen Kapiteln beschriebenen D/A- und A/D-Wandler.

In Erläuterungen zu den detaillierten Schaltplänen wird auf Besonderheiten der Schaltungsauslegung hingewiesen.

13.1 Der D/A-Wandlerbaustein

Die 10 Volt Referenz-Spannungs-Quelle ist mit dem Spannungsstabilisator 723 aufgebaut, der eine für diese Anwendung ausreichende Temperatur-Stabilität von 0,003 %/°C aufweist.

Die Referenz-Spannung ist abgleichbar. Bei Strömen ab 70 mA setzt eine Strombegrenzung ein, die die Referenz-Spannungs-Quelle kurzschlußfest macht.

Als D/A-Wandler wird der UA 801 (Fairchild-Äquivalent des DAC 08) eingesetzt. Die benutzte Version weist eine Linearität von besser als ± 0,19 % auf, womit Monotonie und 8 Bit Auflösung garantiert sind.

Die D/A-Wandler-Ausgänge sind nicht intern beschaltet, um alle in Bild 12.12 beschriebenen Möglichkeiten offen zu halten.

Das detaillierte Schaltbild zeigt Bild 13.1.

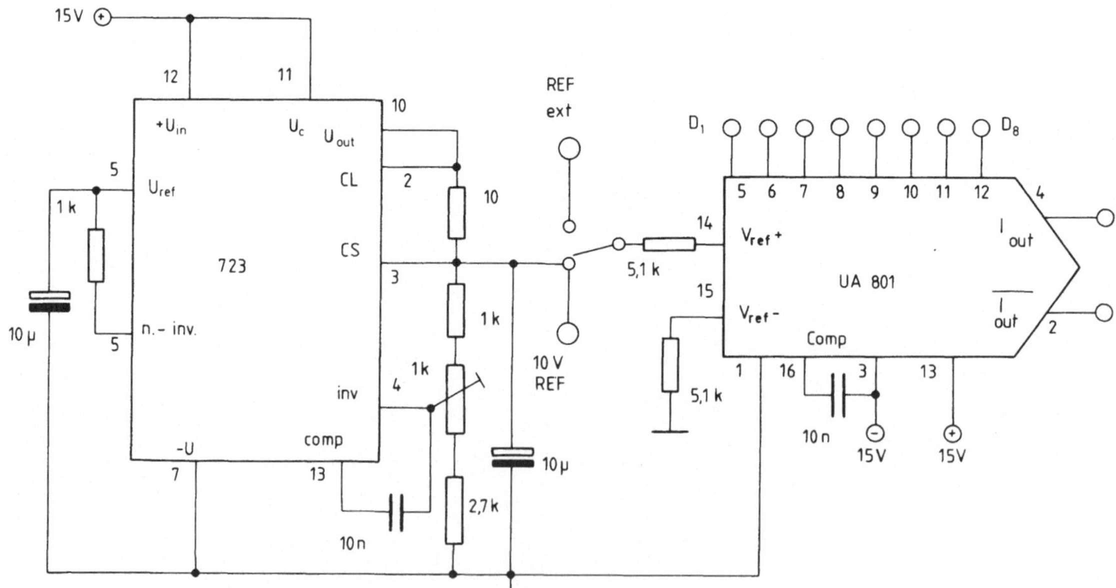

Bild 13.1 Schaltbild des D/A-Wandler-Bausteins

13.2 Der zählende Analog-Digital-Wandler

Taktgenerator (s. Bild 13.2): In allen drei A/D-Wandlern wurde der gleiche Typ eingesetzt, der sich durch einen weiten Einstellbereich von bis zu drei Dekaden und mehr aus-
zeichnet. Durch Parallelschalten eines zweiten zeitbestimmenden Kondensators entsteht
der untere Bereich (0,5 Hz—1 kHz). Hinter dem Flipflop (1/2 '76) steht ein Taktsignal
mit symmetrischer Pulsbreite zur Verfügung, das auf den Binär-Zähler mit 2 X 7493 gegeben wird.

Digital-Teil (s. Bild 13.3): Die unteren vier Bit-Leitungen des Binär-Zählers gelangen über
vier UND-Gatter auf den D/A-Wandler und auf den Zwischenspeicher (2 X 7475), die für
das Herabsetzen der Auflösung über den Schalter "Bitbreite" verantwortlich sind. Die
Dioden am Schalter "Bitbreite" sperren alle „höheren" UND-Gatter, sobald die Auflösung
heruntergeschaltet wird. Die R/C-Kombination hinter FF 1 erzeugt den Speicherimpuls,
sobald FF 1 vom Komparator und von MF 1 gesetzt wird. Weil dieser Impuls nur einige
μs beträgt, wird mit der Schaltung um FF 2 synchron ein Impuls von der Dauer eines
halben Taktes erzeugt, der über eine LED sichtbar gemacht werden kann. MF 2 erzeugt
den Reset-Impuls für die BCD-Zähler und intitialisiert FF 1. Die μP-Steuereinheit ist mit
FF 3 aufgebaut.

Analog-Teil (s. Bild 13.2): Der D/A-Wandler erzeugt Spannungen zwischen 0 Volt und
− 5 Volt, die von A 1 in den Bereich von 0 V bis + 5 V übersetzt werden. A 2 setzt die
Eingangsspannung, die zwischen 0 Volt und + 5 Volt liegt, in den Bereich 0 V ... − 5 V
um. Der Komparator ist der Typ LM 710.

Ergänzende Betrachtungen:

Beim Arbeiten mit dem System stellte sich heraus, daß die Werte 128, 64, ... bei maximaler Taktfrequenz nicht sicher angezeigt werden können. Abhilfe bringt der Austausch
der 7493er gegen Synchron-Counter 74161 und weitere 4 UND-Gatter in den oberen 4
Bit-Leitungen zum Ausgleich der Laufzeiten. Diese Modifikationen erlauben gleichzeitig noch höhere Arbeitsgeschwindigkeiten des Wandlers.

Eine weitere Ergänzung ist eine Überlauf-Anzeige, da der Wandler bei Überschreiten der
maximalen Eingangsspannung nicht mehr arbeitet.

Sinusgenerator (s. Bild 13.4):

A 1 und A 2 erzeugen Dreieck-Spannungen, die in den Dioden-Netzwerken an eine sinusförmige Spannung angenähert werden. Das Konzept erlaubt es, Frequenzen über einen
weiten Bereich von 0,01 Hz bis 100 Hz zu erzeugen.

13.3 Wandler nach dem "Wägeverfahren"

Die Ablaufsteuerung (s. Bild 13.5 und 13.6) besteht aus einem Synchron-Counter (74193),
einem Decoder (74154) und einer Reihe von NAND-Gattern, die aber nur die Funktion
von Invertern haben. Dadurch, daß der Takt verzögert auf die Freigabe-Eingänge des Decoders gegeben wird, entstehen störimpulsfreie, sich nicht überlappende Steuersignale für
die acht D-Flipflops. Dies garantiert ein besonders bei maximaler Taktfrequenz sauberes
Setzen, Takten und Rücksetzen der Flipflops.

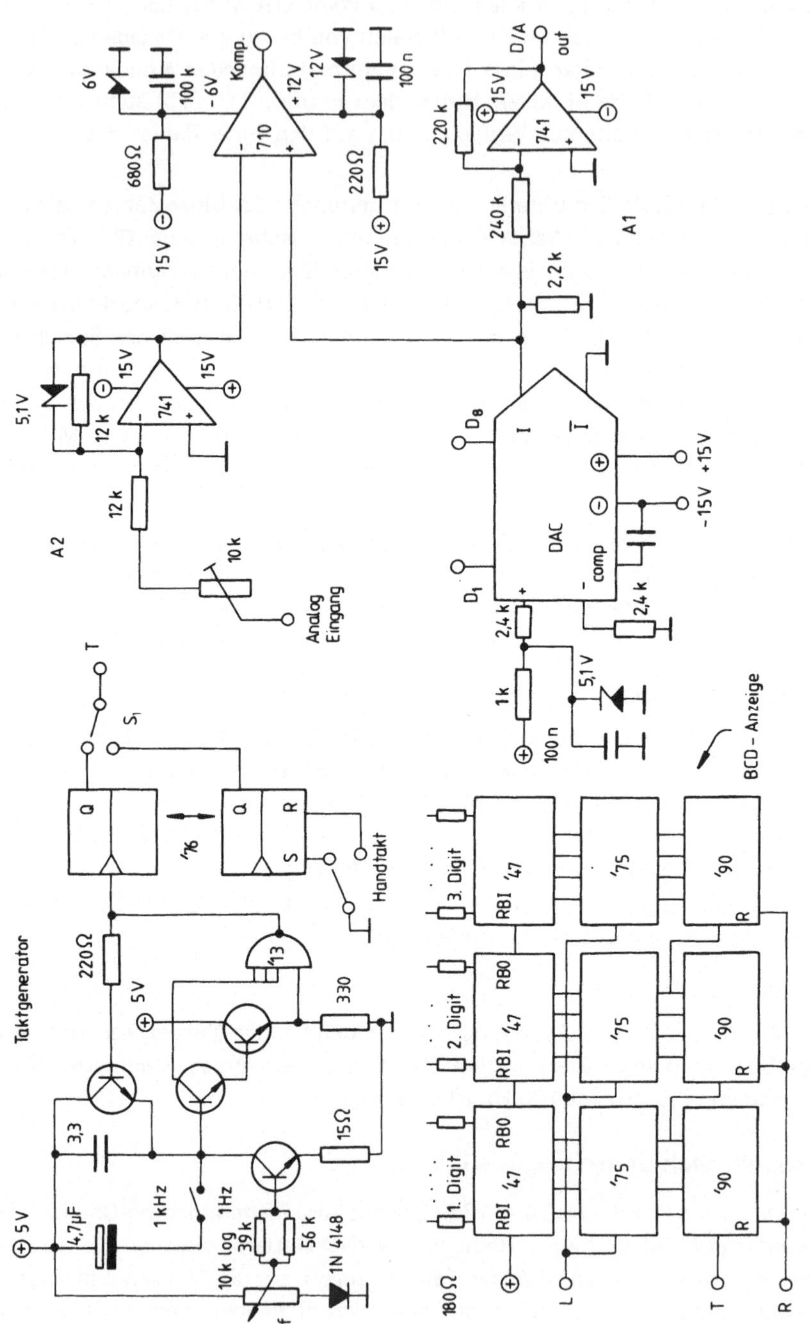

Bild 13.2 Analog-Teil des zählenden Wandlers

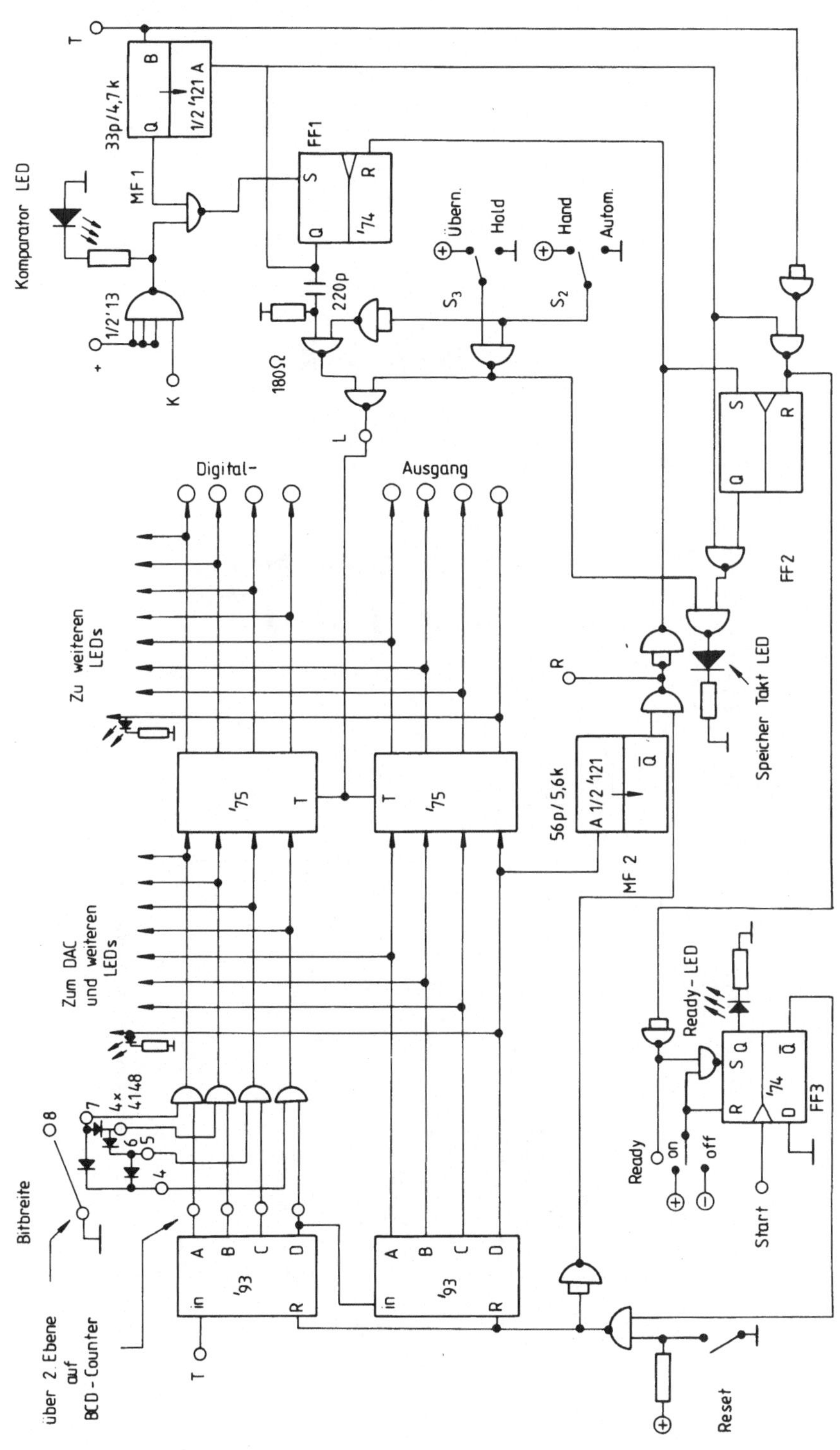

Bild 13.3 Digital-Teil des zählenden Wandlers

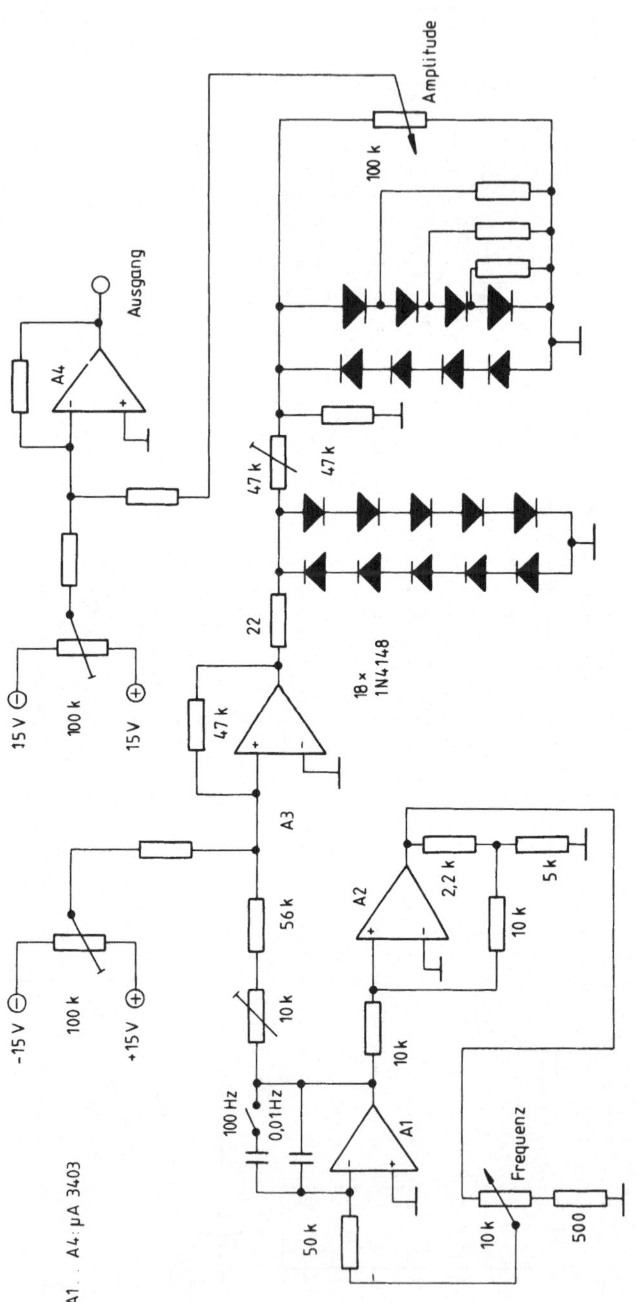

Bild 13.4 Sinusgenerator des zählenden Wandlers

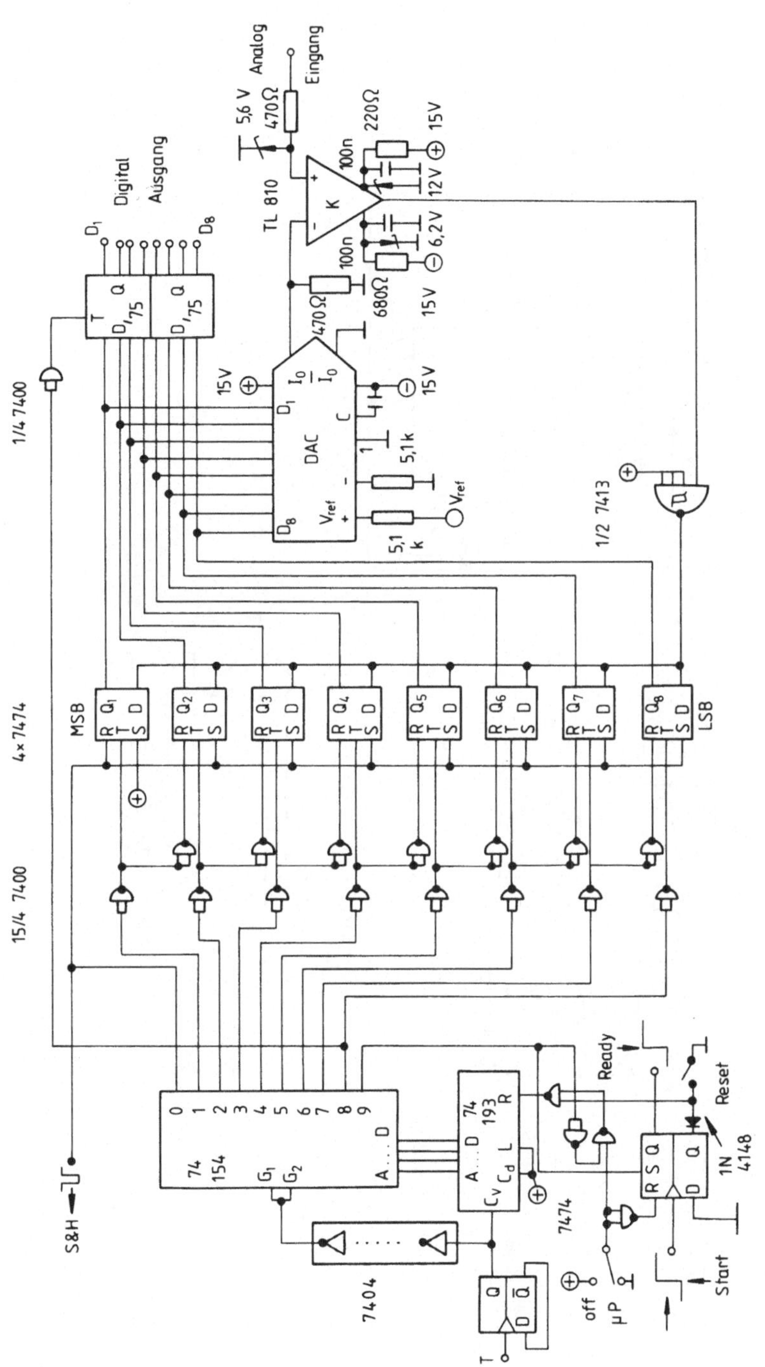

Bild 13.5 Wandler nach dem Wäge-Prinzip

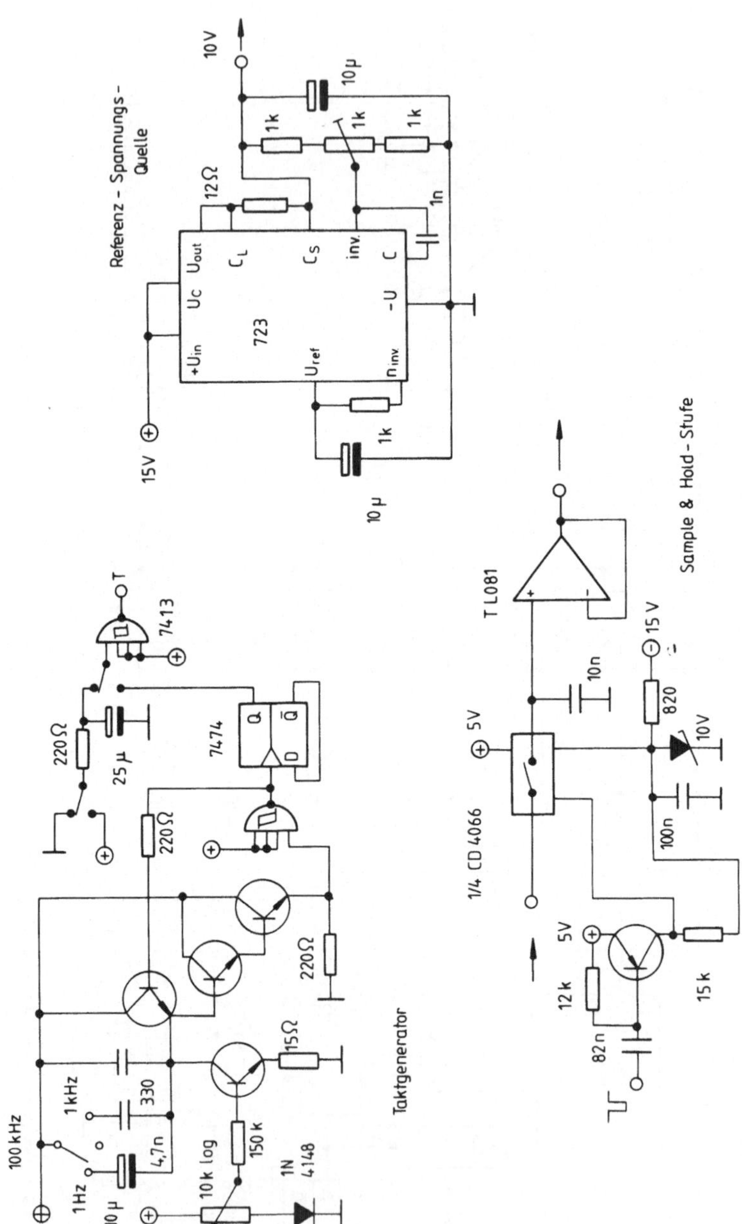

Bild 13.6 Peripherie des Wäge-Wandlers

Als Komparator wird diesmal der TL 810, eine verbesserte Version des SN 74710, eingesetzt.

Bei maximaler Taktfrequenz (ca. 2 MHz) wird eine Wandlungs-Rate von 100 kHz erreicht.

Die Kontroll-Lampen an den Flipflop-Ausgängen, den Zwischenspeicher-Ausgängen und am Komparator-Ausgang werden wie beim Delta-Wandler über Treiberstufen angeschlossen und wurden in Bild 13.5 nicht mehr eingezeichnet.

Wesentlicher Teil der Sample & Hold-Stufe ist ein CMOS-Analog-Schalter CD 4066. Der TL 810 ist ein hochohmiger Operationsverstärker und arbeitet als Impedanzwandler. Der Analog-Schalter wird mit + 5 Volt und − 10 Volt betrieben; das S & H-Glied kann deshalb nur Spannungen innerhalb dieses Bereiches verarbeiten.

Der A/D-Wandler verarbeitet bei 10 Volt Referenz-Spannung Eingangsspannungen zwischen 0 Volt und − 1 Volt.

Anhang

Neue Norm	Alte Norm	Benennung
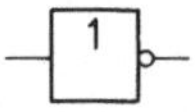		Negation, Umkehrung des Signales am Ausgang
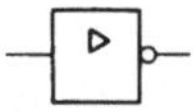		Invertierender Treiber
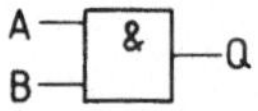	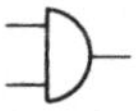	UND-Verknüpfung - AND -
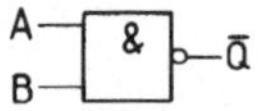	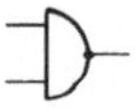	NAND
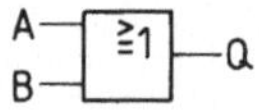	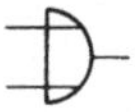	ODER-Verknüpfung OR
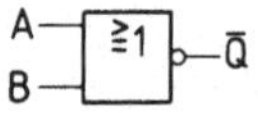	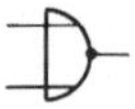	NOR
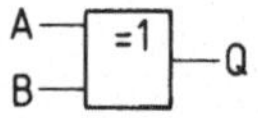	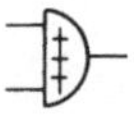	EXOR (Exklusiv-ODER)
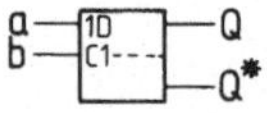	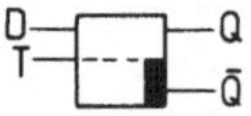	D-Kippglied
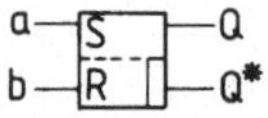	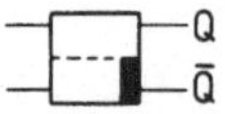	bistabiles Kippglied mit Grundstellung (hier Q*)

A-1
Gegenüberstellung von neuer und alter Norm

Neue Norm	Alte Norm	Benennung
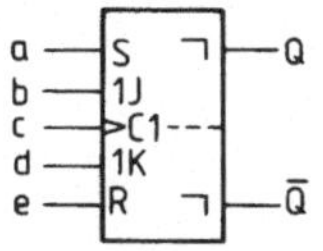 (Schaltzeichen)	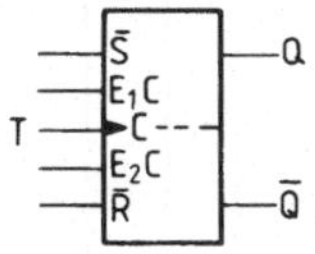 (Schaltzeichen)	JK-Kippglied (Master-Slave-Flipflop)
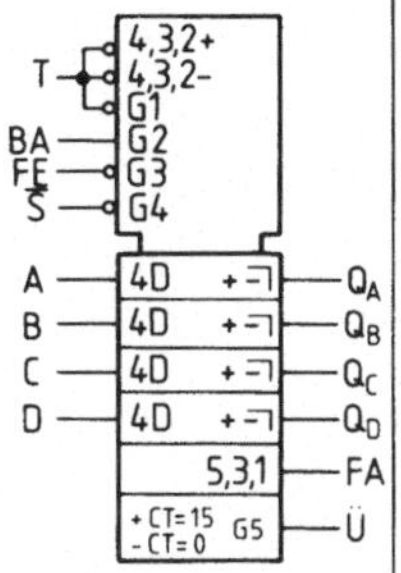 (Schaltzeichen)	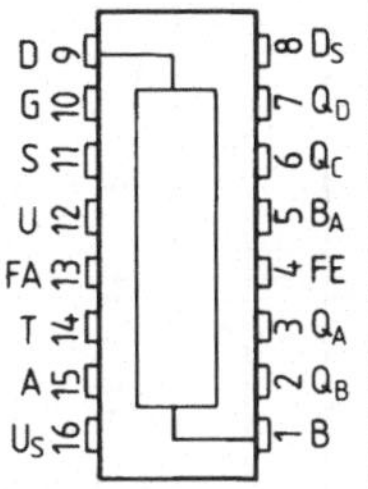 (Schaltzeichen)	Zusammenfassendes Schaltzeichen für Zählerbausteine SN 74191
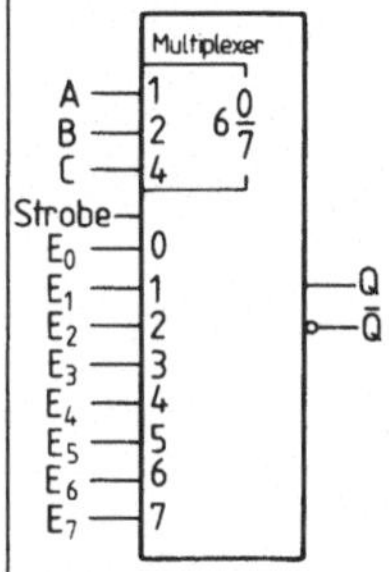 (Schaltzeichen)		Multiplexer SN 74151

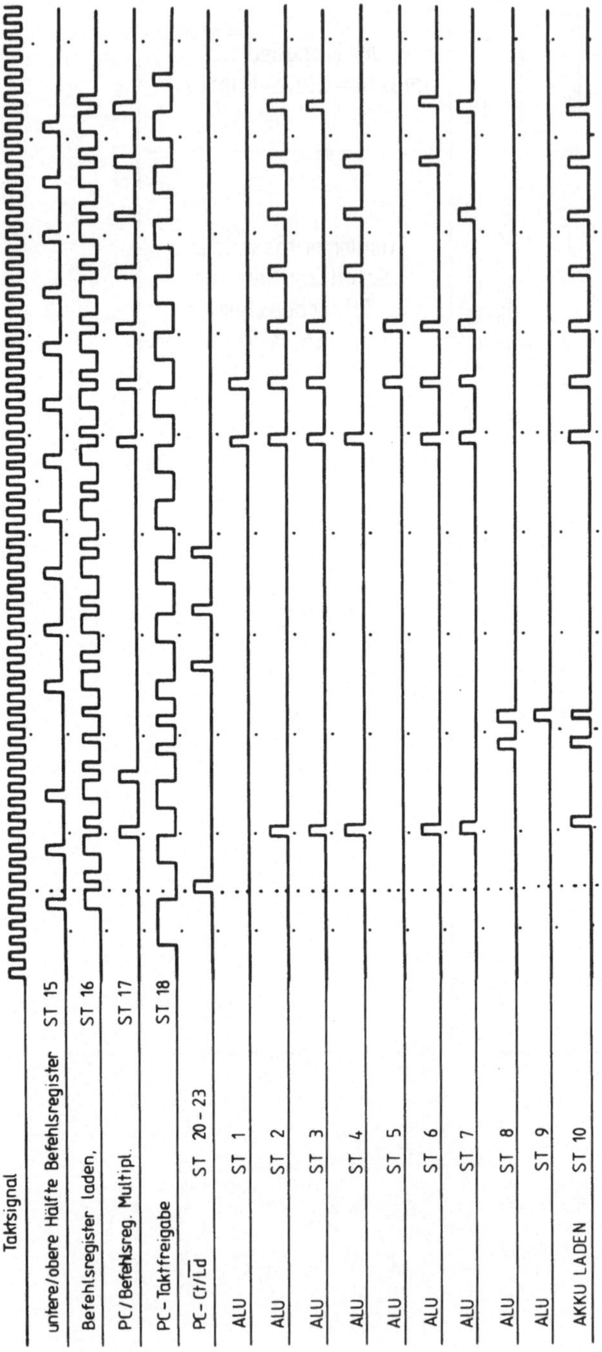

A-2 Zeitdiagramm der Steuersignale

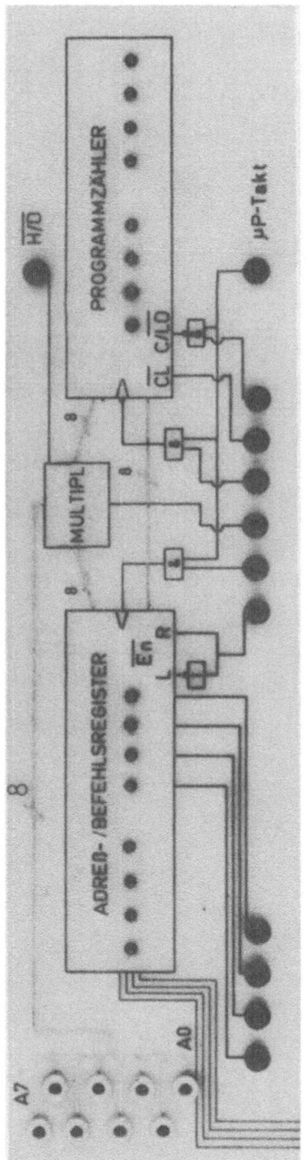

A-3 Frontplatte der PC/IR-Einheit

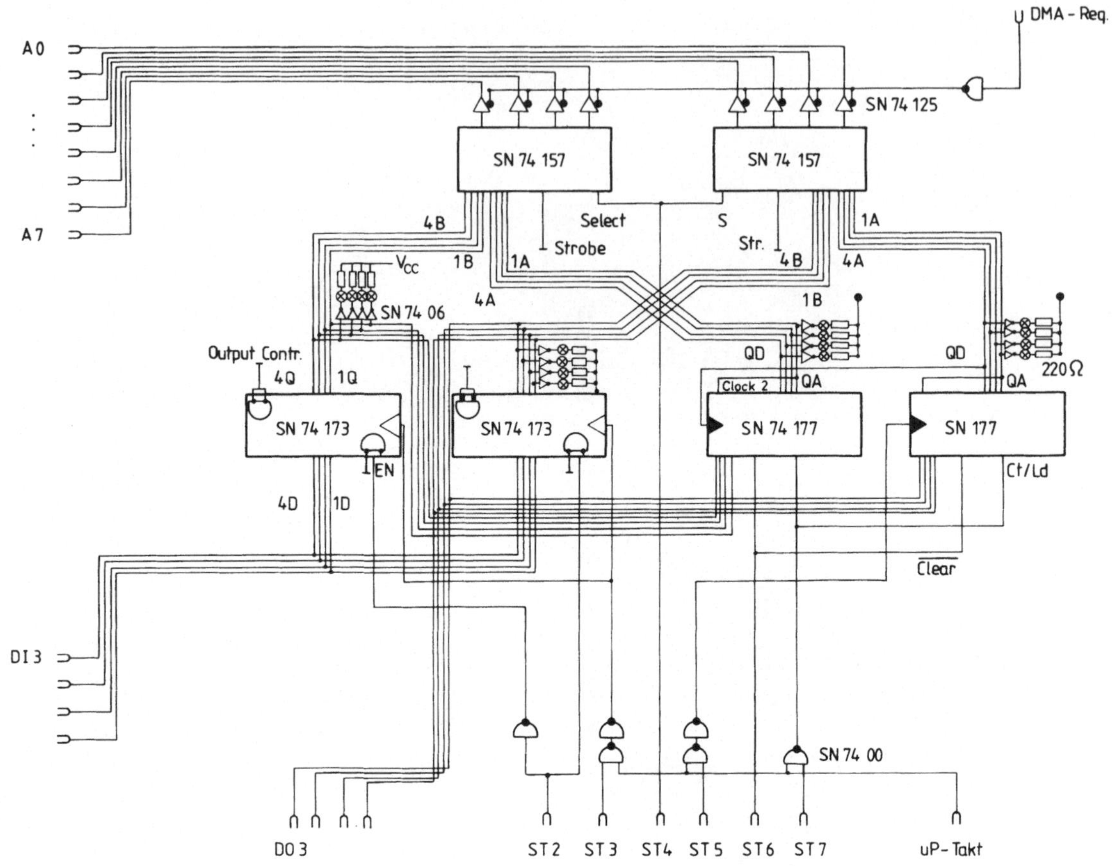

A-3 Schaltplan der PC/IR-Einheit

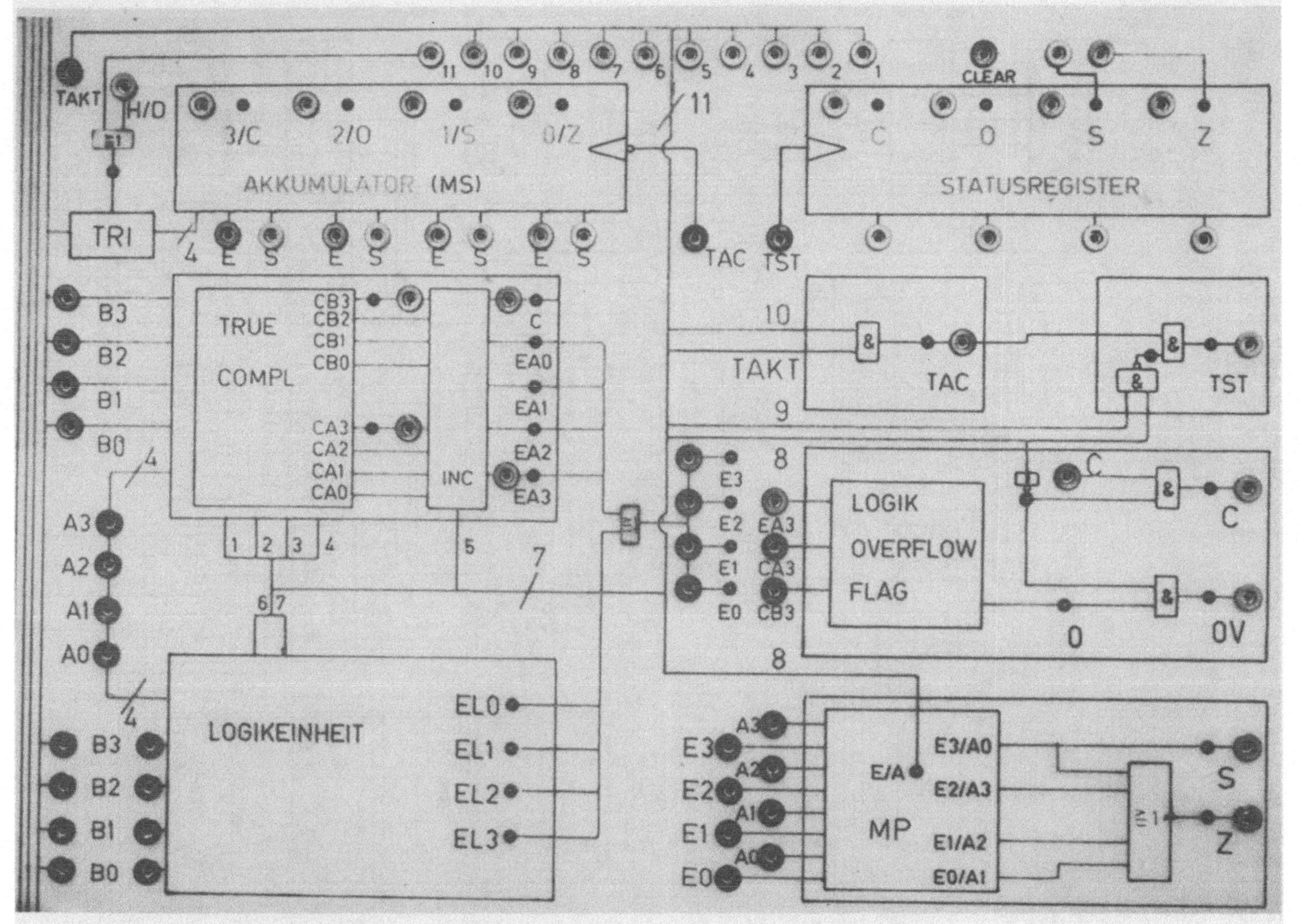

A-4 Frontplatte des Alu-, Akku-, Status-Kastens

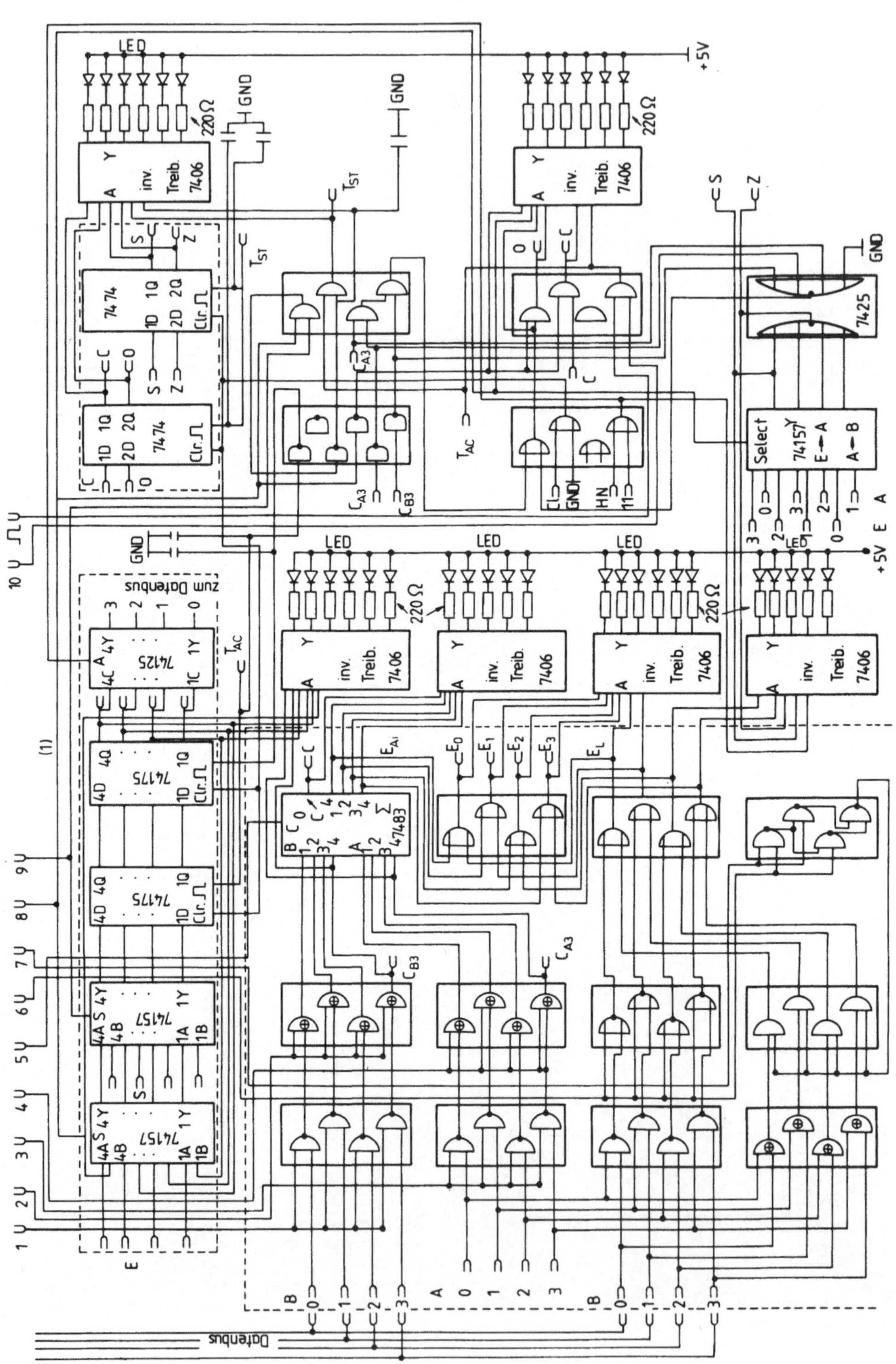

A-4 Schaltplan des Alu-, Akku-, Status-Kastens

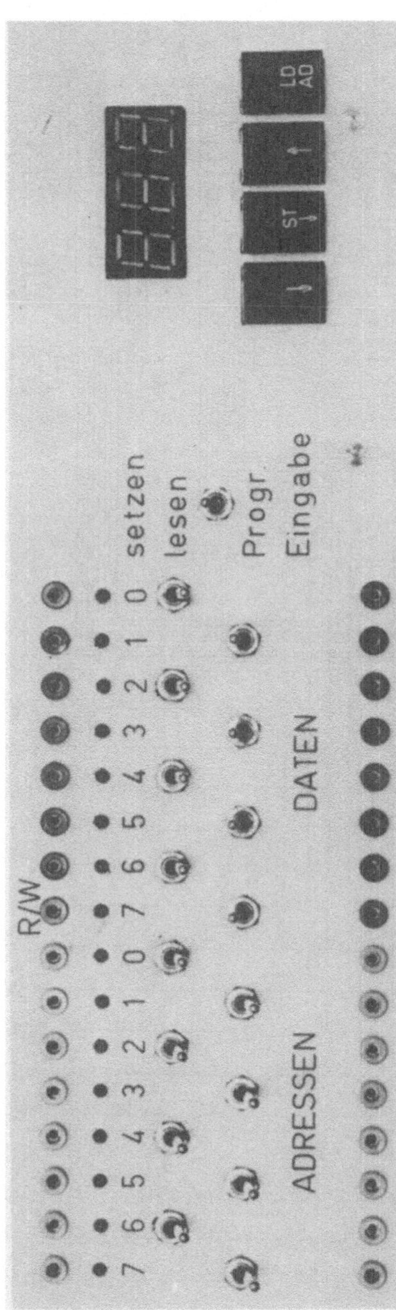

A-5 Fronplatte der Bedienungseinheit

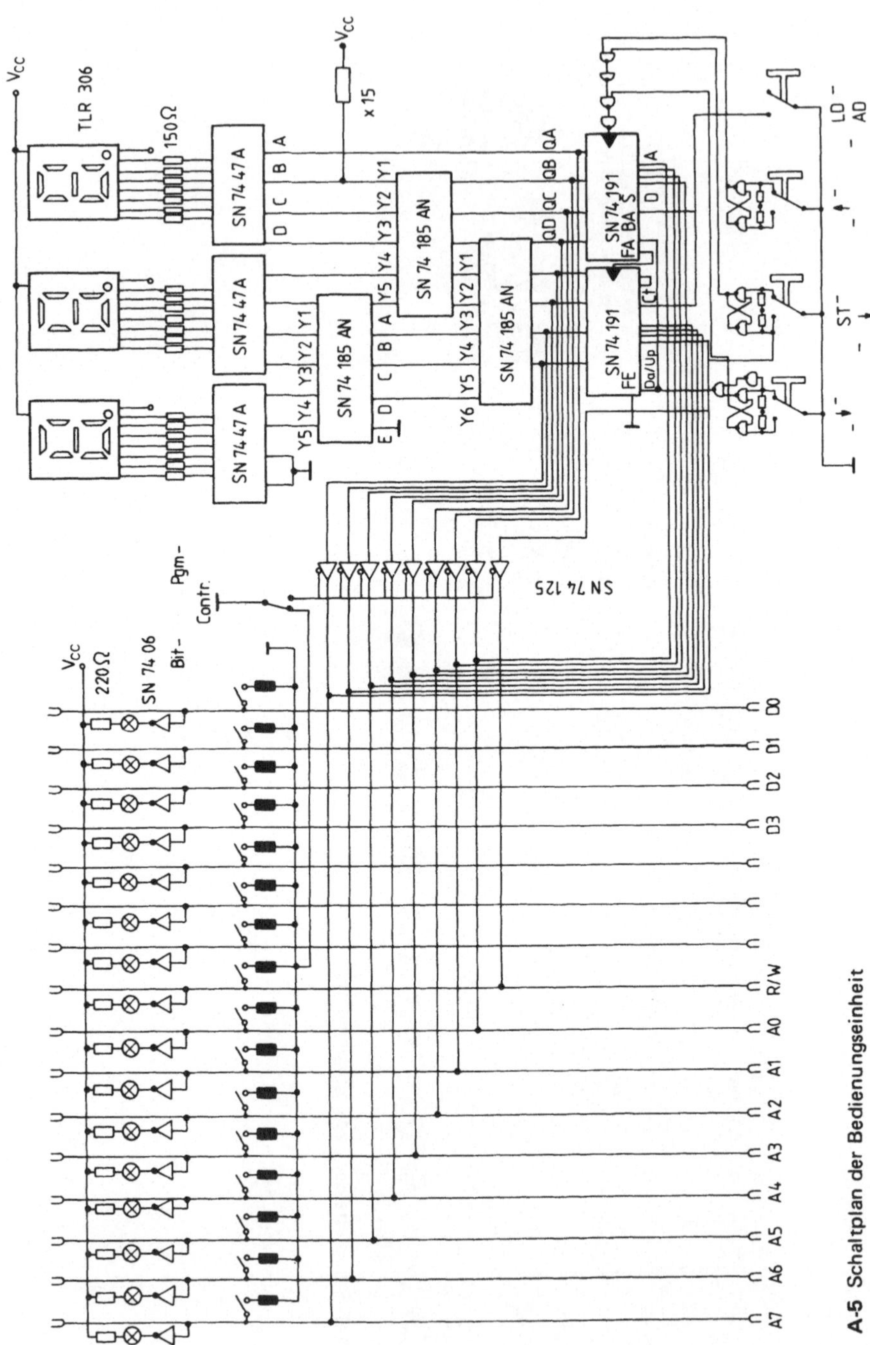

A-5 Schaltplan der Bedienungseinheit

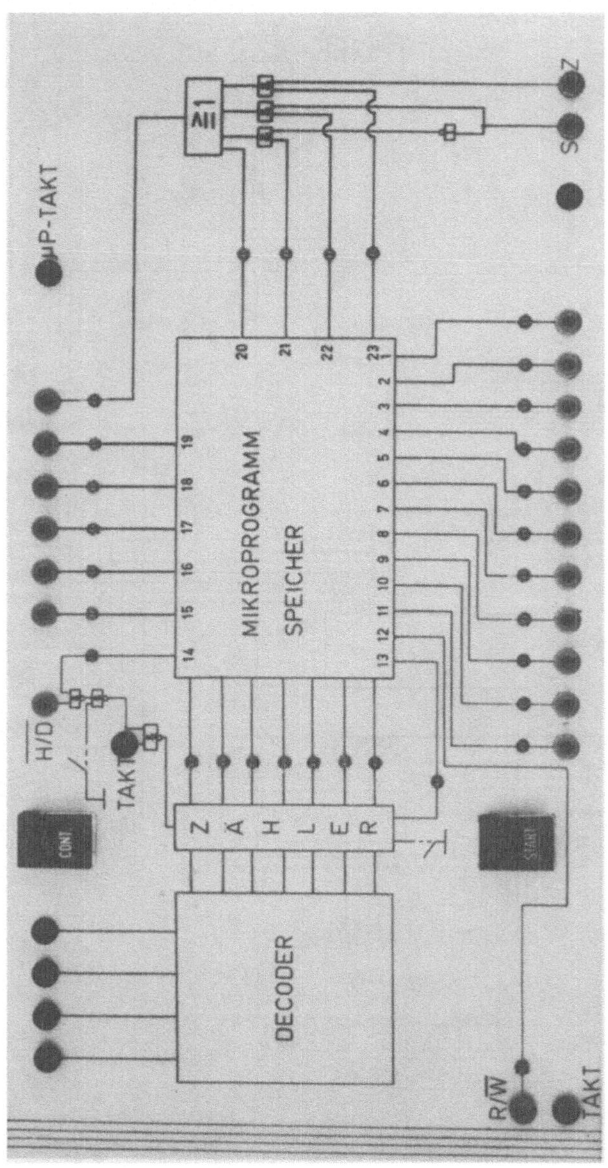

A-6 Frontplatte des Steuerwerks

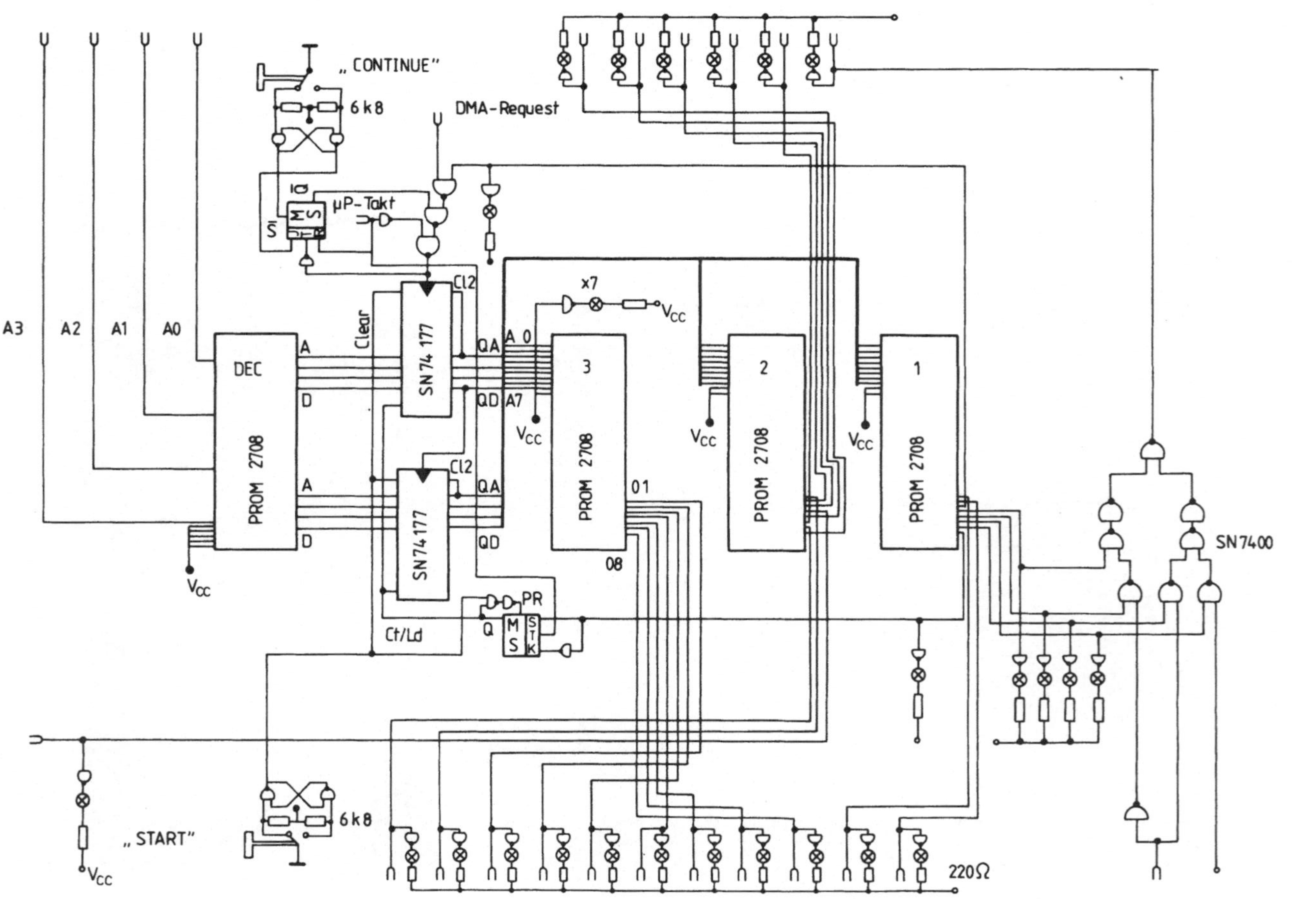

A-6 Schaltplan des Steuerwerkes

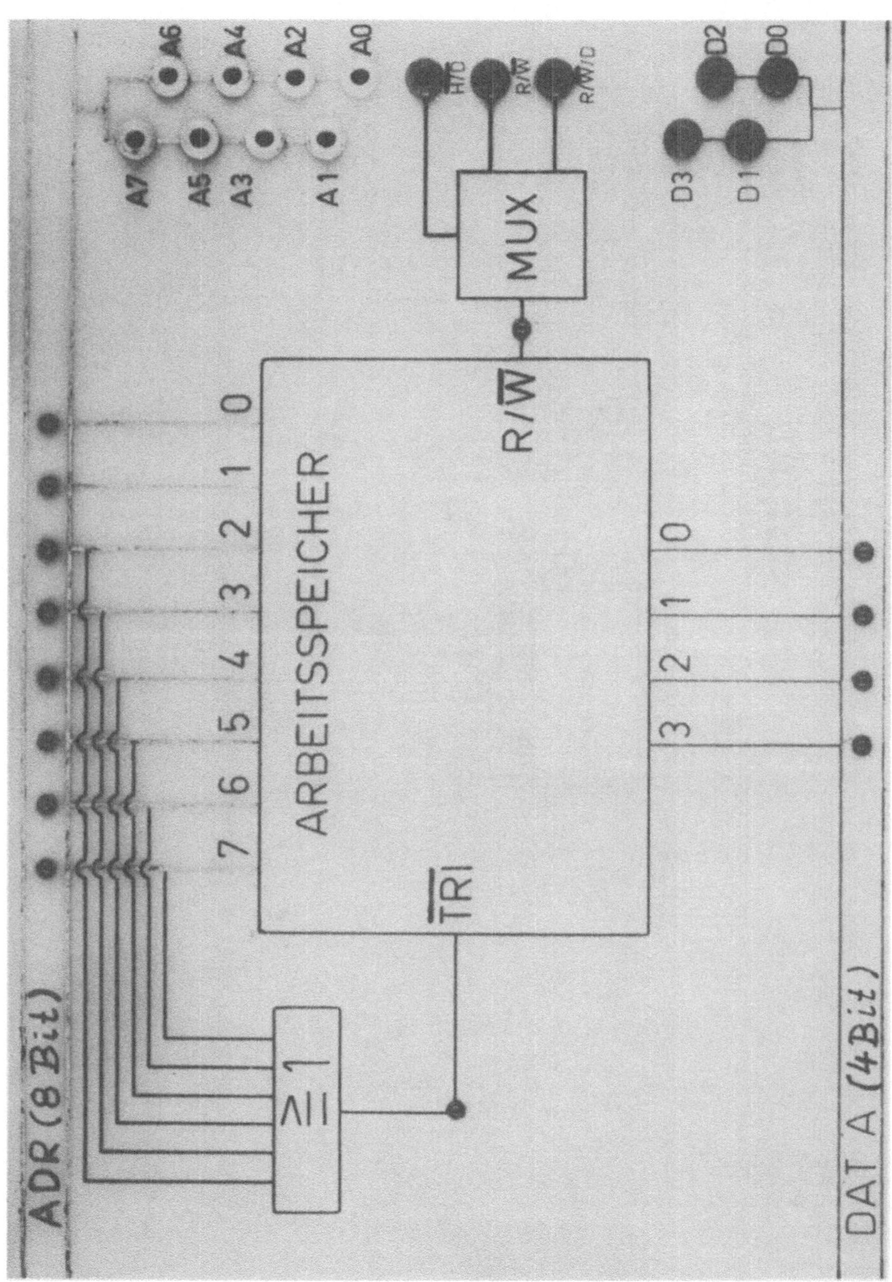

A-7 Fronplatte des Arbeitsspeichers

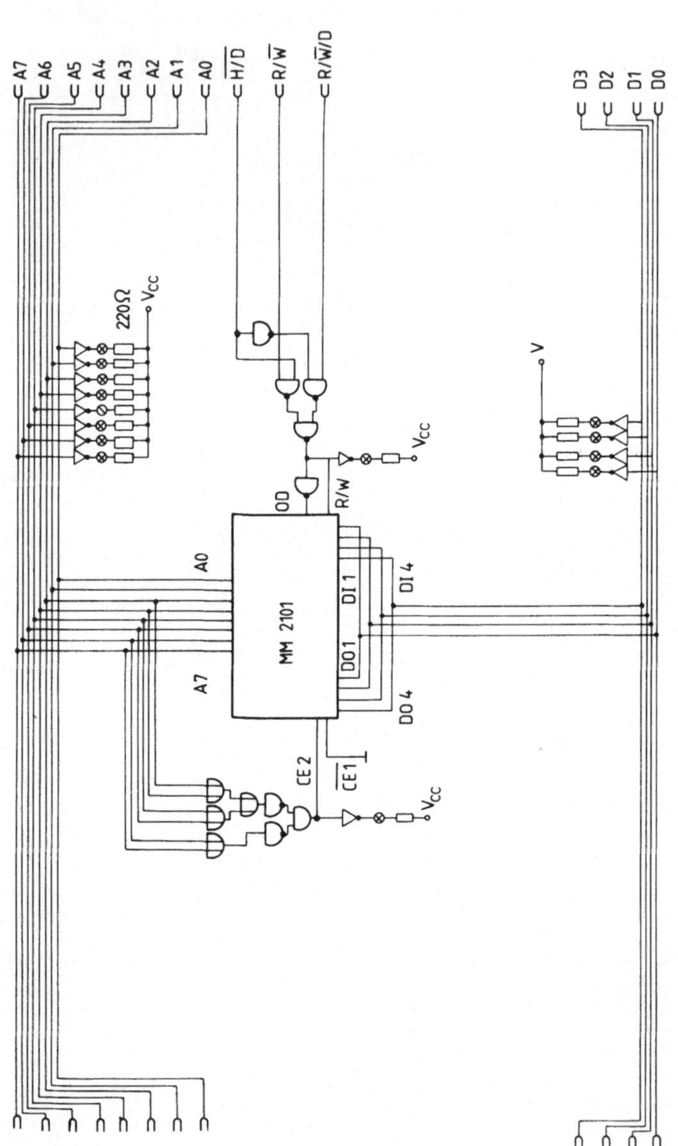

A-7 Schaltplan des Arbeitsspeichers

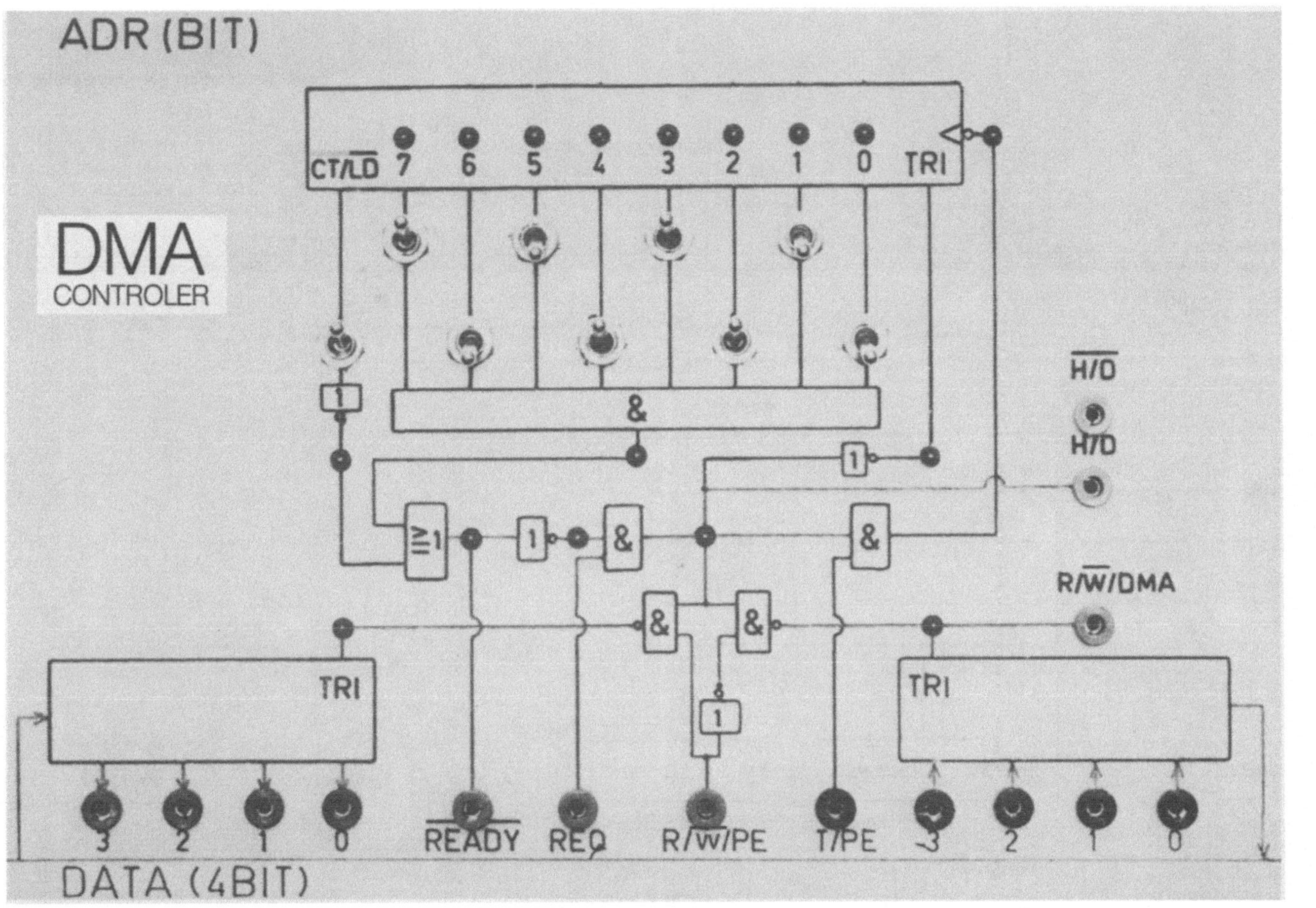

A-8 Frontplatte des DMA-Controlers

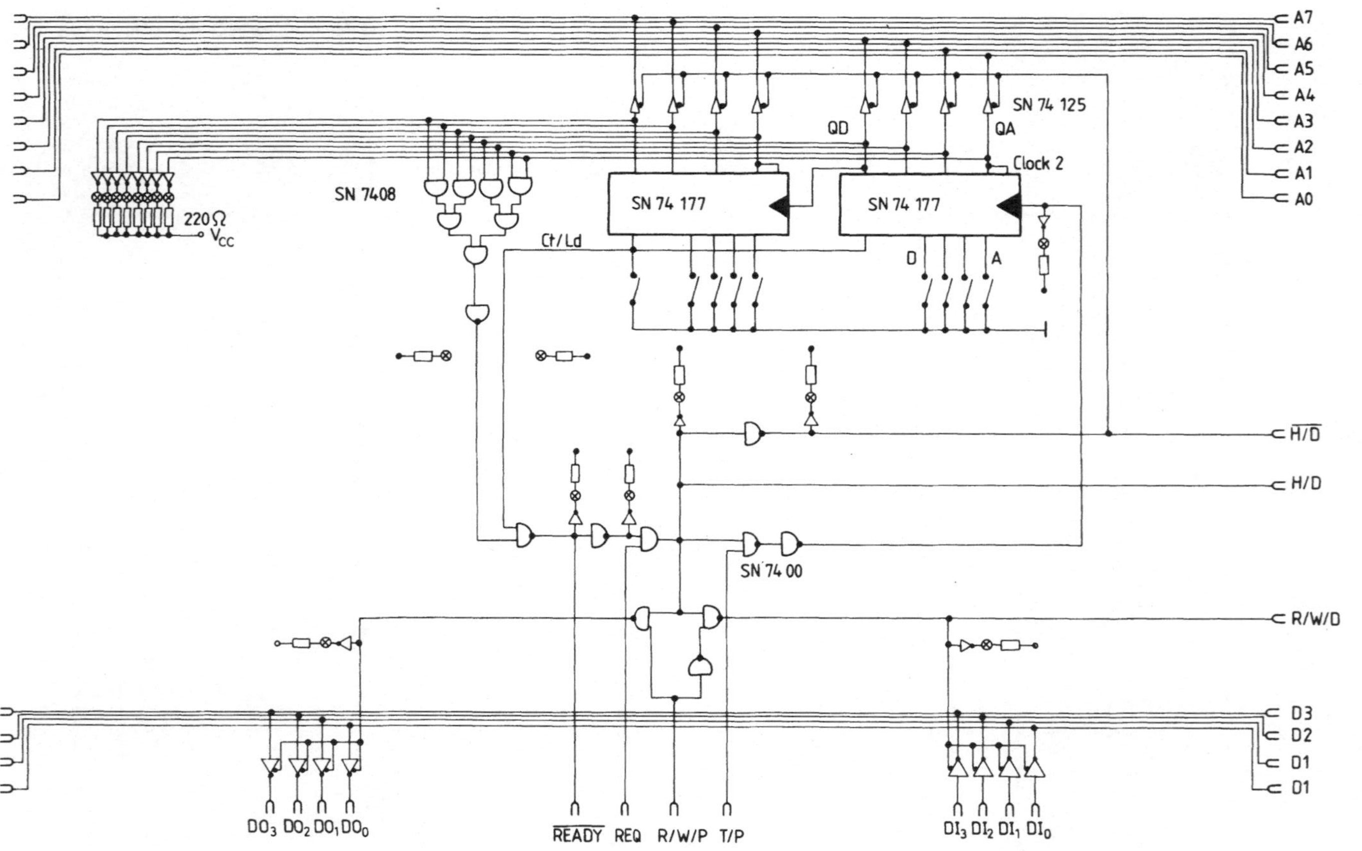

A-8 Schaltplan des DMA-Controlers

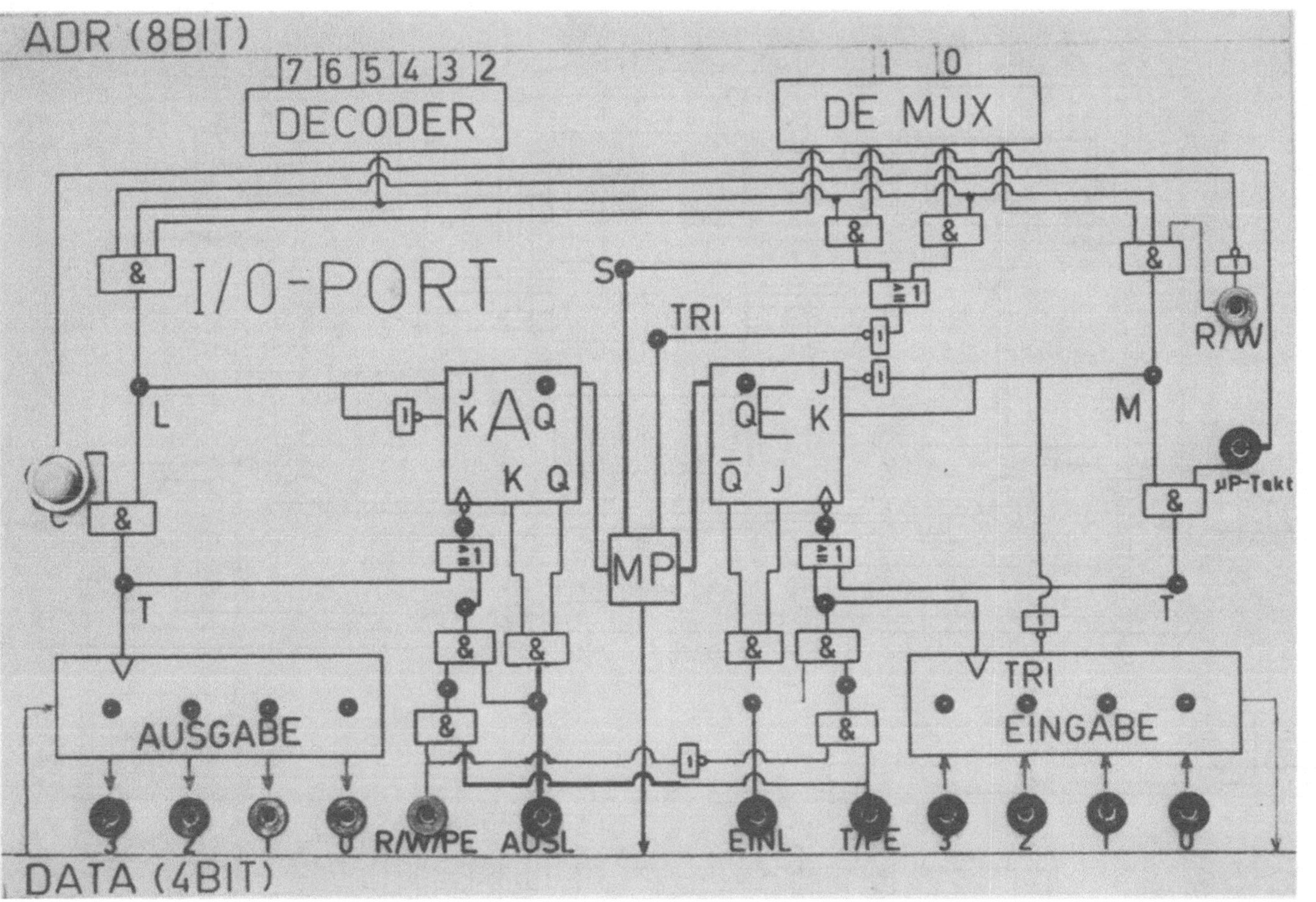

A-9 Frontplatte des I/O-Port

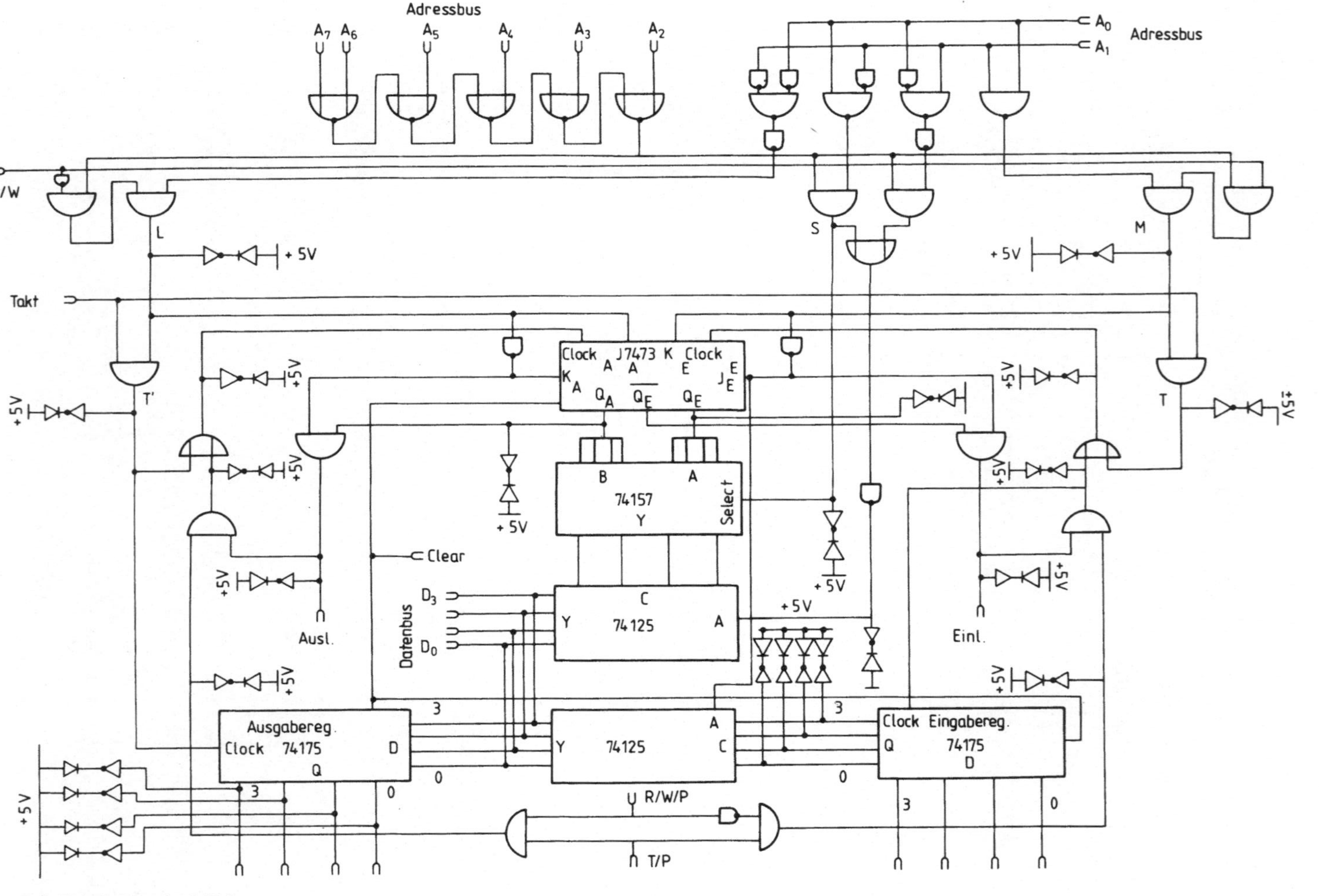

A-9 Schaltplan des I/O-Port

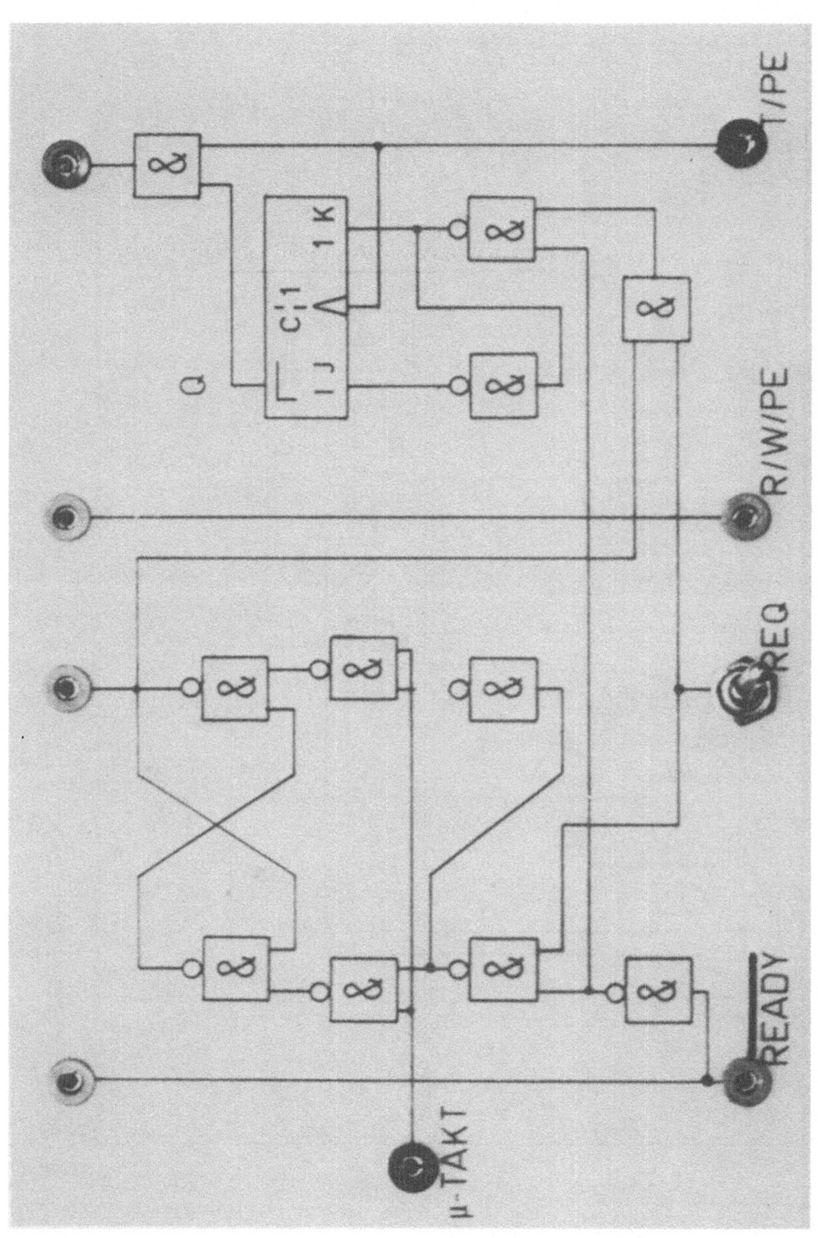

A-10 Frontplatte der DMA-Logik

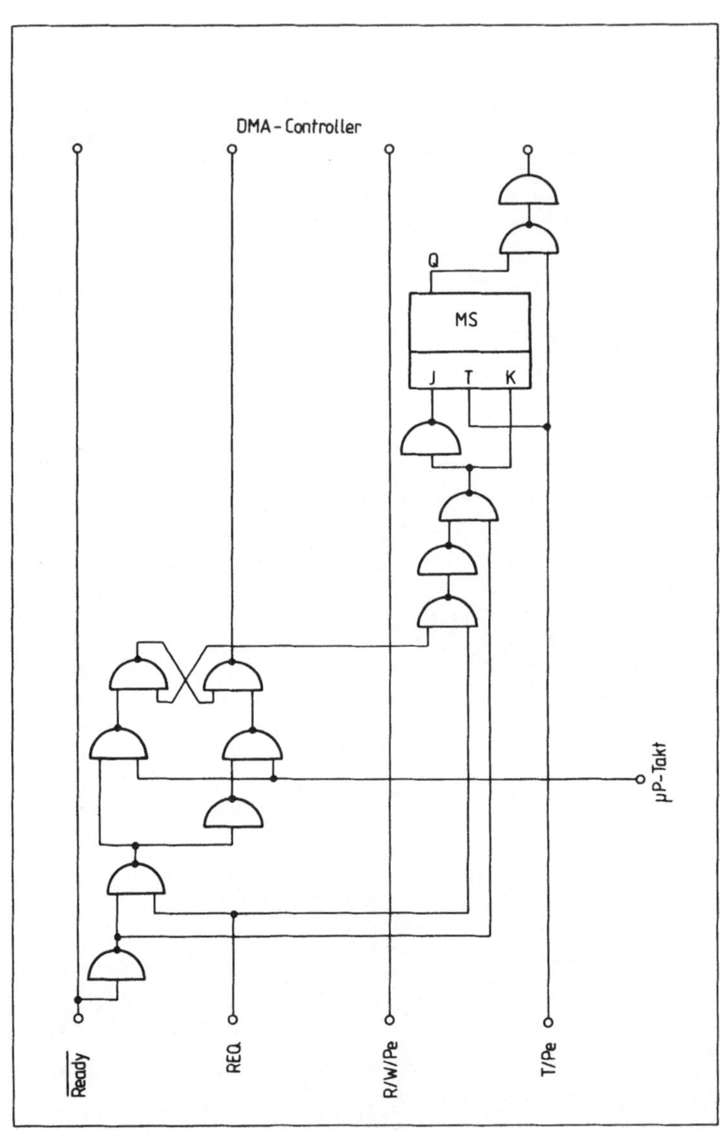

A-10 Schaltplan der DMA-Logik

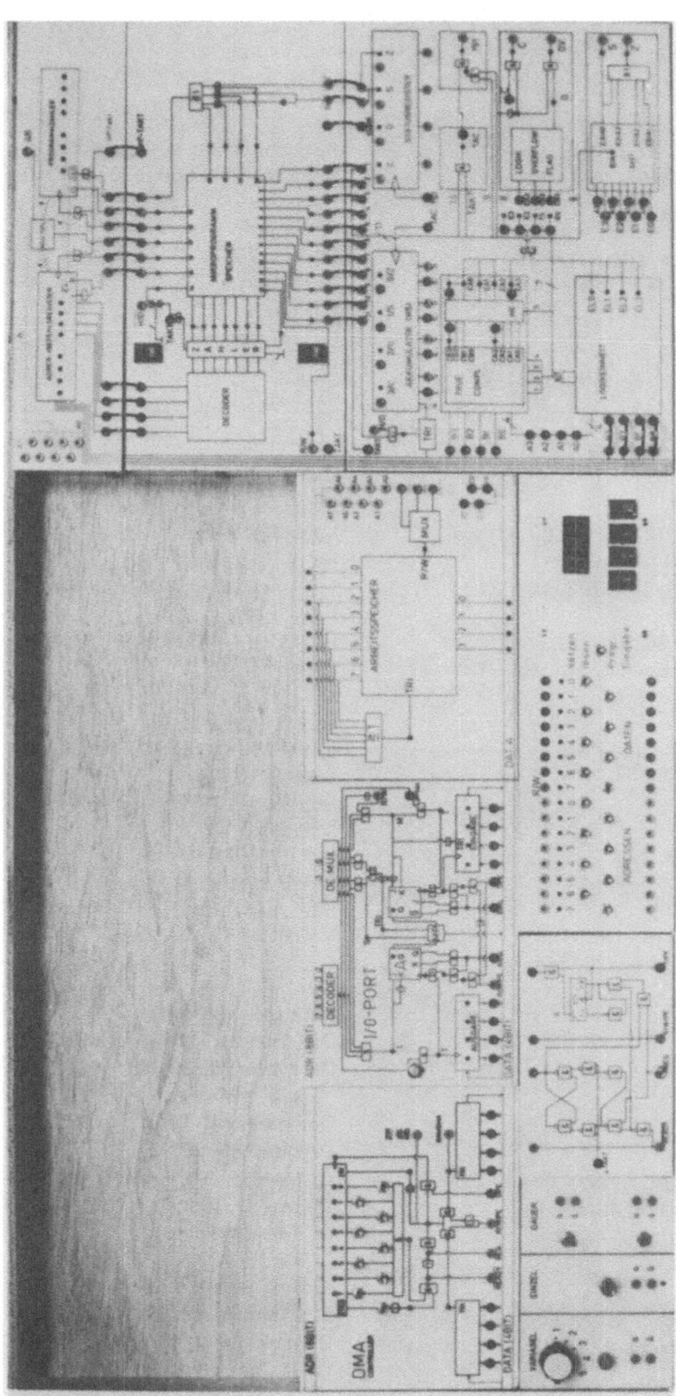

Gesamtansicht des Modell-Mikrocomputersystems

Sachwortverzeichnis

V

Verband, komplementär distributiv 4
verbotener Zustand 17, 19, 20, 26, 27, 28, 31, 32
verdrahtete UND 49
verdrahtete ODER 49
Vereinigung 15
Verschmelzungsgesetz 5, 16
VLSI, Very Large Scale Integration 1
Volladdierer 73, 75, 79
Vollsubtrahierer 76
Vorbereitungseingang 26
Vorwärtszähler 36, 37, 38, 104

W

Wägeverfahren 138, 139
Wahrheitstabelle 5, 6, 9, 10, 11, 17, 18, 51
wired AND 49, 50
wired OR 49

Z

Zähler 34, 126, 130−136
Zähler, asynchron 34, 35, 37
Zähler, BCD 38, 39
Zähler, Dezimal 40
Zähler, Dual 34, 42
Zähler, programmierbarer 39
Zähler, rückwärts 36, 37, 38, 104
Zähler, synchron 36, 37
Zähler, vorwärts 36, 37, 38, 104
Zahldarstellung 1
Zahlen, negative 76, 77
Zahlensystem 2, 3
Zahlensystem, BCD 3, 4, 51
Zahlensystem, Binär 3
Zahlensystem, Denär 2
Zahlensystem, Dual 2, 3, 51
Zahlensystem, Hexadezimal 3, 51
Zahlensystem, Oktal 3, 4, 51
Zahlensystem, römisches 2
Zahlensystem, Sedezimal 3
Zeroflag 83, 85, 89, 90, 91, 92
Zugriffszeit 102
zweiflankengesteuert 28, 29, 30, 33
Zweierkomplement 72, 76, 80, 85, 92
Zweierkomplementarithmetik 106
Zwischenspeicher 19, 31, 133
zweizustandsgesteuert 21, 22, 29, 30
zustandsgesteuert 19, 29, 30
Zykluszeit 113

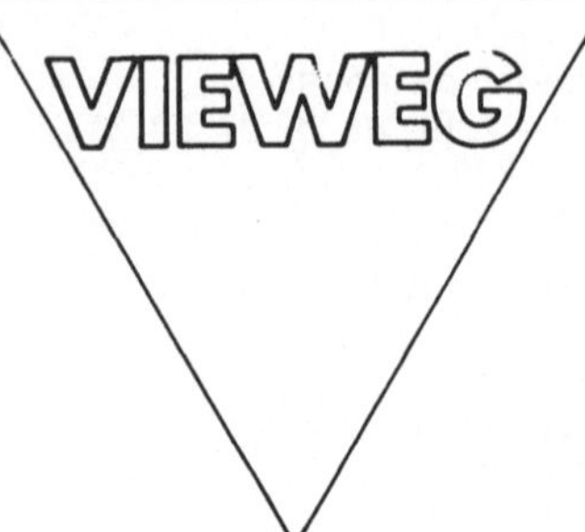

Armin Schöne

Digitaltechnik und Mikrorechner

1984. VIII, 165 S. mit 102 Abb. und zahlr. Beisp. 16,2 X 22,9 cm. Br.

Inhalt: Schaltnetze — Schaltwerke — Mikrorechner.

Das Buch behandelt den Entwurf digitaler Systeme. In komprimierter, anwendungsbezogener und wissenschaftlich konsequenter Weise wird dabei auf Schaltnetze, Schaltwerke und Mikrorechner eingegangen. In den Text eingearbeitete Beispiele zeigen dem Leser, welchem Zweck das an der betreffenden Stelle behandelte Entwurfsverfahren dient und wie beim Entwurf eines digitalen Systems im einzelnen vorzugehen ist.

Das Buch ist für Studenten ebenso gut geeignet wie für Ingenieure in der Praxis und Informatiker. Es dient als Grundlage, die bisher angewandten Entwurfsverfahren hinsichtlich möglicher Verbesserungen zu überprüfen.